U0330105

大夏书系·教师教育精品译丛

*The Bully, the Bullied, and the Not-So-Innocent Bystander*

# 如何应对校园欺凌

（美）芭芭拉·科卢梭　著
（Barbara Coloroso)

肖飒　译

华东师范大学出版社
ECNUP　全国百佳图书出版单位

# 目 录
## contents

译者序 ———————————————————————————001

前　言 ———————————————————————————003


## 第 一 部 分　欺凌者，被欺凌者和并不无辜的旁观者

第一章　三种角色和一部悲剧 ————————————————003
　　悲剧的场景 005

第二章　统计：演出背后的数据 ————————————————011
　　体重欺凌："身体不丑陋，丑陋的是欺凌" 015
　　性欺凌 017
　　网络欺凌 020

第三章　欺凌：什么是欺凌，什么不是 ——————————024
　　同理心，同情心和仁慈之心 025
　　轻蔑是关键 027
　　欺凌的定义 029
　　欺凌的四种因素 030
　　欺凌的类型和形式 031
　　欺凌的三种形式 047
　　伪装的骗术 053
　　喜剧并非悲剧的前奏——调侃并非嘲弄 057

少许是因为性，更多是因为轻蔑——性欺凌 060

种族主义欺凌：双重打击 066

什么不是欺凌 069

仇恨犯罪——刑事欺凌 072

错误定性 073

我们中间的大猩猩 074

第四章 欺凌者————————————————076

欺凌者的性格 077

第五章 被欺凌者————————————————081

羞愧，秘密和懊悔 088

欺凌式自杀和故意伤害罪 093

青少年暴力行为的预警标志 096

第六章 不无辜的旁观者————————————102

暴力循环——友谊的陷阱 104

"好鸟俱乐部" 111

第七章 勇敢的心——见证者，反抗者和守卫者———113

"我还会这样做" 114

粉色衬衫 115

从欺凌对象到反抗者 116

挺身而出 118

第二部分 打破暴力循环，创建充满关爱的社区环境

第八章 家庭教育环境————————————————123

三种家庭教养模式 124

第九章 你家里有欺凌者吗？————————————142

立即管教，干预欺凌 146

创造"做好事"的机会 151

培养同理心 151

教授交友技巧 154

密切关注孩子的活动 156

帮助孩子参加更有建设性、娱乐性和有活力的活动 159

培养孩子"始终做正确的事" 160

了解自我 161

**第十章 你家里有被欺凌者吗？** —————162

重申警告信号 163

应做和不应做的事 165

辨别告诉和告密 168

对抗欺凌的四种良药 171

强烈的自我意识 172

戈尔曼的世界 175

死党，朋友，以及曾经的陌生人 176

协商和冲突解决技巧 180

摆脱愤怒，平息情绪 183

自我防卫 186

**第十一章 从旁观者到勇敢的人** —————189

她用谣言伤害了她 191

没有无辜的旁观者 192

朝着正确的方向前行 193

始终做正确的事 194

分享，关怀，帮助和服务 195

另一个仁爱而有勇气的善举 198

做一个挽救生命的反抗者 199

冒险告诉成人 200

一个承诺 201

**第十二章　让年轻人在网络社区保持参与、联系和安全**——————203

　　"移民"，"本地人"和"专家"　　204

　　制止网络欺凌　　206

　　帮助网络欺凌的受害者　　207

　　旁观者　　210

　　从旁观者到证人　　211

　　三个P：政策（Policy）、程序（Procedures）和项目（Programs）　　212

　　红帽工程　　212

　　破译编码　　215

　　一些基本术语　　216

**第十三章　学校关心，社区参与**——————218

　　三个P　　219

　　优秀的项目　　223

　　当心：零容忍可能会造成零思考　　227

　　学校氛围和文化　　229

　　派系　　230

　　被欺凌　　232

　　转还是不转　　234

　　家门口的欺凌者　　235

　　当欺凌成为了犯罪　　236

　　涉及学校的社区事件　　238

　　后院的欺凌者　　239

　　重写剧本　　241

**附录1　应对网络欺凌**——————242

**附录2　互联网和社交媒体专用词汇**——————247

**附录3　应对色情报复**——————250

**感　谢**——————252

**参考资源**——————253

若不是翻译这本书，我不曾意识到我的学生时代一直是在被欺凌中度过的。被孤立、排挤、陷害……从未间断过的流言蜚语，是我始终难以摆脱的困扰，那种委屈和孤独感，刻骨铭心。可我从未想到过，也未曾有成人告诉过我，我所经历的一切正是欺凌的四种形式之一，也是女孩之间最常见的欺凌形式——关系欺凌。

我是幸运的。至今我还清楚地记得，初中班上那个每天晚上都会给我打电话，向我"通风报信"并安慰我、陪伴我的男生；我也永远不会忘记，高中的班主任有一天把我叫出教室，对我说："杉杉（化名）学习不好、能力也不强，各方面都不尽如人意，所以才要靠拉帮结派排挤你来彰显她存在的价值。你很好，做好自己，不要受她影响。"是的，正是这每日温暖的电话陪伴和班主任鼓励的眼神，助我驱除恐惧，护我长大成人。

然而，并不是每个被欺凌的孩子都有我这样的运气。

我认识的一位朋友，她在学生时代是欺凌者，曾带头孤立班中的一位爱问老师问题的学生。她说，当时班中的同学都以侮辱这个女孩为荣；只要女孩一开口提问，全班同学都会嘲讽她。更有甚者，这位女孩心仪的一个男生，以被她心仪为耻，当着全班同学的面扇她的耳光，而全班80多个同学，或是拍手叫好，或是冷眼旁观，竟没有一个同学站出来为她伸张正义。最终，那个女孩子，从一个爱说爱笑的阳光女孩变成了每天坐在最后一排、头都不敢抬的木偶人，学习成绩也一落千丈。朋友说，当时年少，不知轻重，如今她和欺负过这位女孩的其他同学都已为人父母，想起当初给他人造成的伤害，痛心不已，后悔不已。然而，面对如此残忍的行为，从不曾有任何成人对他们的做法进行干预，也没有任何人告诉他们应该怎样正确去对待一个人。

是的，面对这些毁及一生的伤害，到底谁该来为此负起责任？我们是要去怪罪于孩童时期的无知吗？这些无知的背后，成人在哪里？

刚刚从出版社接到本书的书稿时，我去国内核心期刊中搜索有关校园欺凌研究的文献，却发现寥寥无几。中关村二小的事件发生时，本书刚好翻译到一半。一时间，各大电子平台上刊登和转发了大量有关校园欺凌的文章，众多的妈妈群也纷纷就欺凌问题激烈讨论。社会时代变了，人们对欺凌的话题产生了重视，这是极大的好事。但我想说的是，校园欺凌绝不是刚刚出现的新现象，就如我未能意识到自己学生时代曾被欺凌，也似我的朋友并不曾知晓自己欺凌了他人一般，在孩子们中，在学校中，欺凌始终存在，只是我们一直视而不见。而我们对它的了解，也远非"无知"二字可以形容；在"无知"的背后，"冷漠"才是关键。

芭芭拉博士的这本著作，系统而严谨，其内容绝不仅仅是基于她本人的个案研究，而是将来自世界各国的海量研究成果整合之后呈现了出来。本书的前半部分，作者清晰地定义了欺凌的概念和范畴，详述了滋生欺凌的背景环境，提出了欺凌的四种类型和三种形式，并对欺凌者、被欺凌者和不无辜的旁观者这三种角色的性格、类型和心理特征进行了详尽的剖析。后半部分，作者从家庭、学校、社会三个维度，对如何帮助欺凌者、被欺凌者和不无辜的旁观者打破原有的暴力循环，恢复健康社会关系提出了大量的实操性方法和技巧。这是一本"道"和"术"完美结合的著作。无论你是父母还是教育工作者，抑或只是一个关心孩子们健康成长的平常人，我相信，这本书都将给你带来巨大的启发和收获。

我迫不及待地想把这本书带给家庭，带给学校，带给我们对欺凌问题了解得少之甚少的整个社会。我期待着它的面市能够惠及在校园欺凌这个暴力循环中扮演着各种角色的孩子们。哪怕只有一个孩子由于此书的内容而免于欺凌之难，也算是功德一件了。

肖　飒

我会铭记并将永生难忘。

星期一：我的钱被抢走；

星期二：我被辱骂；

星期三：我的校服被扯烂；

星期四：我的身体血流如注；

星期五：这一切都结束了；

星期六：自由。

这是 13 岁的维杰·辛格日记的最后一页。星期日，他的尸体被发现悬挂在家中楼梯的扶手上。

——尼尔·马尔（Neil Marr）和蒂姆·菲尔德（Tim Field）

《欺凌式自杀，死于玩乐时光：由欺凌导致的儿童自杀事件曝光》

（ Bullycide, Death at Playtime: An Expose of Child Suicide Caused by Bullying ）

欺凌是一个生死攸关的问题。它给孩子们造成了极大的伤害，而我们却常常对其掉以轻心。我们成年人不可以再继续轻视、不予理睬或否认这种伤害的存在了。每天，成千上万的儿童带着恐惧和忧虑来到学校；一些儿童为了避免在去学校的途中或者在校园、走廊以及卫生间里被嘲弄或攻击而假装生病在家；另一些则在校园里装病，以免在更衣室中受到骚扰。被欺凌的儿童为了避免再次受到伤害而不得不花费大量的时间去想办法，这使他们缺乏精力去学习、去参加有意义的活动或是去与同学们建立健康的人际关系。

事实上，并非只有被欺凌的儿童才会承受欺凌的后果。某些在儿时对同伴实施过直接身体欺凌的孩子，在他们成长到十几岁时，会将这种残酷行为多样化和扩大化，包括约会暴力或者对他们的同伴进行恶意种族主义攻击。很多实施过欺凌的孩子将这种习得性行为延续到成年。可怕的是，他们更有可能欺凌自己的孩子，无法维持良好的人际关系，失业，他们当中的一些人最终还将被送入监狱。

欺凌行为的旁观者同样会受到影响。他们或对欺凌行为视而不见，默默走开；或加入欺凌；或主动干预，帮助被欺凌的孩子。但是，这所有的行为都需要付出相应的代价。

打破这种暴力循环需要的不仅仅是识别和阻止欺凌行为或为被欺凌者提供建议。它要求我们调查儿童为何和如何成为欺凌者或被欺凌者（有时一个儿童身兼两种角色），以及那些旁观儿童在维持这种暴力循环中起到何种作用。同时，我们必须考虑，家、学校以及社区的文化氛围可能滋生了欺凌行为，强化了并不那么无辜的旁观者们丧失良知的行为，直接或间接地伤害了被欺凌儿童，阻碍了勇敢的见证者、反抗者和守卫者去见义勇为，保护被欺凌儿童。

最糟糕的组合莫过于欺凌者总是可以对被欺凌者予取予求，被欺凌者却没有勇气把自己遭受的境遇告诉他人，那些并不无辜的旁观者不是冷眼旁观，就是参与欺凌，抑或装作什么都没有看到而就此离开，而成年人们却把这种儿童之间的欺凌行为当作调侃而非折磨——"他们还是孩子嘛"，他们脱口而出。在他们眼中，这些欺凌不是掠夺性的攻击行为，它们是成长道路上的必经阶段，而非阻碍。

近来所发生的案例已足以使我们确信，如若上述这种三位一体的关系不能从根本上得到纠正，那么困扰和危害我们社会的就将不只是欺凌者。有些受害者，他们求救的呼声被置若罔闻，他们所遭受的痛苦被视而不见，他们的苦恼因为无处释放而持续累积，直到有一天，他们那些不被旁人理解的恐惧和悲伤变成了一把反击的利剑，肆无忌惮地报复我们的社会。另外一些受害者则像维杰·辛格一样，对生活彻底失去了希望，他们将所承受的暴力转化为自我攻击，以自杀而终。他们无法摆脱欺凌者施加给他们的痛苦和折磨，感到无处求助、无人倾诉，而他们的生命也就此悲剧离场：

- 1999 年 1 月；英国，曼彻斯特市：8 岁的玛丽·本瑟姆因感到无法再继续忍受校园欺凌，用跳绳在卧室上吊自尽。玛丽被认为是英国本土年龄最小的欺凌自杀者。

- 1995 年 1 月；北爱尔兰，贝尔法斯特市：玛丽亚·麦戈文在饱受欺凌后服药过量自杀。她留下的日记记载着她的同学如何日日欺辱她的血泪史。

- 1997 年 4 月；加拿大不列颠哥伦比亚省，纳奈莫市：一名 4 年级男孩对另一名嘲弄他的学生掏出了一把刀。持刀学生的母亲说，男孩已被他的同学欺凌了一年之多。"他放弃了所有的运动项目，完全无法做他的功课，并且最终不得不退学——他自始至终都无比愤怒。他被欺负了，就是这样。家是他唯一不会被欺负的地方。"

  持刀事件发生之后，男孩和他的家人被要求参加情绪管理课程，而学校却没有立即对那些曾经欺负他的孩子采取任何管教措施。

- 1997 年 8 月；新西兰，因弗卡吉尔市：15 岁的男孩马特·鲁登克劳自杀。根据验尸报告的陈述："导致男孩自杀的重要原因是近几个月来他所遭受的欺凌和伤害。"

- 1997 年 11 月 14 日；加拿大不列颠哥伦比亚省，维多利亚市：14 岁的里纳在被同学诱拐、受到攻击和殴打致不省人事后死亡。她的胳膊、脖子和后背被蓄意折断后，尸体被丢进了乔治湾（Gorge Inlet）。在此之前，里纳曾不遗余力地试图融入杀害她的同学群体中，她是如此渴望被接纳。然而，那些同学却经常奚落和嘲讽她的棕色皮肤和体重。最令人发指的是，在有人向警局告发前，数百名学生都知道她长期被欺辱的事实，甚至她死亡的消息。

  两位将里纳诱拐到水边并将其围攻致死的女孩被判处一年拘留，缓刑一年。其中一名 14 岁的女孩声称她对里纳的气愤来源于她认为里纳在四处散播关于她的谣言，而另一名 16 岁的女孩对里纳不满则是由于她相信里纳与自己的男友关系亲密。

● **1999 年 4 月 20 日；科罗拉多州，利特尔顿市：** 埃里克·哈里斯和迪伦·克莱博德使用攻击性武器和自制炸弹围攻了他们的高中。两名男孩杀害了 12 个同学和 1 位老师，造成了另外 18 个年轻人受伤，他们随后自尽。

据悉，两位男孩生前在学校长期受到奚落和嘲弄。曾有学生在毫无证据的情况下匿名指控埃里克和迪伦在校期间携带大麻，导致两位男孩的私人物品被无端搜查。随后发生的另一件事情则比搜查事件更具侮辱性。"同学们围住他们，用成包的番茄酱喷射得他们全身都是，嘲笑他们，并骂他们是蠢货。我们的老师目睹了全过程却置之不理。他们无力反击。整整一天，直到他们回家的时候，还全身沾满着番茄酱。"

埃里克在绝命书中写到，他和迪伦很显然被同学们孤立和欺负了，而如今，"以牙还牙"的时间到了。

● **1999 年 4 月；亚伯达省，坦纳市：** 一位 14 岁的"在家上学"（由于害怕到学校去，他的学校功课都是在家进行）的男孩走进他所在的中学的走廊，持枪击毙了一名 17 岁的学生，又在缴枪服罪前重伤了另一名学生。同学们形容他平日里是"我们大家最好的出气筒"。一名学生说："有时候，他们会把他挤到更衣室中进行搜身。挑衅他，试图跟他打架，但是他都忍了。他们知道他一定不会还手的。"

枪击案发生前的那个夏天，在一次集体出游活动中，这位"小镇上的新学生"被困在一块尖角的岩石上动弹不得，上不去也下不来。面对他的困境，同学们非但没有伸出援手，反而在一旁嘲笑和贬损他。

● **2000 年 3 月；不列颠哥伦比亚省，萨里市：** 14 岁的哈姆德从保罗桥（Patullo Bridge）上纵身跳下，结束了他年轻的生命。他为家人留下了整整五页的遗书，里面详细描述了导致他自杀的那些欺凌和嘲弄："妈妈，学校所有人都取笑我，我的校友、同班同学，甚至我的朋友也取笑我。他们总是叫我四眼、大鼻子，他们还说我是怪胎。"哈姆德的妈妈说，在他最终的心愿中，有一个是希望人们不要再欺负彼此了。他希望人们能意识到：嘲弄真的会伤人。

哈姆德的朋友们对于阻止他被嘲弄这件事感到力不从心。"每个人都被欺负过，只是这次的事情有些过火了。我们支持他，但是其他人并没有意识到这件事的过分之处，这把他推向了不归之路。"然而，哈姆德在他的绝命书中描述其他同学欺辱他的时候，写道："我的朋友们从来没有帮助过我，他们只是在一边笑。"

- **2000 年 11 月 10 日；不列颠哥伦比亚省，米申市：** 14 岁的玛丽亚在她的卧室中用拴狗的皮带上吊自杀。她的绝命书中点名提到她学校的三个女孩，说是她们的欺凌把她逼向死亡之路："如果我寻求帮助，事情会变得更糟。她们是很难搞的女孩，总能找到新的目标并对其进行痛击。如果我告发她们，她们可能会被停学，但却没有任何人能阻挡她们继续欺负人。我好爱你们，爱你们所有人。"信中提到的三个女孩事后被停学，并被控告故意伤害罪。

- **2001 年 1 月；科罗拉多州，霍利约克市：** 14 岁的米兰达在自己家中用枪自杀。她的父母对校方提出了诉讼，声称校方没有"严肃认真地处理女儿遭受的性骚扰事件和其造成的后果"，他们指控学区"未能为他们的女儿提供一个安全稳定、无性骚扰危害的学习环境"。

  根据诉状，事发当时米兰达是一名 12 岁的学生。她向校方报告说，一个在她所在的乡村社区颇有名气的 16 岁学生运动员强奸了她。那位 16 岁的学生运动员最终承认了自己的所作所为，服罪于二级强奸罪、四年缓刑和延期判决。（这位男生后来又被指控强奸另一名女孩并使其怀孕，亲子鉴定显示他是女孩所生孩子的父亲。）

  米兰达的父母宣称校方没有采取任何措施来阻止其他学生和老师侮辱和侵扰他们的女儿。米兰达被骂作"荡妇"和"妓女"。她作为强奸案件的受害者，却一直被指责和羞辱，只因为强奸她的是位明星学生。与此同时，她的父母说学校没有对强奸米兰达的男孩进行任何管教措施，反而是他们的女儿米兰达收到了禁令。在他们的诉讼案中，这对父母指出，有一位老师（米兰达的篮球教练，曾很明确地表示支持那位男生）无视禁令上此男生不能出现在米兰达视线范围内的要求，在课堂上强迫米兰达站在强奸她的男生旁边。校方否认了指控中的所有过失。

- **2001 年 3 月 5 日；加利福尼亚州，桑蒂市：** 一名 15 岁的高中新生安迪持枪到学校，击毙了两名同学，另有 13 名同学和几位成人受伤。

安迪的朋友们说他经常被欺负。"他太瘦了，以至于一些人会喊他'厌食的安迪'。"他的哥哥说安迪已经习惯被嘲笑了。"他的耳朵很大，而且他真的非常瘦。人们都喜欢欺负他，从我记事起就是这样了。"

"他总是被欺辱。他骨瘦如柴，特别弱小，"他的朋友尼尔说，"人们认为他很蠢。最近，他的两个滑板车被偷了。"另一个年轻人也承认："我们会经常虐他，我是说，口头的。我也曾经有一次叫他'蠢货'。"

- 2001 年 3 月 7 日；宾夕法尼亚州，威廉斯波特市：一名 14 岁的 8 年级学生伊丽莎白将她父亲的枪带到学校，射伤了一个据说背叛了她并转而加入欺凌者的行列来攻击她的朋友。

- 2001 年 11 月；日本，东京市：一名小学生男孩刺伤了欺凌者。他试图用这种方式来结束（发生在他身上）持续了几个月的欺凌。

- 2002 年 4 月 8 日；加拿大诺瓦斯科舍省，哈利法克斯市：一个颇受欢迎的 14 岁男孩埃米特在卧室中持枪自杀。埃米特是个外向活泼的学生。他的遗书中说他再也无法承受同伴们对他的欺凌。据悉，埃米特曾经遭受到来自其他年轻人的各种勒索、威胁和殴打。

- 2011 年 10 月；日本，大津市：在经受了几个月同学们持续不断的欺辱之后，一个 13 岁的男孩跳楼自尽。他生前曾被迫进食纸张和死蜜蜂。他的同学们捆绑着他并用胶带封着他的嘴，还强迫他"练习"自杀。就在临死的前一刻，他给欺凌者们发了语音和文字消息说，"我要去死了"。欺凌者们的回复是："你早该死了。"

从我首次出版这本书至今已有十余年了。不幸的是，在这十余年中所发生的上述类似事件还可以列举出许多页；其所发生的地域并不仅限于上述的几个国家，而是遍布世界各地。在短短的数月内，14 岁女孩上吊自杀；19 岁青年跳河自杀；13 岁学生持枪结束了自己的生命；另有一个孩子大量口服了他父亲的药物（服药过量致死）以逃避继续被凌辱的伤痛；人们在 17 岁女孩的卧室窗户外发现了她悬挂着的尸体；还有两个 11 岁的男孩在 10 天内相继自杀。2012 年 12 月 14 日，一个年轻的持枪者在康涅狄格州纽敦市的桑迪胡克小学（Sandy Hook Elementary School）射杀了 20 个孩子和 6 个老师。而在此之后，全美又发生了

74 起校园枪击案。在这 74 起案件中，至少 10 名枪杀者（全是男孩）留下了详细的血泪记录，描述了他们被自己的同伴侮辱和奚落的事实——铁证如山，对此我们找不到任何借口，因为根本就无借口可寻，但这些事件发生的原因却是我们不得不去探究的。

　　这些案件有一个共性，即案件中的孩子们遭受的都是持续性的欺凌；并且在大多数案件中，欺凌行为没有引起公愤，没有人对这些行为提出实质性的反对，更没有人干预或介入到事件中去，向被欺凌者伸出援手。我们常常为事件的结果而震惊，却很少因其发生的过程而愤怒。其实，这些悲剧从根本上就可以不发生。欺凌是一种习得性行为。既然是可以被习得的，就说明它是可以被检验的，也是可以被改变的。你无论是正在和这个长期存在并日趋激烈的问题交手，还是由于自家的孩子出现了欺凌或被欺凌的苗头而感到焦虑——又或是你观察到孩子身边的朋友出现过欺凌行为——这本书都将会帮助到你。

> 　　我们不可能独自生存。人与人之间有着千丝万缕的联系；这些联系就如交感神经的传递，使我们所行之事果必有因，而这些"因"将最终传回而成为我们自己的"果"。
>
> 　　　　　　　　　　　　　　　　——赫尔曼·梅尔维尔（Herman Melville）

# 第一部分

# 欺凌者，被欺凌者和并不无辜的旁观者

我发现我时常会好奇，时常会被激怒，间或会为有关欺凌者、被欺凌者和那些见证了欺凌过程却保持沉默的目击者的全部观念感到万分吃惊。那些新闻头条在向我们嘶吼：在和平并有效地解决欺凌问题方面，我们太无力了。而且，被欺凌者常会摇身一变成为欺凌者。我们所信奉的认为被拒绝和排斥、被嘲弄和欺负了就应该使用暴力来复仇的想法，其实是一种自甘堕落、降低自己身份的观点，恰恰如同创造了一种比疾病本身还要可怕的疗法。

——戴安·瑞芙（Dianne Reeves）
致笔者信中述

# 第一章

# 三种角色和一部悲剧

> 世界是一个大舞台，
>
> 所有的男人和女人都只是演员。
>
> 他们每人都有自己的出场和退场，
>
> 并且一个人可以同时扮演几个不同的角色……
>
> ——威廉·莎士比亚（William Shakespeare）
>
> 《皆大欢喜》（*As You Like It*），第 2 幕第 7 场

**演员**：用自己的表现故意蒙骗他人或给他人留下深刻印象的人。

**性格演员**：擅长饰演不寻常或有特色的角色的人。

**类型选角**：让一个演员饰演一系列相同类型的角色，以至于他本人与这类角色融合在了一起而忽略了自身其他角色的存在。

在我们日常生活的家、学校、操场和街道，以及工作场所上演的悲剧中，欺凌者、被欺凌者和并不无辜的旁观者扮演着三个最重要的角色。本书前言中的案例足以让我们清楚地看到，这些悲剧真实地上演着，并且会带来致命的后果。扮演"欺凌者"的儿童无论从着装还是言语方面都认真饰演着他的角色，被欺凌者和不无辜的旁观者也一样。本书所关注的是他们的姿态、言语、行为和后果的综

合效应。幼儿往往会相对轻松地把这三种角色都尝试一遍之后，放弃欺凌者和被欺凌者的角色，成为一个不无辜的旁观者。一些儿童同时扮演着欺凌者和被欺凌者两种角色并且能够把身份转换得天衣无缝。还有少数一些儿童的角色被定了型，他们发现从自己已经熟悉的角色中挣脱出来是件非常困难的事。不知不觉中，他们失去了发展建设性社交技巧和健康人际关系的机会。

类型选角提出了语言使用方面的问题。我做过教师，我曾见过人们多么轻易，却又毫无意义地将一个孩子和对他的医学诊断合二为一，简化成一个语词来形容他，仿佛这个语词可以概括这个孩子的一切特征。一个患有糖尿病的孩子被认为是糖尿病人，一个患有癫痫病的孩子被叫作癫痫病人，一个患有哮喘病的孩子被称为哮喘病人，一个有学习障碍的孩子被称为学习障碍儿童。想要客观地描述他们则需要我们稍加注意，多说几个简单的音节：一个患有癫痫病的孩子，一个患有哮喘病的孩子，一个学习方面有障碍的孩子。实际上，付出一点努力去多说几个音节就可以避免用一个孩子的伤残或疾病来定义他本人，这对我们来说是举手之劳，却非常值得。

既然如此，为何这本书还用"欺凌者、被欺凌者和并不无辜的旁观者"这样的词语呢？一些人争论说，给欺凌事件的参与者贴标签易使他们的角色定型，妨碍他们从自己的负面角色中转变出来。这些作者往往在行为改变和防止贴标签方面给予更多的关注，他们一般使用这样的词汇：实施欺凌的人，被欺凌过的人，目睹了欺凌过程的人。为这些人提供其他可供选择的角色是他们关注的重点。

另一些作者则认为欺凌事件就是非黑即白的二元事件，他们会特意地将参与其中的孩子定型为好孩子或坏孩子："欺凌者和他们的受害者；责难和羞辱的游戏。"这种观点认为，欺凌是"他们和我们"的问题——摆脱欺凌者就可以摆脱一切麻烦。

第三种描述方式是将称呼作为特定角色和其行为特征的标识。我选择的是这种方式。当你在本书的任何地方看到——欺凌者、被欺凌者和不无辜的旁观者——这样的称呼时，它们并不是意图用一个永久性的标签来定义一个孩子的人格特征，而是为了识别一个孩子在那个时刻所扮演的短暂性角色，就如他上演的是长篇欺凌剧本中一个场景的短短一幕。我们的目的在于对每个角色和角色间的互动得到一个清晰的认识，了解他们是如何不健康、不正常也不必要地存在于我们的文化之中的，即使他们的存在已很常见。事实上，这些所谓的角色互动在现实生活中对每个孩子和整个社区都是灾难性的，无论这些孩子饰演的是其中的哪个角色。

我们一旦了解了这些角色，就可以着手重写剧本来创造没有暴力和伪装的、更健康的替代性角色了。我们可以把欺凌者的控制性行为塑造成领导力；还可以帮助被欺凌者将他们深切关怀性的、温和与敏感的行为方式发展成为自己的优势；至于那些不无辜的旁观者，我们可以把他们转变成勇敢的见证者、反抗者或守卫者，也就是愿意为被欺凌者挺身而出、以言辞和行动抵抗非正义行为的人。

我们的孩子不仅仅是在演出他们的剧本，实际上，他们真切地活在自己的剧本当中。他们不可能在到家之后就谢幕回到"现实"中来，因为家也是他们剧场的一部分。然而，剧本是可以被改写的：加入新的角色，改变原有的故事情节，重置舞台，并将那个悲剧的结局彻底粉碎。这些小演员们仅靠自己的力量是无法做到这一切的。我们成人不能再继续做那个消极被动、疏忽无聊或者惊恐悲伤的观众了；我们也不能拉上幕布、离开剧场，从此对其置之不理；我们必须从自己的观众席中站出来在一旁协助。我们要丢弃的不是我们的孩子，而是这些糟糕的角色。孩子们需要一场全新的演出，而我们成人应该和他们一起积极参与编写这场新演出的剧本。当然，在我们改写剧本之前，需要对原先剧本中的角色进行分析和了解。

## 悲剧的场景

欺凌者、被欺凌者和并不无辜的旁观者是一部有着相同主题而被改写成不同版本的系列演出。每个版本都由不同的演员饰演，其道具和台词也不尽相同。

### 场景布置：

- 鼓励和支持对权威盲目顺从的环境；残酷是惯例，"卑劣"是道德基准；个体被认为不值得尊重，常常被诋毁和非人性化地对待。
- 奖赏欺凌者和责备被欺凌者的文化氛围。
- 学校假装欺凌问题不存在；在学生团体中建立了完善的等级制度；针对欺凌

问题没有任何有效的规章制度或处理程序。

● 家长在家中示范和（或）教授欺凌。

● 成人看不见——或者选择视而不见——被欺凌儿童的痛苦呐喊。

### 第一幕：观察环境

欺凌者观察操场的环境，试图通过对其他角色的试探来确定欺凌目标。同时，他把目光投向观众席，看是否有观众在专心观看。

潜在欺凌目标正对着校舍的墙壁玩球，没有注意到或仅依稀注意到有人在观察他。旁观者在一边的篮筐投篮，彼此开怀地享受着朋友的陪伴，然而，在无意识的状态下，一种"我们—他们"的想法已深植于他们的观念中。

### 第二幕：小试牛刀

欺凌者假装无心地碰了欺凌目标一下，并暗暗观察欺凌目标和旁观者对这一举动的反应。随后，他使用粗鲁无礼的语言贬损欺凌目标。

被欺凌者无奈地耸耸肩，他感到心神不安，虽然心有畏惧却不知何去何从。

不无辜的旁观者们要么转移目光假装什么都没看到，要么就在旁大笑。他们的做法为欺凌行为带来了默许和无言的支持。对于他们其中的一部分人来说，旁观欺凌成为了一种娱乐，一种建立在被欺凌者痛苦之上的娱乐。

### 第三幕：开始行动

欺凌者并不把被欺凌者看作同伴或是与之平等的人。在他眼中，被欺凌者只是一个可以被轻易嘲笑或污蔑的对象。他猛地撞向被欺凌者，一把抢过其手中的球，扔向球场的另一边。

被欺凌者为自己所遭受的攻击感到自责，他用语言贬低自己（"我是个笨蛋，我啥也不是，我太弱了"），因自己的不足而备受打击。面对欺凌者，他感到无能为力，便试图说服自己欺凌者并不是要有意伤害他。

一些旁观者假装什么都没有看见和听见，带着一丝没有阻止欺凌行为的自责离开现场。他们感到无助，并害怕自己会成为下一个被欺凌的人。另一些不无辜的旁观者在一旁为欺凌者加油打气。他们甚至加入欺凌行列，用语言嘲讽被欺凌者，把被欺凌者的球踢来踢去。在这种残酷行为的影响下，欺凌者和旁观者双方都会进一步地对被欺凌的孩子造成更严重的侵害。

### 第四幕：胆大包天

欺凌者找到了新的方法来嘲弄和折磨被欺凌者。他使用更激进的肢体动作和更严厉的恐吓以便使被欺凌者感到更加恐惧。面对被欺凌者时，他感到自己强大有力。这种感觉给他带来了莫大的愉悦。

被欺凌的孩子则用上课的时间来思考和寻找避免自己继续被欺凌的方法。他完全无法将注意力放在学习上；开始感到身体不适；找寻各种避免去操场、卫生间以及午餐室的理由。他感到无助和绝望。

旁观者再次分为两个阵营：一部分旁观者对欺凌者心存畏惧，他们与欺凌者划清界限，避免与之产生任何冲突；另一部分则有些崇拜欺凌者，并随后加入到欺凌行列中来。无论身处哪一类，所有的旁观者都在尽量说服他们自己不会成为下一个被欺凌的人。为了使这种想法更加真实合理，他们便认为发生这一切都是被欺凌者自找的，因为他懦弱无能，自作自受，而这种人是不应该在他们所关心的范畴中的。

### 第五幕：痛苦至极

欺凌者越来越歹毒，他持续地折磨和伤害着他的欺凌目标。他逐渐地在"欺凌者"这个角色上定了型；没有能力再去建立健康的人际关系；无法从他人的角度去看问题；失去了同理心、同情心和仁慈之心；并且，他视自己为强大有力和备受欢迎的人——不得不说，在一些同伴甚至成人的眼中，他确实被看作领导能力强的"好孩子"。他的权力意识、党同伐异，以及对排斥他人的热衷反而给他带来了声望。

被欺凌者在持续被侵害的环境下没有任何喘息的机会，他开始变得抑郁并向那些欺负他的人进行反击。他被同伴和成人们认为是个"大麻烦"。由于他总是缺课且在课堂上无法集中精力，他的成绩开始下滑——这给他带来了更大的压力和羞辱。他无法找出建设性的方式来恢复正常生活，于是，他开始花时间想办法去报复。他可能会加入另一群"不良分子"，和他们一起计划图谋一场复仇；又或者，面对欺凌他一退再退，试图用隔绝一切和放任自己的态度来减轻痛苦。具有讽刺意味的是，他变得越来越像欺凌者试图把他塑造成的样子。

不无辜的旁观者的举动无外乎以下四种：

1. 抱着对欺凌的恐惧，继续把欺凌现象归咎于被欺凌者罪有应得；
2. 加入欺凌行列，从旁观者上升为欺凌者或欺凌者的支持者和追随者；
3. 由于看到没有任何人干预欺凌行为，他们耸耸肩，认为自己对此也无能为力；
4. 事不关己，高高挂起。

### 第六幕：尾声

伴随着不良的自我意识、自我膨胀、贫乏的社交技巧，以及对挑衅和怠慢的过激反应，欺凌者逐渐长大。恃强凌弱成了他个人、社交和工作的生活方式。由于把欺凌看作太平常不过的事，他常常用各种理由和借口去无视欺凌行为的危害，并将这种危害合理化。

拥有较高社会地位的欺凌者则会受到社会文化的支持。他的行为被视为"规范"。而这种支持的作用仅仅是为他夸张的价值感和权力意识、自我优越感和要求身边人无条件顺从的期望提供了养分。他往往会成为他所在的高中、大学、社区，或商业、政治舞台的大人物。在后果并不明显的条件下，他会折腾和捉弄那些看上去不如他的，或者对他社会地位有威胁的人。

被欺凌者陷入更深的抑郁和（或）愤怒中。他对自己感到愤怒，对欺凌他的人、对那些旁观者，以及对所有不会或不能帮助他的成人感到愤怒。由于不再相信成人会对他伸出援手，加上生活中早已没有纯真的友谊，为了摆脱痛苦，他将无所不用其极。压抑已久的愤恨化作暴力向外爆发，欺凌过他的人、所有看似支持过欺凌行为的人、那些对欺凌行为装聋作哑的人和所有未能好好保护他的人都成为了他的攻击目标。另一种情况是被欺凌者将这种愤怒向内爆发，用结束自己生命的方式来摆脱痛苦。第三种情况则是综合了前两种情境，也是我们当下再熟悉不过的一种情况，即被欺凌者先狂暴地杀害许多人，之后以自杀或入狱的结局了此终生。

不无辜的旁观者要么是身处欺凌事件中，为自己没能挺身而出而深感内疚，要么变得对眼前的暴力行为麻木不仁，他们将这些行为大事化小，解释为童年生活的一部分——没什么大不了的，就是孩子成长过程中的一点磨炼而已。

舞台重置。

## 复演

悲剧刚刚落下帷幕，欺凌者和他的追随者们就迫不及待地要求再演一遍。实际上，他们这样做，并非是因为他们明目张胆地认为自己的欺凌行为或要求继续实施欺凌是合理的，而是因为他们觉得根本没有发生过欺凌，他们从未凌辱和责难过被欺凌者。他们声称这一切都是因为被欺凌者自身存在问题，他自己的或他人做的任何事都是其自身问题所造成的。在种族欺凌的案例中，被欺凌者常常被指责太敏感了。在性侵害的案例中，被侵犯者经常在事件发生后受到二次伤害，她会被贴上"过错者"的标签，被人指责为共犯或是她自己要求被侵犯的。

如果将"他"换成"她"，将身体欺凌换作言语欺凌、孤立和流言蜚语，将造成被欺凌孩子被欺凌的原因改变为——诸如种族、国籍、性别、性取向、性别认同、信仰、身体特征、心智能力、体重、身高、过敏反应、社会地位——我们将得到一场全新的演出，而这场演出与之前的演出有着相同的主题和扮演内容，以及相同的悲剧结尾。

这场悲剧已上演了太久。

在第一部分接下来的章节中，我们会就以下问题进行探讨：什么是欺凌而什么不是，统计资料——演出背后的数据，三种主要角色——他们的装扮、台词和行为，他们彼此之间的影响，以及他们共同制造的暴力循环和一些造成这个循环生生不息的谬见。第二部分，我们会探寻家庭、学校和社区在这场悲剧中扮演着什么角色，他们是如何将欺凌悲剧的舞台搭起，如何将孩子们分配了角色安置到演出中去。最重要的是，我们会寻找一些方式，使三方共同努力打破这个暴力循环，并创造出更富有关爱的社区环境使我们的孩子茁壮成长。

　　我们有这样的倾向，即用简单的原因来解释问题并由此幻想解决问题的方式也可以是简单的……当你审视校园暴力时，会发现造成其愈演愈烈的原因是众多的——家庭暴力、暴力的电视节目、欺凌和被欺凌，以及一个鼓励将暴力作为为自己争取利益的最有效方式的文化环境。摆在我们面前的局面不是由某个单个原因造成的，而是以上所有因素的集合体。

　　　　　　　　　　　　　　——霍华德·斯皮瓦克（Howard Spivak）博士

　　霍华德·斯皮瓦克博士是塔夫斯大学医学院儿科及社区健康教授，首个有关校园欺凌的全国性大样本研究社论的作者，其社论发表于 2000 年 4 月的《美国医学协会杂志》（*Journal of the American Medical Association*）。

# 第二章

# 统计：演出背后的数据

> 我在尽一切努力，和专家们携手，认真地研究现有的数据，试图寻找一种方法使宽容和友爱变成我们最平常和舒适的相处方式。
>
> ——史蒂芬妮（Lady Gaga）

一项由美国医疗保健慈善组织亨利凯泽家庭基金会（Henry J. Kaiser Family Foundation）、尼克国际儿童电视网（Nickelodeon TV network）和青年宣传组织"今日儿童"（Children Now）联合进行的统计调查显示：在所有受访的青春期前的儿童中，近四分之三的儿童表示欺凌是校园中的常见现象，对于高中生来说，欺凌更是无处不在。在12岁到15岁的少儿中，86%的曾经在学校遭受过嘲弄或欺负——这项数据使得欺凌在同年龄组的孩子中，成为比抽烟、酗酒、吸毒或性行为更为普遍的现象。超过一半的8岁至11岁的孩子都认为欺凌现象在学校是个"严重隐患"。亨利凯泽家庭基金会的Lauren Asher说："孩子们认为这是个大问题，是他们每天都要面对的问题。"

在约克大学拉马什暴力和冲突解决研究中心（LaMarsh Centre for Research on Violence and Conflict Resolution），派普勒（Debra J. Pepler）博士和她的同事们应多伦多教育委员会之邀，针对欺凌问题进行了一项描述性研究。这项研究的对象来自4年级到8年级的14个班级、211位学生及其老师和家长。另两位研究者，S. Zeigler 和 M. Rosenstein-Manner 在此研究的基础上总结出下列数据：

- 35% 的孩子曾直接涉足欺凌事件。
- 38% 的接受特殊教育的学生曾被欺凌，与之相比，普通学生的此项数据为 18%。
- 24% 的受访者表示与种族相关的欺凌偶尔或经常发生。
- 23% 的学生遭受过欺凌，71% 的老师表示他们经常或者每次都会对欺凌进行干预。

上述的最后一项数据与其他有关对家长和教师的调查研究中的数据是相匹配的。与学生的反馈相比，家长和老师严重低估了欺凌发生的频率。加拿大皇后大学的温蒂（Wendy M. Craig）博士和约克大学的黛布拉博士最初做调查的时候是这种状况，时至今日，这种状况依旧没有改变。

将欺凌调查中学生的反馈与学校工作人员的反馈相比较是一件既有趣又令人沮丧的事情。在 2007 年的一项研究"校内欺凌与同伴侵害：学生和校职员工的感知差异（Bullying and Peer Victimization at School: Perceptual Difference Between Students and School Staff）"中，研究者布莱特肖（C. P. Bradshaw）、索伊（A. L. Sawyer）和布瑞南（L. M. O' Brennan）报告：87% 的学校员工认为他们已经使用了有效的策略来解决欺凌问题；97% 的员工说他们在任何时间看到欺凌现象都会进行干涉，与此相对应的是，在参与欺凌事件的学生中，只有 21% 的学生说他们曾将欺凌事件报告给了学校工作人员。2011 年全国教育协会（National Education Association，简称 NEA）进行的"全国教育协会——欺凌课题的全国性研究调查结果：教师和教学辅助专业人士的观点（Findings from the National Education Association's Nationwide Study of Bullying: Teachers' and Educational Support Professionals' Perspectives）"的研究中，总共有 5064 名 NEA 成员参与了调查。其中包含 2163 名 K-12 年级的教师和 2901 名教学辅助专业人士（Educational Support Professionals，简称 ESPs）。这是"不同校职员工关于欺凌问题及其规避方法的观点的第一个全国性大样本研究"。

研究数据显示：

- 43% 的受访者将欺凌视为其所在学校面临的中等程度问题或主要问题。

- 62% 的受访者说他们在之前的一个月中，曾目睹过 2 次及以上的欺凌事件。

- 比起教学辅助人士，教师们更认为欺凌问题在其所在的学校是个严重的大问题。

- 45% 的教师和 35% 的教学辅助人士说曾有学生在之前的一个月中向他们报告欺凌现象。

- 16% 的教师和教学辅助人士说曾有家长在之前的一个月中向他们报告欺凌现象。

- 66% 的中学校职员工和 65% 校处城市地段的校职员工更经常目击欺凌事件。

- 59% 的中学校职员工和 54% 校处城市地段的校职员工更倾向于将欺凌视为严重问题。

- 所有的校职员工都认为比起网络欺凌（17%）来说，言语欺凌（59%），社交 / 关系欺凌（50%）和身体欺凌（39%）更值得关注。

- 在所有欺凌类型中，言语欺凌最容易被报告给老师和学校专业人士，而网络欺凌和色情短信最不易于被报告。

- 校职员工们表示，学校中基于体重（23%）、性别（20%）、性取向（18%）或残疾（12%）等因素所产生的欺凌现象令人担忧。

- 校职员工普遍表示在处理有关性取向和性别欺凌的事件时，他们感到最为不适。

- 93% 的受访者说他们所在的区域实施了欺凌预防政策。

- 只有 55% 的老师和 46% 的教学辅助专业人士曾经参与过上述欺凌预防政策的培训。

- 校区地处城市地段的校职员工更少的知悉欺凌预防政策的存在，同时，他们也更少的参加过有关政策的培训（80%）。

- 80% 的受访者认为区域的欺凌预防政策内容充分，另有 80% 的受访者认为欺凌预防政策中的内容既清晰又容易贯彻。

- 40% 的校职员工曾直接参与过正规的欺凌预防活动。

- 98%的受访者认为当他们目击欺凌现象时，对其进行制止和干预是他们的"分内工作"。
- 只有58%的受访者说他们的学校正式举办过欺凌防范活动（47%地处城市地段的学校和51%的高中）。
- 42%的教师和27%的教学辅助专业人士指出他们曾直接参与过欺凌预防活动。
- 就欺凌问题从全员参与的角度来说，参与度最低的是高中。

目前的状况看起来，似乎是哪里的需求最强，哪里的反应反而最弱。当主要的欺凌事件不是发生在教室里，而是发生在走廊、卫生间、午餐厅和游乐区域时，曾经集中受训过的教学辅助专业人士和老师们应该对他们亲眼目睹的和报告受理的欺凌事件给予有效的回应和干预。

2009年，沃里克大学（University of Warwick）发表了研究者对6,437个儿童从出生至13岁在欺凌问题方面的追踪调查结果。研究小组发现，在他们追踪调查的所有儿童中，有13.7%的儿童成年累月地遭受着同伴的无情凌辱；5.2%的10岁儿童曾经遭受过严重的语言欺凌、身体欺凌，以及关系欺凌。最令研究者感到不安的是，那些儿时遭受过同伴欺凌的孩子在成长到青春期早期时，出现精神疾病征兆的可能性是没有遭受过欺凌的孩子的两倍。而那些曾经成年累月被欺凌的孩子在12岁时发生精神病类症状的几率是未受过欺凌孩子的四倍。这项调查的首席研究员迪特尔·沃尔克（Dieter Wolke）教授说："我们的研究表明，遭受侵害会造成世界观的严重扭曲，诸如产生幻觉、妄想或匪夷所思的想法，而他们对于产生这些离奇感受的原因的洞察力却降低了。"

在2013年5月题为"童年遭受欺凌与可预期的青春期晚期自残（Being Bullied During Childhood and the Prospective Pathways to Self-Harm in Late Adolescence）"的一项研究中，沃里克大学的研究者和他们布里斯托大学的同事们发现，小学期间曾遭受过欺凌的孩子与从未受过欺凌的同龄孩子相比在青少年阶段更易出现自残行为。研究发现十六七岁的孩子中，有16.5%的孩子曾在早些年发生过自残行为，其中，26.9%的孩子自残是因为他们感觉自己"不想活了"。而对于那些小学期间曾被持续欺凌的孩子在青少年时期出现自残行为的可能性是未曾受过欺凌的同龄孩子的四至五倍。

《美国儿童与青少年精神病学会杂志》（*Journal of the American Academy of Child and Adolescent Psychiatry*）发表了该项研究结果的评论。首席研究员迪特尔·沃尔克在评论中说明了研究结果的重要性："这项研究进一步证实了童年时期的欺凌可以被视为无害的成长必经之路这种说法完全是无稽之谈。我更乐意看到的是临床医生能够更常规地询问孩子有关欺凌方面的内容——从被辱骂到身体虐待的各个方面。对欺凌进行早期干预意义重大，绝不能再被忽视了。"

## 体重欺凌："身体不丑陋，丑陋的是欺凌"

由于受到网上有关体型的恶毒评论的困扰，贝克（Jes Baker）在她的网站（www.TheMilitantBaker.com）上发起了一项名为"身体不丑陋，丑陋的是欺凌"的活动。活动邀请参与者将自己的照片上传至网站以指责当下社会中日益猖獗的对体型的羞辱。她写道："时至今日，我也许已经习惯于读到这些垃圾内容了，但这并不能对减轻我的焦虑有任何帮助。当我看到有关胖人的热门搜索内容尽是诸如胖人令人作呕、没有感情、活该被欺负、应该去死之类的字眼，他们对胖人极大的憎恨深深困扰着我。"

尽管年轻人由于体重而被当作调查目标会对其情感、精神和身体产生严重的不良后果，仍然有一些研究围绕"体重侵害"（weight-based victimization，简称 WBV）而展开。路德食品政策与肥胖中心（Rudd Center for Food Policy and Obesity）的普尔（Rebecca M. Puhl）博士、皮特森（Jamie Lee Peterson）文学硕士和路迪克（Joerg Luedicke）理学硕士开展了迄今为止有关体重侵害最为全面的一项研究"体重侵害：欺凌经验与寻求减肥治疗的青年（Weight-Based Victimization: Bullying Experiences of Weight Loss Treatment-Seeking Youth）"。有 361 名参加了两个美国减肥夏令营的 14 岁至 18 岁青年参与了此项研究。这项 2012 年的研究指出：

- 64% 的受访者曾在学校经历过 WBV（发生风险随着体重的增加而增加）。
- 78% 的受访者表示他们所遭受的体重欺凌已持续了至少一年之久。
- 36% 的受访者说他们已被欺凌长达五年之久。

- 92% 的被欺凌者所遭受的欺凌来自于他们的同伴。
- 70% 的被欺凌者所遭受的欺凌来自于他们本以为是朋友的同伴。
- 42% 的欺凌者是体育老师或运动教练。
- 37% 的欺凌者来自于家长。
- 27% 的欺凌者来自于老师。

作为欺凌的典型形式，语言欺凌是最主要的欺凌方式（75% ~ 88%），关系欺凌居第二位（74% ~ 82%），网络欺凌排至第三（59% ~ 61%），最不经常出现的是身体欺凌（33% ~ 61%）。

研究者发现 WBV 在家庭、学校以及青年减肥治疗中心是非常普遍的现象，"就算他们已经不再超重了"。除了那些已经超重或肥胖的孩子，家长和教育工作者还应该对发生在"目前体重已在合理范围内"的孩子身上、基于体重为目标的欺凌有所警觉。

研究另提出了三个亟待关心的问题：

1. 超重的年轻人可能会"在除普通形式的欺凌之外伴随了网络欺凌的情况下体验更大的心理压力（比如抑郁症状、自杀倾向、自残行为、自杀尝试等）"。

2. "值得关注的是有很大比例的受访者（37%）报告他们由于体重问题曾受到过自己父母的欺辱。"研究表明当欺凌来自不同渠道时，比如同伴和家长共同进行欺凌，被欺凌的青少年患情感和精神不良状况的风险成倍增长，因为他已经找不到避风的港湾了。

3. 青少年还经常成为"他们所交往的人，包括朋友（74%）、约会对象（65%）和家人（32%）"欺凌的目标。这被我们认为是近邻偏见，即"肥胖的污名从肥胖者本人扩展至其他与之有密切关系的人"。

重要的是，我们要注意近邻偏见不仅限于 WBV 的情况。如果有孩子的兄弟姐妹身患残疾，这个孩子就有可能因为挺身而出帮他的兄弟姐妹抵抗欺凌而遭到欺辱和嘲笑。一些年轻人的身边如若有曾受过性欺凌的兄弟姐妹或朋友，他们也同样会受到排挤和嘲弄，被性侵犯的耻辱延伸至任何一个与被性侵犯者有密切关系的人。

## 性欺凌

世界各地发生的各种形式的欺凌，以及它们对被欺凌儿童所造成的伤害绘制了一副丑恶的统计数据图，这张图何尝不是一个响亮的号角，呼吁我们积极地参与到对欺凌进行早期干预的活动中去。在这张数据图中，最令人不安的莫过于一些形形色色的性欺凌了。

对照美国大学女性协会（American Association of University Women，简称AAUW）教育基金会分别在 1993 年开展的"敌对走廊（Hostile Hallways）"研究和最近的一次（2001 年）"敌对走廊"研究的结果，笔者注意到：

"自 1993 年至今，有两项调查结果尤其引人注目：如今，有更多的学生反馈说他们的学校有性骚扰政策或者学校会分发有关性骚扰问题的印刷品。反馈学校有性骚扰政策的学生十之有七，反馈学校会分发有关性骚扰问题印刷品的学生也超过了三分之一。这两项数据自 1993 年起出现了实质性的涨幅。而在 1993 年的调查中，当问及此类问题时，大多数学生的答复都是没有，或不确定。"

虽然现今的大多数学生都可以轻而易举地获得有关性骚扰方面的资料，但令人沮丧的是，学生在遭受某种形式性骚扰方面的数据并没有改观，也就是说，"与 1993 年持平，十之有八的学生依然会在学校遭受某种形式的性骚扰"。研究结果发现，与 1993 年相比，2001 年的数据中有更多的男孩报告自己曾受到性骚扰。这个发现一方面指证了男孩们比 1993 年时更易于表达出自己被性骚扰的事实，另一方面也可能预示着男性与女性在面对性骚扰侵害方面的几率已趋于均等。

2001 年进行的基于 2064 名 8 至 11 年级学生的问卷调查结果令人触目惊心：

- 83% 的女孩和 79% 的男孩报告曾有过被性骚扰的经历。
- 57% 的女孩和 42% 的男孩报告曾被以性骚扰的方式摸、抓或捏。
- 53% 的女孩和 43% 的男孩报告曾被以性骚扰的方式触碰身体。
- 34% 的女孩和 28% 的男孩报告曾被以性骚扰的方式拽扯衣服。
- 34% 的女孩和 23% 的男孩报告曾被以性骚扰的方式挡住去路或挤到墙角。

- 7% 的女孩和 7% 的男孩报告曾经被迫亲吻某人。
- 12% 的女孩和 19% 的男孩报告曾有人脱掉他们的衣服。
- 9% 的女孩和 12% 的男孩报告曾经被迫做出除亲吻以外的性行为。

三分之一的受访孩子报告他们遭受性骚扰的时间是在 6 年级或更早。男孩和女孩共同报告的性骚扰地点有学校走廊（73%）、教室（65%）、校园（48%）和自助餐厅（34%）。这项 2001 年的问卷调查揭露了性骚扰对被骚扰孩子的学业和身心健康造成的严重后果：

性欺凌经历对被欺凌孩子的生活造成的影响包括：

1. 避免与侵扰他们的人相接触（40%）。
2. 减少在课堂上发言（24%）。
3. 不愿意去学校（22%）。
4. 改变上课座位以便远离某人（21%）。
5. 发现在校时难以集中精力（20%）。
6. 远离校园内的某些特定区域（18%）。
7. 发现难以用功学习（16%）。
8. 失去食欲或者对进食不再感兴趣（16%）。
9. 想一直待在家中，不愿去学校或者旷课（16%）。

早熟的女孩和晚熟的男孩是性欺凌的高危侵害对象。持有不同性倾向的孩子，以及性别角色认同与大众有所差异的孩子更容易遭受性欺凌。在一篇题为"年轻人，同性恋者和被欺凌者（Young, Gay and Bullied）"［《当今青年》（*Young People Now*）］的文章中，研究者里弗斯（I. Rivers）描述了他于 1996 年对 140个男同性恋和女同性恋进行的访谈。他发现在对他提出的问题作出回应的受访者中，有 80% 的受访者曾因自己的性取向而遭到嘲讽，另有超过一半的受访者经历过同伴或老师的嘲弄或侵犯。2012 年的调查"美国日益增长的 LGBT[①]——人权运动组织青年调查报告的重点发现（Growing up LGBT in America —HRC

---

① LGBT是Lesbian, gay, bisexual and transgender的缩写，表示同性恋、双性恋及变性者。——译者注

Youth Survey Report Key Findings）"呈现了相似的结果。这是一项由人权运动组织发起的调查，有超过一万个被确定为同性恋的 13 岁至 17 岁青年参与了此调查。

- 51% 的年轻 LGBT 说他们曾遭受言语欺凌，非 LGBT 的学生遭受言语欺凌的比率是 25%。
- 17% 的受访者报告他们曾在学校遭受身体欺凌、踢打或推挤，而同龄学生的此项数据是 10%。
- 48% 的年轻 LGBT 说他们曾因为自己的与众不同而受到同伴的排斥，相比同伴遭受排斥的几率是 26%。

受访的一位年轻人表示："我好希望能够在学校不被叫作同性恋或同性婊子。我不想再因为我的性取向而生活在阴影之中，我的安全已经悬于一线。"这位年轻人的担忧是合乎情理的。威斯康星州的阿什兰学区向杰米支付了 900,000 美元的赔偿，因为杰米是同性恋而在学区内遭受了来自同伴和成人的反复诋毁和恶毒攻击。管理人员不但对有关作恶者们的多次投诉疏于回应，而且偶尔会振振有词地帮助欺凌者脱罪而将侵犯事件的罪责归咎于杰米。电影《恃强凌弱：一个学生，一个学校和一个载入史册的案例》（*Bullied: A Student, a School and a Case That Made History*）记载了这件事。

"全国跨性别者歧视调查（National Transgender Discrimination Survey）"是一项于 2011 年开展的基于全美各州将近 6,500 名变性和性别错乱者所作的调查报告。报告显示，接近 80% 的年轻的跨性别者称述他们遭受过同伴的欺凌。令人震惊的是，有 41% 的受访者说他们曾经尝试过自杀。

### 全球视角下的性别不平等和性侵犯

在《纽约时报》的一篇题为"是的，所有人"（"Yes, All Men"）的社论中，布洛（Charles M. Blow）谈到了一次放学路上他与儿子的谈话。他的儿子说："我相信使每个人都成为性别平等主义者是非常重要的。"他对自己男性特权日趋强烈的意识，以及显性与隐性的性别不平等现象，已经不仅仅是发展中国家的问题，也是我们自己国家的问题，该问题在 #YesAllWomen[①] 推特[②] 活动后更加清晰地展现了出来。在社论中，布洛从 2013 年联合国性别平等和妇女赋权组织（United Nations Entity for Gender Equality and the Empowerment of Women）提供的现有资料内引用了一些令人警醒的数据：

- 世界范围内，35% 的女性曾经遭受来自亲密伴侣或者非伴侣的性暴力。
- 在某些国家关于暴力的研究中，多达 70% 的女性终身经受着来自亲密伴侣的性暴力。
- 在澳大利亚、加拿大、以色列、南非和美国，所有上报的性暴力案件中，来自亲密伴侣的暴力占据 40% ～ 70%。
- 全世界约有 1.4 亿的女孩和女人曾遭受过女性生殖器损毁 / 切割。
- 在美国，83% 的 12 岁至 15 岁女孩曾经在公立学校内经历过某种形式的性骚扰。

当认识到问题的本质来自对女性的物化和歧视时（同样适用于年轻女孩在学校走廊所面对的恶意骚扰现象），布洛说，"与男权主义和女性贬抑作斗争不仅仅是女性的功课……这也应该成为男性的追求。只有当男人们学会认识到女性贬抑的问题时，我们才能彻底摆脱它。虽然不是所有的男人都是问题的制造者，但是，是的，所有的男人都应该是问题的解决者"。

## 网络欺凌

英特尔安全公司的子公司迈克菲（McAfee）在 2014 年进行了一项题为"年轻人和荧屏：探究网络隐私、社交网络和网络欺凌（Teens and the Screen Study: Exploring Online Privacy, Social Networking and Cyberbullying）"的重要研究，研

---

① #YesAllWomen意为"是的，所有女人"，该推特标签创建于2014年Isla Vista杀戮案件后（在该案件中，一名男子在博客上宣扬对女性的憎恨并实施杀戮），旨在就对女性施暴问题增强公众意识并建立对话讨论。——译者注
② 推特，Twitter，是一家美国社交网络及微博客服务的网站，全球互联网上访问量最大的十个网站之一。——译者注

究结果中有一项重要数据令我们震惊：在 1,502 个 10 岁到 18 岁的美国孩子中，87% 的孩子都目睹过残忍的网络行为。而这项数据在 2013 年时仅为 27%。

另有一些数据也应该引起我们的思考，因为这种残酷的网络行为对年轻人的现实生活产生着冲击：

- 72% 的受访者说他们是因为自己的外表而受攻击。
- 26% 的受访者说他们是因为种族或人种而受攻击。
- 23% 的受访者说他们是因为性别或性取向而受攻击。
- 在曾目睹过网络攻击的受访者中，53% 说被攻击者在受攻击后变得心存戒备或愤怒。
- 47% 的受访者注意到网络攻击的受害者删除了他们的社交网络账号。
- 在所有的受访者中，24% 的人说他们并不知道如果自己遇到了网络攻击该采取什么措施。
- 50% 的受访者说他们曾经为了某些发表在社交媒体上的内容而进行争论（在 2013 年的调查中，这项数据仅为 33%）。
- 4% 的受访者称网络欺凌导致了在现实生活中发生冲突。
- 61% 的受访者说他们开启上网个人资料的隐私设置以保护自己的隐私。
- 52% 的受访者没有关闭他们的 GPS 服务或定位服务——这使陌生人可以轻易获得他们的位置信息。
- 59% 的受访者说他们曾经在网上与陌生人互动。
- 9% 的受访者曾经在现实生活中与网友见面。
- 14% 的受访者曾将自己的家庭住址公布在网络上。
- 97% 的受访者会每周数次访问 YouTube 网站。
- 92% 的受访者每周数次访问 Instagram 照片分享应用。
- 90% 的受访者认为他们的父母相信他们能够在网络行为上掌握分寸。
- 45% 的受访者称如果他们得知父母在监视自己，则会改变网上的行为。
- 53% 的受访者会在父母进入他们的房间之时关闭页面或将页面最小化并且清空历史记录。
- 79% 的受访者并未用网络或社交传媒来创建虚拟自我。

- 33% 的受访者感到自己在网上被接纳的程度要高于在现实生活中的。
- 25% 的受访者担心自己的隐私会在网上泄露。
- 25% 的受访者担心被黑客攻击。
- 16% 的受访者担心自己在网上不受欢迎。
- 12% 的受访者担心自己会遭受网络欺凌。
- 77% 的受访者知道任何公布在网络上的内容都将是公开并永久的。
- 49% 的受访者对自己曾经在网站上公布过的内容表示后悔。

这项研究报告列举了五个最值得推荐的方法来帮助家长们教育孩子：

1. **多与孩子交流。**可以与孩子就网络社交的风险进行闲谈，并确保与孩子之间时刻有良好的沟通状态。

2. **获得访问权限。**家长应该拥有孩子社交网络账号的密码以及多媒体电子设备的密码，以便在任何时间都有完全的访问权限。

3. **跟上技术更新的步伐。**比你的孩子领先一步去花时间研究各种他们正在使用的电子设备。你最好在这方面懂得比孩子还多。

4. **参与社交。**要对社交网络的新的相关知识有所了解。（我会在本书中介绍一些相关的应用软件）你并不需要创建自己的账号，但是你需要知道这些社交软件是怎样使用的，以及你的孩子是否在使用它们。

5. **声誉管理。**确保你的孩子认识到在网上公布的任何内容都是永久性的。

对于全世界如此多的孩子在家庭、学校和社会上遭受攻击的问题，我们任何人都不应袖手旁观。那些统计数据就是最有力的事实。为了寻找具体的解决方案，我们需要了解到底是什么条件使得这些残酷的行为如此猖獗，以及为什么我们对这些暴力进行道德制约时会畏首畏尾。我们需要坚信我们可以创造条件使我们能够更有力地去制止暴力行为并培育出使我们彼此紧密联结的感情纽带。想要达到此目的，我们首先必须知道什么是欺凌，什么不是。

当个体的尊严被破坏时，他所在的群体作为由个体所构成的整体的存在，其尊严也被削弱了。

——威廉·M·布科夫斯基（William M. Bukowski）

& 罗瑞·K·希伯拉（Lorrie K. Sippola）

"群体，个人和被欺凌者：对同伴体系的观察研究"《校园中的同伴侵害》

"Groups, Individuals, and Victimization: A View of the Peer System"

（Peer Harassment in School）

第三章

# 欺凌：什么是欺凌，什么不是

> 不出意外的，关于欺凌的定义，我们没有绝对一致的答案。但这并不能降低明确它定义的重要性。我们只有对欺凌的定义在一个合理水平上达成广泛的一致，才能够切实地进行讨论，并联合在一起对其进行反抗和打击。
>
> 一般来说，我建议把欺凌定义为"在人际关系方面系统地滥用力量"。
>
> ——肯·里格比（Ken Rigby）
> 《儿童与欺凌》（*Children and Bullying*）

数据显示，年轻人遭遇欺凌的几率比我们意识到的或愿意承认的大得多。据全国学校心理学家协会所述，大约每七个学龄期儿童中，就有一个儿童曾以欺凌者或被欺凌者的身份参与过欺凌事件。孩子、家长和教育工作者应该更自然地坐在一起来谈论孩子们的生活中到底发生了什么。在开始建设性的讨论前，我们必须克服两个障碍：无知和冷漠。首先，如果对什么是欺凌，人们在欺凌这场悲剧中饰演的各种角色，以及如何打破暴力循环这些内容都一无所知，那么我们就不具备解决这些问题的能力，而这种卑劣的行径也将继续盛行。其次，如果我们对被欺凌的孩子没有关爱之情，或者对正在家庭、学校，以及社区和工作场所上演的欺凌事件漠不关心，那么，这种冷漠会比无知还要致命。无知可以通过增加关注和有效学习来补偿，冷漠是最难以逾越的障碍。

## 同理心，同情心和仁慈之心

即使我们不喜欢某个人，也可以选择善良以待。

——塞缪尔·约翰逊（Samuel Johnson）

在人与人相处的过程中，虽然我们不需要去"喜欢"每个人，但是我们必须尊重每个人的人性和尊严。马丁·布伯（Martin Buber）将这种相处模式称为"以我和你的关系来相遇"。将他人以"你"的关系呈现不仅体现了对方的独特性和个体性，而且承认了我们彼此之间的联结，以及我们的依赖性和互联性。尽管整体中不可或缺的两个部分——个体性和共同性——看起来有些相悖，实际上，我们既是"我和你"，又是"我们"。

仁慈之心是指对他人的悲伤、痛苦或不幸惺惺相惜，同时有着强烈的渴望去减轻它们。这种渴望不仅仅停留在情绪或思想的层面上。这是一种切实的了解和感受，一种自己不得不为消除他人的痛苦而伸出援手的意愿。神学者和作家马修·福克斯（Matthew Fox）说："仁慈不是一种情绪，而是出于公平意识伸出的仁慈之手。"如果我们只是停留在焦虑担心或悲伤不安的情绪中，不能"出于公平意识伸出仁慈之手"，这就不是仁慈之心。任何的仁慈之心都需付诸行动。

仁慈的驱动力来自同理和同情。同理和同情往往被误认为是同一种东西，然而它们却不是。同理是指我们与他人产生共鸣，我们对他人的感受给予认同、回应或放大。同情是指我们回应对方的感受，我们将自己的感受与对方的感受相协调，却不完全一致。同理和同情都是人类感情纽带的关键要素。对孩子来说，产生同理——与另一个人的感觉产生了共鸣——是他们对于我们彼此都是大自然的同一种生物的最初认识。同情是对于他人的危难和不幸做出悲伤或担心的回应。同理是通过共同的感受而产生"我们"的感觉；同情则通过我们双方各自独特的感受促进我们建立"我和你"，以及连接我们的种子"和"的意识。孩子们越是拥有同理和同情的能力——共鸣和回应他人的感受——就越是能够在同伴受到欺凌之时以仁慈之心来面对。

　　同理心是可以被破坏、扭曲或否定的。实施欺凌的孩子，通常能够共情被欺凌孩子的感受，但他们并不这么做，而是乐于给被欺凌的孩子制造痛苦。

　　同情心也同样容易被破坏。同情不只是对他人的困境感到遗憾或苦恼，它包含着对他人祸福的极大重视和极深切的悲哀和担心。同情常常被扭曲或破坏，让人以为多愁善感、情绪化的，或是以恩赐的态度而自居就是同情，而实际上，这些都不是同情，同情是对他人痛苦最真诚的回应。如果一个人想使自己看似有同情心，却并没有做好准备去真正接纳他人的苦难，那么他的反应——不是回应——将会变得虚伪、脆弱而多愁善感，抑或让人感到此人酷似施舍者一般高高在上。伪装者本人并没有任何帮助不幸者减轻痛苦的意图，他只是用华丽的辞藻和貌似谦卑的语气把自己的话语修饰得天花乱坠。这种伪装的同情仅仅是一种自我的彰显。如果一个学校的某位学生因为被欺凌而自杀，而这个学校的管理人员在事前没有对这位学生提供帮助以减轻他的痛苦，在事后又没有采取有效措施对这类事件的再次发生进行防范，他仅仅是在事情发生之后为学生组织了一场公开的吊唁演讲，那么他的行为就是同情心被破坏的典型体现。欺凌者有时会在事后对被欺凌的同伴表示歉意（"如果让你感到了冒犯，我很抱歉""我们不是真的想要伤害你"），这种歉意常常是无意义的。因为他们根本不在乎自己到底给被欺凌的同伴带来了何种伤害，他们道歉纯粹是因为被抓到了，他们为自己的处境担心。

　　如果认为受欺凌的孩子所遭受的痛苦是合理的，即认为他们受到欺凌是他们自身的问题所造成的，他们的痛苦是自找的，抑或是认为他们"跟我们不是一类人"，那么同情心和同理心都会被否定。同情心和同理心也会被掩盖，尤其是当发生校园枪击案这种恶性案件时，极具灾难性的事件会使人们的同理心和同情心被无助和绝望遮蔽，而这所有的感受又都会被愤怒的情绪所掩盖。当受欺凌的孩子终于奋起反抗，他的反抗会给我们带来困扰和伤害，我们由此产生的愤怒往往会将我们对他的同情掩埋。曾经实施欺凌的一方如此，无辜的一方也是如此。因此，同理心和同情心会在复仇的叫嚣下被淹没，更会在怨恨和憎恶下丧失殆尽。

## 轻蔑是关键

欺凌不是因愤怒而起，也不是因冲突而起。欺凌行为的根本在于轻蔑——对某人感到强烈的厌恶和不屑，认为他是无价值的、低人一等的和不值得尊重的。就如欺凌的程度可以划分为轻度、中度和重度一样，轻蔑的程度也可以被区分为漠视、鄙视和厌恶。这种轻蔑的根基常常来自深植于我们的家庭、学校和社会的价值观。任何的歧视和偏见都会被欺凌者利用，去证明某一个孩子或某一群孩子是值得被轻蔑的。

一旦某人藐视另一个人，他就有可能对这个人做出任何事情，而丝毫不具同情心、同理心、仁慈之心和羞愧感。在欺凌者的心中，被欺凌者，已不是以"你"的形式存在，而是"它"——比人类低等，不值得任何的关怀和照顾，却可以成为好的笑柄和被侮辱嘲弄的不二人选。

怀俄明州拉勒米市，两位年轻人杀害了马修，他们殴打他，然后把他悬挂在围篱桩上随他自灭。他们的理由是："他是个同性恋。"

德克萨斯州杰斯普市，三个年轻人，"为了好玩"，用皮卡拖着詹姆斯直至他死亡。其中一人随口说，"是啊，他是黑人"。

科罗拉多州立托顿市，一个3年级的孩子被同伴全身涂满脏泥摔在地上。当这些卑鄙的女孩们被老师谴责的时候，当中为首的那个女孩咯咯笑着说："可是她本来就又黑又丑；我们只不过让她更黑更丑了一点而已。"

在上述各案例中，欺凌最初并不是始于身体攻击，而是始于对被攻击者非人性化地对待——同性恋，黑人，以及又黑又丑。在欺凌者的眼中，被攻击的孩子成为了"它"，"它"不值得任何的尊敬、关怀和友好。

诸如此类的轻蔑伴随着三种明显的心理优势，使得实施欺凌的孩子伤害他人并把自己的快乐建立在对方的痛苦之上。如果下述的任何一种情况存在于你的家庭、学校或社区，就有了滋生欺凌的肥沃土壤。

1. **权力意识**——自觉拥有控制、主导、征服的权力和优越地位，在他人不服从自己时对其进行虐待。在你的社区中，有没有哪一个群体被视为高人一等？有没有什么惯例或传统，使得某些人比另一些人更高贵、更有价值这类观念得以巩固和加强？

**2. 对差异的不容忍**——差异意味着某些人低人一等，不值得被尊重。与不容忍相反的并不是容忍。要求人们仅仅去"容忍"家庭、学校和社区中与自己朝夕相处的人只能带来偏执和轻视。与不容忍相反的应该是对他人深切地关怀。这种关怀意味着必须去为他人减轻痛苦，真正地希望他人过得好。这并不是说需要你特别喜欢他人，或者把他人都当朋友来对待，而是说，当你目睹他人作为与你平等的人类受到了伤害，你拥有足够的关怀之心想去减轻他们的痛苦，为他们挺身而出，制止残忍行为发生。

**3. 随意排斥他人**——对被认为不值得尊重和关怀的人进行孤立和隔离。你的学校社区是否存在某些小的组织或党群，他们特别热衷于排斥他人或时常孤立他人？他们是否将党群之外的人都看作低等的？

欺凌是傲慢的行为表现。实施欺凌的孩子常常摆出高人一等的架子以掩饰他们内心的痛苦和匮乏。这种虚妄的优越性使他们自认为有资格去伤害他们看不起的人，而事实上，他们只是在试图通过贬低对方来"提高"自己。另有一些孩子，他们高高在上的样子并不是出于对心中痛苦的掩饰；这些孩子被教育得认为自己本来就高人一等，而那些被他们伤害的人本来就不值得被尊重和关心。他们的自我在压抑他人的过程中不断膨胀。

在一本极其感人的著作《子宫定罪：一个人从囚犯到和平使者的旅途》（*Convicted in the Womb: One Man's Journey from Prisoner to Peacemaker*）中，作者卡尔·阿普彻奇（Carl Upchurch）小学辍学，参加过黑帮组织，有过前科。然而，他最终却成为了一名作家和在民权运动中受尊重的社区领袖，著述了有关"种族歧视"的内容并描述了种族歧视对他的孩童时期所造成的影响。

> 对我这样的人的轻蔑——所有基于我身份的假设、侮辱和诋毁，都在我还在母亲的子宫中时已为我量身定做……我用了三十多年的时间才弄明白：和性别、种族不同，"我是一个社会地位低下的黑鬼"这样的标签并非是在出生前就刻入我的 DNA 中的……在成长的过程中我曾一直以为，我是个黑人，所以被歧视是我应得的……我被没有关心、没有感情的残酷所支配，并随着无处不在的自卑感而长大。

卡尔自己承认，他曾是一个由被别人欺凌转而成为欺凌别人的欺凌者。他的冷漠和残酷是他在经受了长期地被蔑视和被憎恨后，为自己温和敏感的内心包裹上的硬壳。

当我们轻蔑某人并因此而做出伤害对方的举动，我们不仅侵犯了"我和你"，更是亵渎了"我们"。图图大主教（Desmond Tutu）在解释非洲概念乌班图（ubuntu）时说，乌班图指的是"只有你成为你时，我才能成为我；我们彼此的人性交织在一起。如果我践踏了你的人性，我的人性也必将不可阻挡地被践踏……关怀他人是最好的利己形式"。我们每个人的幸福都依赖于我们整体的幸福；如果"我们"作为一个整体被削弱，那么我们中的每个个体也必然被削弱。

丹尼尔·戴尔（Danielle Dail）的《把苍蝇赶走》（*Shoo Fly Shoo*）是一本简单而有影响力的故事书，特别适合在接纳人与人之间的差异和欣赏每个生命的独立和独特之处的方面对孩子进行启蒙教育。嗡嗡是一只小苍蝇，他非常努力地在小区内寻找愿意跟他一起玩耍的伙伴，但遗憾的是，没有任何人愿意和一只讨厌的苍蝇玩。所有的其他动物都赶他走。当他最终彻底离开之后，其余的小动物才意识到嗡嗡其实在它们的生活中扮演着很重要的角色——嗡嗡也有意义。

## 欺凌的定义

正如肯·里格比所说，我们必须在对欺凌的认识和语言表述上达成相对的一致，才能对它进行讨论。关于欺凌的定义五花八门——一些定义太过狭隘，而另一些则过于宽泛。有的人将欺凌和其解决方案合在一起定义为需要解决的冲突，另有人却把欺凌定义为持续和重复的行为。我对有关欺凌问题的研究有四十多年的经验。我目睹了这几十年以来，欺凌的发展和变化。对抗欺凌的各种手段以及对欺凌的各项研究的进展和演变。

在我看来，欺凌是作恶者以羞辱和伤害他人为目的，故意或蓄意地对他人做出的攻击性的、恶毒的，或侮辱性的行为，并从他人遭受的痛苦或不幸中获得快乐。欺凌会诱发畏惧感，常常以再次实施侵害相威胁来制造恐惧。欺凌可以发生在语言层面、身体层面和（或）关系层面；欺凌涵盖的内容极广且可以叠加人种、种族、信仰、性别、性征、性别认同、性取向、身体能力或心智能力、体重、过敏物或社会地位等各个因素。（这些内容的叠加会对被欺凌者造成更严重的影响和更残忍的伤害）。欺凌可以，并常常以持续不断的、随时间推移而反复进行的形式呈现，但并不是说只有反复多次的呈现才算是欺凌，仅仅一次的出现就足以构成欺凌了。

如果这种行为是持续作用于受保护状态的群体的，那么这类欺凌一般会被称为骚扰。如果这种骚扰足够严重，也可以构成仇恨犯罪。这包括所有形式的欺侮和网络欺凌。换句话说，这种"在人际关系方面系统地滥用力量"是有关卑鄙，有关残酷，有关将自己的快乐建立在他人的痛苦之上的罪行。

## 欺凌的四种因素

无论是突如其来的还是蓄谋已久的，无论是显而易见的还是狡猾微妙的，无论是当面发生的还是背地捣鬼的，无论是容易分辨的还是隐藏在表面的友谊之下的，无论是由一个孩子还是由一群孩子来实施的，欺凌始终包含着以下三种因素：

1. **力量的不对等**：欺凌者一般会比被欺凌者更年长、更高大、更健壮、语言能力更强、社会地位更高，或者与被欺凌者的种族相异或性别相异（后文将详述）。总而言之，欺凌者比被欺凌者拥有更多的力量或影响力。一群孩子团结在一起也可以创造这种力量。欺凌不是手足间的较劲，也不是两个力量均等的孩子之间因冲突而起的搏斗。

2. **旨在伤害**：欺凌意味着造成情感或身体的痛苦，是以伤害为目的的行动，并以引起或目睹他人的痛苦为乐。这不是意外或过失，不是任何的口误、开玩笑或无意的排斥，不是"哎呀，我不是故意的"，欺凌就是为了排斥，为了嘲弄，为了凌辱。

3. **进一步侵害的威胁**：欺凌者和被欺凌者都清楚欺凌会或很有可能会再次发生。这意味着欺凌将不是一次性事件，尤其是对看起来很脆弱的被欺凌者而言。欺凌常常始于言语层面（辱骂、种族诋毁、贬义的性词汇、对身体能力或心智能力做出有损人格的评论），进而发展到关系层面（回避、制造谣言、流言蜚语和孤立排斥），并且最终，如若学校的文化环境允许，在确定没有人会进行制止或干预的情况下，欺凌者会将欺凌升级为肆意的身体层面的欺凌，如打耳光、踢打、绊倒、闭锁（将被欺凌者锁入笼中）、戏弄、要求被欺凌者做出侮辱性的或不可能完成的身体行为、剥夺被欺凌者必需的身体生存条件。

如果欺凌持续升级，那么就有了第四种因素：

**4. 制造恐惧：**欺凌是一种惯于用恐吓来维持主导地位的系统暴力。将恐惧深深植入被欺凌孩子的内心不仅仅是达到欺凌目的的一种手段，而是其本身即为欺凌的最终目的。一旦制造出恐惧，欺凌者就可以不用担心任何的报复或指责。因为被欺凌的孩子已经完全无力反抗，甚至没有勇气去告知任何人欺凌的发生。欺凌者同时算准了旁观者的行为，认为他们即使不加入欺凌也不会插手干预。于是，暴力的循环生生不息。

## 欺凌的类型和形式

欺凌有四种类型和三种形式。在过去很长的一段时间里，身体欺凌在欺凌问题的调查研究中占据着中心地位。有很多成人和孩子都认为身体欺凌即为欺凌，很少有人去思考或关注其他形式欺凌的严重性及其带来的伤害。同样，在相当长的一段时间内，人们普遍接受的欺凌定义中，欺凌行为必须是持续的，并随着时间的推移而反复发生的。不管是对身体欺凌的过度关注，还是对欺凌行为的持续性和反复性的强调，都成为了我们打破暴力循环的阻碍。

四种欺凌类型包括：

1. 一次性恶意行为；

2. 针对被欺凌者的持续、反复的恶意行为；

3. 欺侮；

4. 数码（或网络）攻击（亦称：技术辅助欺凌）。

### 一次性恶意行为

头被按进马桶一次算是欺凌；被叫作"爱尔兰荡妇"一次也是；被故意锁在聊天室外一次同样会造成痛苦。所有的这些行为都是以伤害被欺凌者为目的，并且，作恶者从受害者的痛苦和羞辱中寻找快乐。"就是开个玩笑，""只不过是闹着玩的，""玩玩而已"这些借口都不足以为欺凌行为做辩护，他们只是试图将这些罪恶的行径伪装得看起来好似正常孩子之间的玩耍一般。然而，在上述的三种行为中，"开个玩笑"、"闹着玩的"和"玩玩而已"都是**以被欺负的孩子为代价**的。"正常孩子间的玩耍"是**我和你一起欢笑**，而不是**我笑你**。如果这些一次性的欺凌可以被重视并且合理地解决，那么就大大降低了这类事件再次发生的几率，而这些欺凌就真的只是一次性行为，而不是对被欺凌孩子的一系列欺凌行为的开端了。

如果这些个案被认为无关紧要而一笔勾销，就好像被欺凌的孩子根本不应该为此而感到苦恼，大家都将此看作一个"闹剧"而已，那么，"卑鄙盛行的文化"舞台就搭建起来了，被欺凌的孩子的内心会被羞辱、排斥和孤立深深刺痛。阿维赛·玛格里特（Avishai Margalit）在《记忆的伦理》（*Ethics of Memory*）一书中讲解了"关于侮辱的记忆"和"关于受伤的记忆（此处指的是生理性受伤）"的不同之处。

> 在回忆被折磨的事情时，受害者详述了他所遭受的屈辱，然而，事实上他所经受的是生理上的疼痛……从再体验的意义上来说，我们对侮辱的记忆要比对疼痛的记忆深刻。即使身体受的伤已经结痂脱落，屈辱所造成的伤害却会在相当长的时间里挥之不去。

虽然让被欺凌的孩子忘记发生在自己身上的身体伤害很难，但是他对自己所经历过的生理疼痛的记忆却会随着时间的推移而淡化。然而，假如那次身体欺凌事件没有被恰当地解决，被欺凌的孩子就会始终处于被欺凌时由身体疼痛所带来的侮辱、排斥和隔绝的感受之中。同时，当并不无辜的旁观者在一旁因她曾遭受过欺凌而窃笑、嘲讽，或由于认为她越来越懦弱而冷落她时，她还会受到欺凌事件后果带来的二次伤害。

不只是生理性疼痛会引起痛苦的"关于侮辱的记忆"。研究者使用功能磁共振（fMRI）演示的结果显示，当一个孩子经历同伴刻意的排斥或言语嘲讽时，他的大脑反应与经历身体攻击时的大脑反应是非常相似的。因此，一个受到言语欺凌或关系欺凌的孩子同样会体会到"侮辱所造成的伤害挥之不去"的感觉。被伤害的孩子常常表达出这样的希望，即他们宁愿欺凌者对他们实施的是身体攻击——那反而会让他们觉得不这么痛苦。

### 持续、反复的恶意行为

欺凌者在初步尝试实施欺凌之后，如果他的残酷行为不但没有得到应有的惩罚，而且还受到了旁观者的默许或共犯者的鼓励，那么他很有可能会将欺凌行为持续并升级。欺凌中最常见的类型就是持续、反复的恶意行为（见第一章"悲剧的场景"）。而这些持续不断的恶行最终会给被欺凌儿童的身体、精神和情感带来毁灭性的伤害。

蒂娜·朗在叙述他 17 岁的儿子泰勒时这样写道："（泰勒）在 2009 年 10 月 17 日由于同伴的欺凌而自杀……他是一个很聪明很可爱的男孩，患有孤独症；再有一个月，他就可以赢得空手道的黑带了。"泰勒的同伴欺凌事件发生在乔治亚州莫雷县的学校系统内。他的同伴们模仿并嘲笑他。他们将泰勒从一段楼梯上扔下去，又把他推到一组看台下。当日，是泰勒的父亲发现了儿子用他的皮带上吊自杀于家中。父亲说那些欺凌者"把他的自尊拿走了"。泰勒从一个风趣爱玩的孩子变成了"曾经那个泰勒的驱壳……他被掏空了……他们随便地把他的东西拿走，在他的食物中吐唾沫，叫他'同性恋，蠢货'。在他去世后的第二天，来自其他孩子的骚扰依旧持续发生在教室中……他都已经死了，他们还拿着一条皮带绕在自己的脖子上模拟泰勒的死状。"朗先生起诉了学校系统但是以败诉告终。但是，在联邦法官评论这起案件时，重申了作恶者的这些持续、反复的残酷行为所造成的后果是切实而致命的。"在那种条件下，法院认为骚扰无处不在且程度严重。原告提供证据证明了正是持续数年的骚扰最终导致了泰勒的自杀——当然也剥夺了泰勒接受教育的机会。"试想，假如最初的一次恶行得到了及时有效的处理，泰勒就不会从一个风趣爱闹的孩子变成"曾经那个孩子的驱壳"了。

### 欺侮："这是游戏的一部分"

全国州立高中联合会（The National Federation of State High School Associations）在其网站 www.NFHS.org 上将欺侮定义为"任何在无视其本人意愿的情况下，将一个学生归为某特殊群体的具有侮辱性的危险活动"。

欺侮远远大于恶作剧。它粗俗而可耻，制造恐惧气氛，滋生猜忌和冷漠。虽然欺侮常常被当作无恶意的"新成员入会仪式"而不被重视，但是它却包含了欺凌的所有因素：

1. 力量的不对等（包括被欺侮者数量上寡不敌众或在社会地位方面比欺侮者低下）；

2. 旨在伤害（被迫喝下某种饮品或被迫做运动直至昏厥；被迫进食恶心的东西；被迫进行文身、打耳洞或刮毛；被打或被迫打人；被迫以取悦欺侮者为目的穿戴侮辱性着装）；

3. 进一步侵害的威胁（无论是阐明的还是暗示性的——"必须这样做，否则……"是被欺侮者从欺侮者处得到的告诫）；

4. 恐惧（不知道接下来会发生什么以及不知道欺侮何时才会停止是制造恐惧的秘诀。"我担心他们会对我做出别的事情。"）

1993 年，一个名叫布雷恩的年轻橄榄球队员，被他的五个队友从更衣室的淋浴间强行拖出，并全身赤裸着用胶带绑在了水平的毛巾架上。他的双手、双脚、胸口和生殖器都被运动胶带紧紧缠住。之后，那五个男孩将布雷恩曾经约会过的一个女生带到更衣室里目睹他被悬挂于毛巾架上的窘相。当这件事情被上报后，管理部门取消了这个球队此年度高中区域季后赛季的参赛资格。对于这些男孩来说，这个赛季就算结束了，然而，对于布雷恩来说，他所遭受的欺凌却没有停止。队员、其他学生、家长们，还有社区成员们都认为针对此事所给予的惩罚过于严厉了；他们纷纷争辩说，对布雷恩的欺侮只是"游戏的一部分"，"这种事情很平常"，"我们从大二开始就这样做了……没有人告诉我们这样做是不可以的"，"就是开个玩笑而已"。布雷恩被叫做烂人，被他的同学们排斥。人们把球队被取消参赛资格的过错归于布雷恩，而不是他的五个队友。布雷恩最终被橄榄球队除名，其原因是他没有向他的队友们就"告发他们"而道歉。

虽然自始至终，布雷恩的父母都无条件地站在他这一边，但是，同伴的疏离、社区令人愤怒的表现，以及管理层的缺乏支持与原始事件混杂在一起，给他带来了无尽的耻辱和痛苦。

2011 年，佛罗里达农工大学的乐队指挥罗伯特在一个带有欺侮性质的仪式上遭受了他的乐队成员们的殴打之后身亡。一些乐队成员声称罗伯特是自愿接受殴打的。几个乐队成员被控过失杀人，而另外几个被控欺侮重罪。

2013 年，华盛顿州西雅图市加菲尔德高中的九个女孩由于挑唆并强迫低年级学生穿尿不湿而受到惩罚。校长干涉此事时，她们又对校长进行种族诋毁。在接受电台采访时，一个女孩为自己辩护说她们的行为只是"新生训练营"的一种形式——欺侮新学生——是一种既有趣又能促进团结的一种方式；另一个女孩则描述了自己在这次欺侮新生的活动中的所作所为，并且承认，事情发生后她感觉一点也不好，她再也不想参加类似的活动了。她希望类似这样欺辱性的仪式最好彻底消失。

归属感对每个人来说都至关重要。为使自己被某个群体接纳，年轻人常常会对自己或他人做出难以启齿的事情。当这些苦不堪言的事情引起了某些人的抱怨或造成了伤害——或者像上述发生在佛罗里达农工大学的案例一样，乐队指挥在欺侮事件中丧生——人们就开始申辩说，是受害者本人同意被欺侮的。

在涉及欺侮和欺凌的相关法律时，这种所谓的"受害者同意"早已不能作为刑事辩护的依据而在司法过程中奏效。当一个学生面对一个或一群比他强大的同伴，而这些人随时有可能对他做出更具伤害性的事情时，这种压力很难使这个学生不去"同意"接受欺侮。法律上认为这种同意不能算作实际同意。

由于担心被排斥或者进一步地被侮辱，抑或是担心被从某些俱乐部或群组除名，人们往往在面对欺侮时逆来顺受。我们所要关注的问题不该是"他或她是否同意被欺侮？"，而应该是"他/她所被要求做的行为是不是侮辱性的、诋毁性的、辱骂性的和贬低人格的？"第二个可以用来鉴定是否为欺侮性活动的问题是"是谁在其中感到愉快，又是以谁的牺牲为代价的？"如果作恶者的欢乐是建立在被欺侮者所遭受的屈辱和痛苦上的，这就是一个明确的标志，证明他们所进行的活动并非一般的玩闹或恶作剧，而是欺侮。

　　在《今日美国》(*USA Today*)的一篇文章中，塔玛拉·亨利(Tamara Henry)引用了阿尔弗雷德大学在 2000 年 4 月的一项调查数据。这项调查是有关高中生加入体育队，音乐、艺术和剧院组，学术和知识小组，以及教会组织时"在入会仪式中被迫参与违法或危险活动的风险"。在随机抽取并给予回复的 1541 名高中生中，48% 的学生曾经遭受过欺侮。统计结果令人不安：43% 的学生报告曾经遭遇过羞辱性活动，23% 的学生曾经参与过药品滥用，还有 29% 的学生曾被要求做出可能违法的行为。

　　此项调查的一个研究员，人类学教授罗伯特·迈耶斯(Robert Meyers)评论说："我们的文化视欺侮为有趣和刺激。美国人对'玩乐'的痴迷显然给了我们一个可以将几乎所有类型的行为都合理合法化的许可证，无论这些行为到底有多么的可耻。"主要研究者纳丁·胡弗(Nadine Hoover)记录："我们预料到了在收集的数据中会出现一定程度的欺侮，却没有想到这种现象竟然如此普遍。"这项调查是在阿尔弗雷德大学的几个学生在欺侮性"仪式"中死亡之后进行的。根据彭博新闻(Bloomberg news)提供的数据，自 2005 年起，有超过 60 起与大学生联谊会相关的死亡事件。

　　根据 2014 年《纽约时报》报道，在葡萄牙一所著名大学欺侮性的 *praxes*① 中，有六名宣誓人溺水而死。随后，学校的学生、学院，和外界社会就举办这类仪式的意义进行了激烈的争论。一些人认为这种仪式可以帮助学生构建团队精神，而另一些人则将矛头指向这起死亡事件，认为开学仪式已经变得越来越危险。葡萄牙另一所大学的一个大学生提倡将这类仪式彻底禁止，她说，目前的状况是，如果拒绝参加这种有辱人格的仪式会使你"被边缘化"。随着争论变得越发激烈，一个在事件中溺水身亡的学生的家长表达了想法。他们说他们只想知道到底谁能为他们儿子的死亡承担责任。"我们只想找到真相，而并不是一定要彻底消除仪式，因为这种仪式确实给包括我们的儿子在内的许多孩子带来了欢乐。"

　　我们不由得想知道为什么贬低同为人类的另一方会被认为是"有趣和刺激的"。我们一边跟孩子们说不要在游乐场欺负别的孩子，另一边又鼓励或宽恕他们在学校从事欺侮活动，还称之为"性格培养"、"恶作剧"、"玩闹"，或者"只

————————

① 葡萄牙语，指大学的开学仪式。——译者注

不过是游戏的一部分"。更有甚者，我们成年人在工作场所也做着同样的事情，我们欺侮彼此，还用这些站不住脚的借口为自己粉饰。

2010 年 3 月 9 日，安大略省米西索加市的运输和工程部上报了一件欺侮事件。以下是报告中的一些详细内容：

- 两个男性员工被脸对脸的用牛皮胶带绑在标志车间的一张大桌子上，其他的员工用装满水的气球砸他们。
- 一个员工被用牛皮胶带缠绕全身之后，丢进卡车车尾，并随车一起在洗车间被清洗。
- 在一位员工的生日当天，他被要求趴在桌子上接受其他员工的殴打。依其所述，其他员工被要求"狠狠地用脚踢或用拳击他的脸、肋骨或者腹股沟区域"。如果有员工下手不够重，还会被要求加大力度再揍一次。

市政厅在 2009 年 11 月才注意到这起欺侮事件，对其展开调查之后出台了"工作场所骚扰政策的更新"，但是在整个过程中没有任何员工被解雇。即使在"充分调查"之后，市政管理者依旧将事件定性为"一般性的恶作剧行为……就像在更衣室常见的行为一样"。在城市人力资源部的调查之后，安大略省劳动部又对此案进行了重审，但是依然没有对作恶者采取任何惩罚性措施。皮尔区警局在对案子调查完毕之后所呈的报告中表示不会立案，原因是"目击者称被欺侮的相关员工是自愿接受欺侮活动的"。

然而，当其中一次欺侮过程被手机拍下来公之于众的时候，这起事件被再次调查。最终，两名主管被无条件停职，并被要求向米西索加市居民、部门职员以及市议会呈交书面的道歉。之前称这起事件为"恶作剧"和"更衣室行为"的那位市政管理者改口说她被视频给"恶心和惊骇"到了，并且认为"决不能宽恕这种行为"。时任市长黑兹尔·麦考莲说："正如你所见，这是完全不可接受的行为。这种做法与我们米西索加市雇员行为准则完全对立，我们已经采取措施对肇事者进行了必要的惩罚，其余的员工也接受了警告。如果再有任何类似状况出现，他们将被市政府解雇。在我们的城市里，在我们纳税人的身边，这种事情绝不应该发生。"2010 年 6 月 3 日的《多伦多星报》（*Toronto Star*）引用了用手机录下了欺侮过程并向劳动部进行投诉的那位员工的一段话："我向你保证这绝不是简单的恶作剧，这是迫害。我们都生活在恐惧之中。我曾投诉过很多次却完全没用。人们害怕上报这些虐待行为，而且出于恐惧，又不得不参与到欺侮行为中去……这真的太严重了，我们的恐惧已经超过了对失去工作的担心。（我们）担心我们自己的安全，以及我们所爱之人的安全。"

　　这位投诉者和他的同事证实，有一些雇员已经被另一些职员殴打和虐待长达五年之久。大部分职员说他们参与欺侮完全是出于担心被报复或被解雇。有一名员工在受访时提出了这样一个问题"为什么那些人（被欺侮者）不还击呢？"随后，他又回答了自己的问题，"我猜他们也没有选择，对方太强大了"。然而，依旧有一些员工说这些事情只是"恶作剧"，还说"可以理解，初衷是好的，并且是自愿参与的"。在一篇被附在《多伦多星报》报道之后的博客文章中，一位回帖者评论"那些人也只不过想把工作氛围调剂得愉快一些，但如今可好，（告密者）把工作中所有的愉悦都剥夺了"。

　　正如许多别的工作欺侮和学校欺侮事件的典型表现一样，在这起米西索加市的欺侮事件中，举报者的行为得到了一些曾被攻击的同事的认可和支持，而另一些职员则依然将此事轻描淡写为一般的恶作剧——同时指出一位主管也参与了欺侮——而且断定没有造成任何的伤害。主管部门的疏于支持，市政管理者对投诉的置若罔闻，加上同事对告密者的强烈抵制，与原始事件混杂在一起，给被欺侮者造成了无尽的耻辱和痛苦。

　　2008 年，艾伦（Elizabeth J. Allen）和马登（Mary Madden）就"欺侮：大学生处于危险之中（Hazing in View: College Students At Risk）"的题目在美国大学生中展开调查。结果显示，遭受过欺侮的学生中，有 95% 的学生都不曾向校方报告，其原因是：

- 37% 的学生不想给应当承担责任的团体制造麻烦。
- 20% 的学生担心报告会引发其他组织或团体对自己做出不利行为。
- 14% 的学生担心一旦团队内的其他成员发现他们报告，他们会被驱除出组织。
- 8% 的学生感觉如果其他成员得知他们报告，则会对他们进行伤害。
- 54% 的学生因其他各种原因而不肯报告。

这些都是合理的担忧。一个 19 岁的入会者上报了他与其他人为了加入 Sigma Alpha Epsilon（SAE）兄弟会而被要求必须经历的残酷的欺侮仪式之后，马里兰州的索尔兹伯里大学在 2012 年 11 月到 2014 年春天这段时间，暂停了这个兄弟会分会。根据 2013 年彭博新闻的报道，SAE 的成员们"用球拍"殴打被考核者，"强迫他们喝水直至近乎昏厥，强行给他们穿上纸尿裤和女人的衣服……在兄弟会成员的招聘考核中，入会者被关在漆黑的地下室中长达九个小时。在此期间，他们不能进食进水，不能如厕，而且还要与震耳欲聋的德国摇滚乐曲相伴"。入会者忍受了好几个星期的欺侮，担心如果拒绝则会被排斥。"你觉得如果不坚持，就会失去那么多——所以忍受是值得的。我以为我的忍受最终会赢得回报。"但他最终还是在经历了一个骇人的欺侮之夜之后退出了这场考核并决定"即使会被报复，他也要报告这件事情来保护其他的入会者"。他的成绩下降了，出现了睡眠障碍，同时，他很担心自己在校园内的安全。

SAE 的前会员和时任会员们纷纷否定了这位入会者的说法，甚至一些自己曾亲身经历过欺侮招聘的会员也说这类事情从未发生过（缄默法则？）。当这位将欺侮事件公之于众的入会者的名字被泄露后，他很快就为自己的"不缄默"付出了代价。他的父亲报告说"他完全被排斥在任何社交生活之外了，没有人跟他一起吃饭，处境悲惨不已"。最终他转到另一所大学以完成他的学业，却依然经常被处于地下室中的那段时间所带来的噩梦所侵扰。

索尔兹伯里大学因为兄弟会的事件也受到了影响。SAE 分会的创始人取消了一个预期在学校体育场举行的投入 200 万美元的大型入会仪式，并且愤恨地说："如果他们非要不见棺材不落泪，那就成全他们好了。"显然，学校更讨厌的是这名举报欺侮事件的校友，而不是兄弟会，即使这个兄弟会已成为了全美上报的与兄弟会相关死亡案例最多的机构。自 2006 年起，全美的兄弟会发生了超过 60 起死亡事件，其中有 9 起发生在 SAE 举办的相关活动中。

我们的文化存在这样一个问题，即我们没有建立健康合理的惯例或典礼来为孩童走向成年或团体接受新的成员进行标示。阿尔弗雷德大学关于欺侮活动的研究中包含了很多学校认可和教会认可的青年团体——这些团体本可以，也应该为创建更加健康的入会仪式起到推进作用。入会仪式可以是具有影响力和有意义的——同时具有娱乐性。它们不是必须以侮辱或损害人格的形式进行。队友或俱乐部成员之间的庆典活动可以是激动人心并具有创造性的，它们不必以残酷和虐待为主题。一个学校的文化氛围可以是充满幽默气息的。我们的欢笑应该以彼此愉悦共享为宗旨，而不是以同伴的痛苦为代价。

### 数码（或网络）攻击（亦称：技术辅助欺凌）

第四种欺凌是利用科学技术对被欺凌者进行恐吓、威胁、跟踪、嘲弄、羞辱、讥讽或谣言散布。孩子们正在通过网络、手机、PDA、iPad 和其他平板电脑进入我们的地球村。在这样一个天涯若比邻的多媒体时代，童年的本质已经发生了根本的改变。同样，欺凌的本质也是。欺凌曾经一度以低技术含量的语言、身体和关系工具为媒介，对被欺凌者实施折磨、恐吓、威胁、跟踪、嘲弄、羞辱、讥讽和谣言散布。而如今，高科技工具成为实施欺凌的新媒介。

14 岁的玛丽自杀前听到的最后一个声音来自她的欺凌者。手机语音留言说："你死定了。"

2005 年，英国厄金斯地区的一个 14 岁男孩在五个月内遭受了一百多次攻击。有一次他遭到"开心掌掴"形式的欺凌——而他受欺凌的过程被一个旁观者用手机录了下来。他的父母向学校投诉这件事时，这个男孩承认他曾经试图用割腕的方法让自己的"痛苦消失"，并且考虑过自杀。

一个年轻的欺凌者把一个 16 岁男孩的名字和家庭住址发布在网上，并声称男孩正在努力寻找男性的性伙伴。随后，这位马萨诸塞州的肇事者笑着在男孩家的街对面观看络绎不绝的男性造访男孩的家，以求成为男孩网上寻找的性伙伴。在网络上，假装成另一个人的身份和（或）冒充另一个人是非常容易的。任何一个有网络邮箱的人都可以编造一个账户名，随意进行评论而不用承担任何后果，除非有警察介入。而即使警察介入了，他们也需要相当长的时间才能够追踪到肇事者的真实身份。

2002 年，有一个人——大概应该是来自安大略省伯灵顿的一名学生——建立了一个网站，专用于高中同伴之间的互相取笑。很快，一页接一页下流猥琐的评论将矛头指向了一个年轻人，这个年轻人在现实生活中被嘲弄和殴打了很多年。然而，他在网络上所遭受到的羞辱却胜过现实中的无数倍。年轻人说："我宁愿只是一些人，比如说 30 个人，在咖啡厅里朝着我大声辱骂。在那上面（在网络上），60 亿的人都可以看到，任何一个有网络的人都可以看到。你无处可逃。就算你从学校回到家中，那些东西还在。这使我感到深困其中而无法解脱。"他最后一年的学习是在家中完成的。

2003 年 4 月，加拿大魁北克省托里维埃市的一个男孩拉扎将自己模仿扮演《星球大战》（Star Wars）中的一个打斗场景拍成了视频。他的一位校友发现了这个视频并分享给了另一个同学，而这个同学为了"开拉扎的玩笑"而将这个视频上传到了学校的电脑中。后来，此视频通过邮件在学生中广为流传，又出现了第三个学生，他创建了一个网站，并把视频上传到了网站上。一个月之后，据这位将视频上传至网站的学生说，这个短短的两分钟的视频被下载了 110 万次。此视频最终成为了网红，拥有超过 10 亿次的点击量。拉扎被来自世界各处的人嘲笑着，他的在校生活变得苦不堪言。学校的同学们经常在线上、线下模仿和嘲笑他，还有一些网上的陌生人建议他去死。他因为遭受到这些欺凌而陷入抑郁之中，无法继续到校上课。"就是完全无法忍受，完全的。"他的父母起诉了三个肇事学生的家庭，2006 年，他们达成了庭外和解。

10 年后，作为加拿大麦吉尔大学法学院的毕业生，拉扎宣讲了网络欺凌的危险并且希望通过此举动能够帮助遭受到网络欺凌的人们。拉扎告诉加拿大法语杂志《时事》（L'actualité）的记者乔纳森·图岱尔（Jonathan Trudel），他当年因为此事失去了为数不多的几位好友并且不得不转学。[拉扎的故事被翻译成英文发表在 2013 年 5 月的《麦克林杂志》（Maclean's Magazine）中]"那是一段非常黑暗的日子，"他说，"不管我多么努力地去忽略人们让我自杀的那些话，我依然不可自拔地感到自己一文不值，就好像我不值得活着。"拉扎说他希望通过讲出他的亲身经历可以帮助那些正与网络欺凌做斗争的人。同时，他呼吁年轻的受害者们"一定要克服（他们的）羞愧之感"并寻求帮助。"你一定会挺过来的。你一定能走过去……而且你不是孤身一人，还有好多爱你的人陪伴在你左右。"

2003 年 10 月，佛蒙特州埃塞克斯杰的一个 13 岁男孩自杀。他自 5 年级起被同伴欺凌。7 年级时，他的同伴们在网络上传播有关他的性谣言。他的成绩下降，而且开始花费大量的时间泡在网上。在他死后，他的父母才得知，一个年轻人曾经在网络即时通讯（IM'ing）上鼓励他们的儿子自杀。（被欺凌的年轻人会面临加入某些线上社群组织的危险，这些组织中的年轻人或成年人常常将不健康的、有害的和反社会的行为合理化，并鼓励这些行为。)

在聊天室内，杰弗瑞写道："我真是迟钝（此处有辱骂性意义），我曾经相信事情会有转机。我开始后悔曾经的等待了。上次刮胡刀片在我手边的时候，我真应该快速地做个了断"；"把枪指向自己需要勇气，面对死亡也需要勇气。知道你即将死去却依然坚持到底需要极大的勇气。我不管你是谁"；"……这会儿感觉有点头晕目眩的，说不定下一秒我就消失了"。在最后一次进入这个聊天室之后的不久，杰弗瑞在明尼苏达州红湖市的高中遭到了同伴的围攻，之后，他自杀了。

2005 年 6 月 29 日，佛罗里达州开普科勒尔市的一个 15 岁男孩，在经受了同班同学两年以来的反复线上欺辱之后上吊自杀。那些同学们称他为"花式跟踪狂"，用各种性词汇玷污和贬损他，还说，"他应该去死"。在他死前的那一晚，他给一个网络游戏中的加拿大的朋友发邮件说，"我永远都不可能完成 8 年级了"。

2006 年 4 月，在 MySpace.com 的网站上，一个佛罗里达州棕榈泉市的学生，在一个 15 岁女孩的照片旁张贴了一张色情图片并且写下了淫秽的评论。女孩的图片被圈出，并以她的口吻写道："这对我来说太不公平了，我甚至都没办法继续上学，也无法拥有正常的生活。"这种类型的网络欺凌称为色情报复，在 www.EndRevengePorn.org 的网站上被描述为"一种在没有经过当事人同意的情况下私自传播其裸体 / 色情照片和（或）视频的性侵犯"。

欺凌的几种因素——力量的不对等，旨在伤害，进一步侵害的威胁，制造恐惧——由于电子科技的介入而被无限放大。既不用露脸又不用署名的电子传输方式为欺凌者在任何时间、任何地点都可以去折磨被欺凌者提供了方便。而且，由于是匿名，所以欺凌者几乎不用担心任何的不良后果；即使有，其后果也是微乎其微。

网络欺凌与其他类型的欺凌联合在一起，或者作为其他欺凌的起始，总能给被欺凌的孩子带来恐惧。通过使用手机或平板电脑、即时通信软件、邮件、博客（网络日志）、诽谤性的个人网站、日记网站、线上档案、个人投票网站，或者互动性游戏（网游），由于其匿名性以及网络空间所提供的便于掩饰真实自我的条件，欺凌的危害从而无限增大。欺凌者与被欺凌者相距甚远，丝毫不需受扰于被欺凌者的即时反应，而且基本不会有人追究欺凌者的责任。他们可以轻而易举地使用不具名的邮箱、第三方网站、学校或公共图书馆的电脑，甚至用一部被废弃的手机给欺凌目标发送信息。网络欺凌者运用这些科技工具，通过以下方式折磨他们的欺凌目标：

- 恶意留言板——使用在线留言板发布针对被欺凌同伴的恶意言论，鼓励欺凌。
- 恶意代码——向被欺凌同伴的电脑发送恶意代码，或者盗取被欺凌者的隐私，抑或对其进行监视。
- 造谣——以破坏被欺凌者的信誉或友谊为目的，散布被欺凌者的流言蜚语或不真实消息。
- 电子炸弹——发送有关被欺凌者的侮辱性、敌意的、残酷的或粗俗的电子讯息。
- 冒充——假冒被欺凌者行事，以使被欺凌者陷入麻烦，伤害他们的名誉，或损害他们的友谊。
- 投票——在投票中提问或回答有关被欺凌者的伤害性的卑劣问题。

### 手机欺凌

如今，大多数型号的手机都像一个强大而微型的掌上多媒体电脑，可供孩子们通过它彼此联络，在即时通信软件上聊天，通过文本短信或彩信发送静止或动态的图片，网上聊天，浏览网页，下载歌曲，看电视节目，以及使用地理定位服务。通过手机这个绝佳的移动工具，网络欺凌随时随地都可以发生。

甚至有 5 岁的儿童报告他们曾经通过手机遭遇网络欺凌，或者曾使用手机对他们的同伴或兄弟姐妹实施过网络欺凌。对小学生来说，手机是实施欺凌的首选电子工具。通常，家长和教育者们会严格地监督孩子们使用电脑，而对手机的使用却放松警惕。年龄大一点的孩子常常联合手机和网络对被欺凌者实施欺凌。以下列举了几个他们常用的欺凌方式：

- 辱骂、侮辱或威胁性语音短信。

- 辱骂、侮辱或威胁性文本短信。

- 拨通电话却不做声。

- 盗窃身份（冒充）——通过网站，使用被欺凌者的名字和电话号码给同学或成人发送文本信息，以使被欺凌者陷入麻烦，散布被欺凌者的谣言，或者引诱他人对毫无戒备的被欺凌者进行报复。

- 向被欺凌者的电话进行大量呼叫或发送短信以造成其大额的电话账单。

- 照片欺凌——使用手机或平板电脑，拍摄或录制被欺凌者有伤风雅的或羞辱性的照片和视频，并将这些照片和视频发送给欺凌者和（或）被欺凌者通讯录中的所有人，同时，通过文件共享服务将照片永久性地放置网络之上以供任何人观看或下载。

教授年轻人最基本的电话礼仪是必要的，然而，家长和教育者更需要对通过手机进行欺凌的种种方式有所了解，并且跟孩子们认真谈论使用手机的好处和其相关的责任。应该使他们明白，滥用手机或其他的电子设备会导致失去相关设备的某些使用权——或者直接没收相关设备，只有达到一定的条件才可以再次启用。

### 信息传递类应用程序造成的欺凌

倘若你认为网络欺凌在类似于 YouTube、Facebook、Twitter 和 Instagram 这种网络应用的使用下已达到了顶峰，那么请你查查年轻人手机中最新的应用程序。新的应用程序不断地发布，每一种都有它自身的运转模式，比如，促进陌生人之间的交流或者鼓励在程序上讲"真心话"。这些内容都很容易化身为网络欺凌。Yik Yak、Snapchat、Ask.fm、Kik、Rumr、Lulu、Whisper 和 Truth 这些应用程序都不是以网络欺凌为目的而发布的，但是，年轻人常常通过这些应用毫不设防地发布一些文本、照片或视频，而这些内容随后却为网络欺凌者所用，变成了攻击发布者自身的利器，或者，他们还会无端地接收到一些不雅问题的匿名回答。三个最流行的应用是：

1. Yik Yak，一种具备定位功能的文本或照片传送程序，允许和邀请用户以所谓匿名的方式向半径 2.4 公里范围内的用户们发布任何他们想说或想分享的内容，并且，用户不需要提供任何用户资料和密码。年轻用户们被这种方式鼓励而愈发大胆，以为在应用中任何的所作所为都不会跟他们本人有所连接。事实却不尽然。一位加利福尼亚州的年轻人在 Yik Yak 应用上张贴一则消息，声称在两所本地的高中将会发生枪击事件。事后，他被指控为制造恐怖威胁三项重罪——他为了这种自己曾认为"好玩并且不会被发现"的事情而承受了严重的指控。

2. Snapchat，一种照片传送程序，它允许用户上传照片或视频给一个或多个其他用户。表面上看起来，这些上传的照片或视频只会在应用上储存一段有限的时间之后就消失不见。而实际上，它们并不会消失不见。它们可以通过用户的电话或公司的服务器被恢复，也可以通过截屏而被储存。这种一度很私密的照片或视频可以变得非常公开化，甚至最终被传遍整个网络，并且永久性地存在着——没有删除键可以操作。这种钓鱼性应用可以及时捕捉到用户正在进行的操作信息。

3. Truth，一种消息传递程序，允许用户以匿名形式向他们通讯录上的任何人发送信息。如果收到匿名"真心话"信息的人手机上没有安装 Truth 的应用程序，他只能看到最具有诱惑性的部分信息以及一个下载程序的邀请。只有当他下载安装了 Truth 程序，才可以浏览到那个匿名用户发送的完整的信息。这个完整的"真心话"也许是一些好的内容——但是，如果是好的内容，为何不能面对面公开说出来呢？加拿大的新闻工作者尼德汉姆（Richard J. Needham）的一句引述基本概括了"匿名真心话"的所有问题："一个残忍的诚实人往往更享受的是残忍，而不是诚实。"

最大的问题并不在这些应用程序本身。人们实际上可以通过这些应用软件做一些有意义的事情。真正的问题在于，这些应用的匿名功能使得网络欺凌者可以随意地参与到对被欺凌者的仇恨言论中，对其做出下流和淫秽的评论以贬低和威胁对方。将一群不露脸又不露名的人聚集起来并没有为任何人带来欢愉，却是方便了欺凌者和他的追随者们。西海岸潘多日报（PandoDaily）的记者迈克尔·卡尼（Michael Carney）在 Rumr 程序刚刚发布时对它进行评估道："Rumr 看起来更像是一部电子的狙击步枪，被错误的人持有，它可以引发巨大的疼痛和苦难……从足够多的网络事件中我们可以看到，当匿名形式出现，仇恨接踵而至。也许并不全是仇恨，但无一例外的，匿名身后总会有仇恨和欺凌如影随形。"

### 网络游戏造成的欺凌

有些游戏设备中的游戏，诸如 Xbox 360，Sony Playstation 和 Wii U，还有手机、电脑和平板电脑上的游戏，都容许来自世界各地的玩家"聚集一堂"共同游乐或彼此竞争。游戏本身设计的特色会影响到孩子在玩家群体中遭受或参与欺凌的几率。具有聊天和私信窗口功能的游戏增加了欺凌发生的概率。诸多网游都拥有聊天窗口功能，这为欺凌者发布会使玩家电脑损坏或瘫痪的链接和编码提供了便利条件。经常泡在游戏中的网络欺凌者（游戏中试图骚扰或激怒其他玩家的人）利用游戏作为他们实施欺凌（恶意骚扰）的平台，他们在其中讥讽和威胁他们的欺凌对象，阻止对方登录游戏，或侵入对方的游戏账户。他们可以通过操作文本信息、语音留言或者视频信息达到以上目的。一组玩家可以聚在一起共同计划，对他们认为游戏能力很弱或者很强的玩家进行攻击——最终达到将其赶出游戏的目的。

并非所有的网络游戏都是暴力的，然而，凡是暴力的游戏就会对欺凌者、被欺凌者和不无辜的旁观者造成极大的影响。这些游戏不但把暴力行为常态化，使之成为每日例行的活动，而且它们将其他的玩家设计为敌人、猎物或靶子。最终，这些游戏甚至会帮助玩家在暴力活动与欢愉、奖赏之间建立起神经通路，使玩家们面对暴力时，不再感受到恐惧、悲哀或同情。

有些游戏趋向于培养危险、猜忌、异化和忧郁的感觉。电视游戏"侠盗猎车手"（*Grand Theft Auto*）的制作方——Take-Two Interactive 公司旗下的 Rockstar Games 游戏发行公司，在 2006 年推出了一款充满仇恨的电脑游戏，名为"欺凌"。2008 年，他们又推出了这款游戏的升级明星款，副标题为"奖学金版"。这款游戏的场景是一个虚拟的学校。现实中的学校欺凌者和老师在游戏中变成了被欺凌者的身份，玩家可以用球拍重击他们，用弹弓射他们，把他们的头按进马桶中浸泡，并且可以随意地揍、踢和抱摔他们。这所有的一切都被称为"报宿怨"。

西蒙·维森塔尔中心（Simon Wiesenthal Center）对仇恨性网站开展了持续追踪。2004 年，中心发布了一份报告称：允许玩家在游戏中"射击……非法移民、犹太人和黑人"的网络游戏数量呈激增状。如果年轻玩家们在玩游戏时习以为常地残忍对待荧屏上的对手，而且还为此感到激动和兴奋，而不是悲哀、同情或惊恐，那么，当他目睹现实中的同伴遭受欺凌或伤害时，便难以挺身而出对被伤害者伸出援手，而是更容易去参与到这种伤害他人的"娱乐"之中。把孩子丢进一个可以通过伤害或残杀而得到奖赏的游戏世界中，你将会得到一个为了获得赏金或为了在同伴群体中享有更高的地位而热衷于参加暴力活动的孩子。

### 网络性欺凌

低技术含量的面对面的性欺凌是当今最普遍的暴力形式之一，高科技的性欺凌也是年轻男孩女孩们在网络世界中经历的一种最常见的暴力类型。在一项由美国女童子军（Girls Scouts of USA）于 2002 年开展的名为"网络效应：女孩与新传媒（The Net Effect: Girls and the New Media）"的研究中，惠特尼·罗班（Whitncy Roban）博士报道，在 1000 个 13 岁至 18 岁的女孩中，30% 说她们曾经在网络聊天室中经历过不同形式的性欺凌，包括收到裸体男性的图片，被要求告知个人隐私，比如文胸的尺寸，以及被要求进行网络性交。其中，只有 7% 的被欺凌者将发生的事情告诉了自己的父母，而有 30% 的被欺凌者没有告诉任何人。由于性是自我的重要组成部分，所以性欺凌触及到了我们生命存在的核心，并有可能造成灾难性的后果。性欺凌对受害者的羞辱性由于存在于网络之中而成倍增加，其伤害程度也被无限扩大。

欺凌者通过几个简单的按键即可毁掉一位同伴的声誉，或通过威胁和有辱人格的照片使同伴产生恐惧。他们从中得到极大的乐趣，而从不为自己的所作所为感到羞愧，更不要说对被欺凌的同伴抱有任何的同情。网络具有更广泛的受众群体，被欺凌者的屈辱也因此变得更为深刻，加之网络提供了以匿名形式施加痛苦的便利，使得网络欺凌给被欺凌者带来了现实生活中面对面的冲突所无法企及的严重伤害。（参见第十二章，"让年轻人在网络社区保持参与、联系和安全"）

## 欺凌的三种形式

上述的四种欺凌类型——一次性恶意行为，持续反复的恶意行为，欺侮，以及网络欺凌——可以垂直形式呈现（即对在其关怀之下的人或等级在其之上的人实施欺凌），也可以水平形式呈现（即对同等级的伙伴实施欺凌）。教师、家长，或年长的兄弟姐妹欺负折磨年幼的孩子属于垂直形式的欺凌。一组年轻人欺侮一个同伴属于水平形式的欺凌。教师和学生联合起来共同对付一个学生则是结合了垂直欺凌和水平欺凌两种形式——这种组合往往会给被欺凌的学生带来毁灭性的打击。

四种类型的欺凌一般借三种形式来实施：言语欺凌、身体欺凌和关系（或社会）欺凌。它们各自以单独形式呈现即可带来巨大的冲击，而它们却常常联合在一起，共同对被欺凌者形成更强有力的攻击。言语欺凌在男孩和女孩中出现的几率基本对等。比起女孩，男孩更倾向于使用身体欺凌。女孩则更善于使用关系欺凌。这种差异的呈现更多的是与男性女性的社会化形式相关，而与体型大小和体格强壮与否关系不大。男孩们趋向于在结构大而松散、因某种共同兴趣而组建在一起的群体中玩耍。他们共同为群体勾勒出明确的主从顺序。他们往往会为了自己在群体中占有一席之地而展开激烈的角逐。因此，他们常常更看重的是体魄而不是智力。我们常常看到男孩们将体格更小更弱但智商更高的男孩推进储物柜中，称他们为"窝囊废"、"书呆子"、"娘娘腔"（后者一方面暗示了在情感上对被欺负男孩的歧视，另一方面反映了认为女孩在权力和地位方面处于较低社会等级的态度。）

身体欺凌并非男孩专属。我们也经常见到较健壮的女孩推、绊较弱小的女孩或男孩。然而，女孩们在对付同伴的时候拥有更强大的社会武器——关系（或社会）欺凌。与男孩不同，女孩们更趋向于在规模较小、关系更亲密并拥有清晰界线的社交圈子中玩耍。所以，想要伤害一个女孩容易至极，单单把她孤立于社交圈外就可以了。

## 言语欺凌

"棍棒和石头可能会打断我的骨头，但言语永远不会伤害到我。"这是十足的谎言。语言是强有力的工具，可以击垮一个孩子的精神。无论是对男孩还是女孩来说，言语欺凌都是最普遍的欺凌形式。欺凌者常常以"我只不过开了个玩笑"或"我并没想造成任何的伤害"来为自己的行为开脱。言语欺凌占所有欺凌形式的 70%。这种形式的欺凌很容易得手，可以在成人在场的情况下窃语而不被发现。欺凌性言语可以在操场上被大声喊出而融入喧嚣之中，就算是被操场上的监管者听见，也会由于以为是同伴之间的粗言秽语而充耳不闻。对欺凌者来说，言语欺凌的实施既迅速又于己无害，但它却可能对被欺凌者造成极度的伤害。还没有完全建立起稳固的自我意识的孩子是最大的受害者，然而，就算是对拥有健康的自我意识和强有力的支持系统的人来说，反复的言语伤害也终会将他们拖得精疲力竭。

不列颠哥伦比亚萨里郡的 14 岁男孩哈米德跳楼自杀前写了满满的四五页的自杀遗书，上面列举的都是他所受到的各种辱骂。其中，最常见的词语有"四眼"、"大鼻子"、"畸形"、"怪胎"和"蠢货"。伊丽莎白，一个 14 岁的女孩，开枪打伤了她的一个朋友。这个朋友背叛了她，加入了对她实施欺凌的群体中，一起骂她"白痴、笨蛋、胖子和丑陋"。

纽约州水牛城的 14 岁男孩杰米从小学起到高中一年级为止，一直遭受着线上和线下的言语欺凌。人们喊他"蠢货"，还说"我才不管你死不死。没人会管，所以，你去死吧：）你死了，每个人高兴还来不及呢"。结局是，他真的自杀了。临死之前，他上传了一段视频，名为"我解脱了"。这段视频为欺凌者们提供了另一个欺凌他的借口。连失去生命这件事，都被拿来当作笑柄。杰米的丧期过后，他的妹妹参加学校舞会时，还亲耳听到了欺凌者们针对他哥哥所合唱的一曲"我们很高兴你已经死了"。

如果我们认为言语欺凌是可以被宽恕的，那就表示欺凌被正常化，而被欺凌者被去人性化了。一旦一个孩子被去人性化，就意味着人们可以随意地攻击他，而旁观者不会产生任何正常人所应有的怜悯之心。当一个孩子成为了大众的笑柄，他或她往往会被排除在亲社会行为之外，最后一个被选中，最早一个被淘汰，谁会愿意这样的失败者成为他们的队友呢？

言语欺凌可以实施的形式包括辱骂、嘲讽、贬低、残苛地批判、诽谤、种族诋毁和性暗示或性辱骂。它可以涉及敲诈勒索餐费或财产、滥用电话、恐吓性电子邮件、粗俗短信、暗示性 Twitter 评论、含有暴力威胁的匿名便条、不真实指控、虚假及恶意的谣言和八卦——是的，八卦也是欺凌的一种形式。公元前 8 世纪的诗人赫西奥德（Hesiod）称八卦"调皮，轻松，很容易滋生，但是极难承受且难以摆脱"。八卦践踏了人与人之间的联结，它常以一种耸人听闻的夸张方式传播着被八卦孩子的问题、犯的错和交往行为："你难道不知道她都做了些什么吗？"

### 身体欺凌

虽然身体欺凌是最明显，也最容易被识别的欺凌形式，但在所有年轻人所报告的欺凌事件中，身体欺凌仅仅占三分之一。它很少作为首选形式被欺凌者使用。欺凌常常始于言语欺凌和（或）关系欺凌。当欺凌者发现上述两种行为可以得逞时，他们才会转而实施身体欺凌这种伤害程度更严重、欺凌结果更明显的欺凌形式。欺凌者越是年长和强壮，伤害就越具有危险性，就算他们并没想造成严重的伤害："我就是想吓唬他一下，没想过会弄断他的胳膊。"

身体欺凌可以包括，但不限于：扇耳光、打、使人窒息的动作、戳、拳打、踢、咬、掐、抓挠，将四肢扭转到痛苦的位置，啐唾沫，囚禁，以及破坏或销毁被欺凌孩子的衣物。它还包括用来攻击被欺凌者的武器或物品。

2012 年，美国有线电视新闻网报道，韩国大邱一名 13 岁的男孩 Lim Seung-min 从七层楼的自家窗户跳下自杀身亡。他留下的遗书中详细描述了自己被同学们"用棍棒和拳击手套重打，抢劫，以及用打火机烧伤和用电线像扎皮带一样绑在他脖子上"。他还写道，在身体攻击之前，他曾成年累月地遭受言语欺凌、勒索和羞辱。

在韩国，形容这类残忍行为最常用的词有 hakkyo-pokryuk（强迫他人做他或她不愿意做的事情，敲诈勒索，威胁，辱骂）；gipdan ttadolim（回避和孤立）；和 wang-ta（身体虐待或性虐待）。这些 Lim Seung-min 全都经历了。值得注意的是，他说他曾在遭受可怕的身体攻击之前经历过长年的言语欺凌、勒索和羞辱。这是一个普遍的欺凌形式升级的模式——从言语欺凌到关系欺凌，再到身体欺凌。如果你有一个遭受了身体欺凌的孩子，你几乎可以断定的是他或她在受到身体攻击之前，一定经历过言语和（或）关系欺凌。

那些对同伴实施身体欺凌的年轻人在所有欺凌者当中是最令人不安的，他们极有可能将身体欺凌进一步升级，演变成暴力的刑事犯罪。

校园之外

有这样两种行业，他们的水平性身体欺凌（职员之间的暴力行为）的发生几率已经很低，且还在进一步的下降；而垂直性身体欺凌（由被关照者对关照者实施的暴力）的发生几率却呈现了显著的增长。这两种行业是：教育和护理。这两种行业中的员工确实经历过一些水平或垂直形式的言语和关系欺凌，但对他们来说，最大的焦虑，也是最耗费心神的事情，是他们总会受到来自他们正在关照的人的攻击——病人和学生。

一群内华达州卡森城的年轻女孩通过 Facebook 邀请其他中学的学生加入她们的"攻击老师日"因而被捕；当天，内布拉斯加州的奥马哈市的一名 17 岁男孩，开枪打死了校长助理并重伤了副校长，随后，男孩自杀。那群女孩在校时被认为是很好的学生，拥有不错的成绩，而且其中的几个女孩还在校内担任了一些学生领导职位。换句话说，她们是高社会地位欺凌者。枪击案发生前的不久，男孩刚被学校停学。

2010 年注册护士、科学硕士斯托科夫斯基（Laura A. Stokowski）在她的文章《暴力：不在我的职位描述中》（Violence: Not in My Job Description）中，探讨了护士们在工作环境中遭受暴力的普遍性（在所有职业攻击和职业暴力所造成的非致命性伤害中，48% 都发生在医护保健和社会服务系统），以及护士们常常不向上级报告自己经历的虐待事件的原因：

> 护士们担心上报暴力事件会影响她们的病患满意度得分，又或害怕院务主任会进行报复。有一些护士不了解医院的报告制度或是认为只有肉眼可见的具体身体伤害才可以上报。另一些护士则担心在自己没有明显身体伤害的情况下，上报暴力事件会使领导质疑她们的工作能力，或怀疑是她们自身做法不当才挑起的事端，甚至将她们归为惹是生非的人。在那些报告了暴力事件的护士里面，超过 85% 都是以口头形式报告的。

被欺凌了却不向学校报告的学生也有类似的担忧。虽然如今有很多学校都为学生们设立了保密和安全报告系统，但与那些护士们一样，学生们仍然喜欢使用口头形式报告，而且他们首先报告的人往往不是学校职员。

### 关系（社会）欺凌

作为最难以从外显行为来察觉的欺凌形式，关系欺凌通过忽略、孤立、排除或回避，系统地降低了被欺凌孩子的自我意识。回避是不作为，而谣言是作为，它们共同作用，成为强有力的欺凌工具。回避和谣言并非一望而知，它们往往很难被察觉。被散布谣言的孩子可能根本没有听过谣言是什么，却依然要承受它带来的痛苦。（"别靠近他，他身上有虱子。""千万别跟她交往；她跟棒球队里一半的男孩都睡过，你要是跟她交往，别人会觉得你也是个随便的人。"）

18 世纪的英国哲学家、散文学家威廉·黑兹利特（William Hazlitt）写道："诽谤不需要任何证据。这种恶意归罪给人留下的污点是日后无论如何辩驳也无法擦净的。事情有没有真的发生不重要，只要有人说它发生了，不良的印象就建立起来了。"通过网络欺凌，谣言的传播是公开和永久的，也会是致命的（常常通过不易被看到或被注意到的方式带来巨大的伤害和毁坏）。事后再多的道歉也至多可以删除网络中的谣言，却无法删除已经根植于人们心中的"不良印象"。

关系欺凌可以用来疏远或拒绝同伴，或故意破坏友谊。它包括一些微妙的体态，如咄咄逼人的目光、骨碌碌转的眼球、叹气、皱眉、冷笑、窃笑和敌对的肢体语言。

中学时期是关系欺凌发生的高峰期。当孩子们步入中学，青春期随之而来，生理、心理、情感和性征都在这个时期发生很大的变化。这是一个探寻"我是谁"的年龄，孩子们都在努力试图融入到他们的同龄群体当中去。刻意将一个孩子排除到过夜晚会、生日宴会和操场游戏之外也属于关系欺凌，但因为其欺凌过程不像辱骂或当面一拳那样直接，其结果也不像淤青的眼圈和扯破的夹克衫一样昭然若揭而常被忽视。它所造成的痛苦是具有隐藏性的，即使有人把这种痛苦明确地表达出来，欺凌者也可以轻而易举地将其驳回。（"反正你本来也没想去参加派对。"）

1992 年，薇薇安·格西·佩利（Vivan Gussin Paley），芝加哥大学的一所示范学校的老师，发现即使她已经制定了不能打人或骂人的规则，依旧有一些学生通过故意排斥其他学生而掌控了班级中的社会秩序。为了解决这个问题，她制定了一条规则："你不能说'你不能玩'"，而这句话随后作为她所著之书的标题，由哈佛大学出版社出版发行。有些人对她的这条规则产生了质疑，担心如果"你不能说'你不能玩'"由一个不友好的孩子提出，则其本质就有可能成为强迫被欺凌的孩子与欺凌者一起玩耍。一位学者建议用一种更明确的方式来表述这个规则，即"找一种大家都可以玩的方法"。

　　我想说的是，以上两种规则都是我们需要的。佩利制定的规则为打破暴力循环提供了必要的条件，同时有利于创造一个更具关怀性的社区环境。让孩子们了解排斥同伴是不友好的行为是非常重要的。他们需要学习怎样与他人一同玩耍，需要学习尊重差异和赞美多元。同样重要的是，孩子们需要学习如何既能维护自我、照顾自己的需求和安全，又能不将这种自我维护建立在践踏他人的基本人权和尊严之上。（"你可以坐下来跟我们一起吃午餐，只要你别再说那个新来的女孩的坏话。""我也愿意让你跟我们一起打球，但你不能总是故意抢杰米的球。他也是我们球队的一员。"）

## 伪装的骗术

　　言语、关系和身体欺凌作为个案单独存在时往往看似微不足道。它们可能看起来只不过是学校文化的一部分罢了，没什么值得担忧的。然而，不平衡的力量关系、旨在伤害、进一步侵害的威胁和制造恐惧气氛这些因素的存在，应该足以警醒人们去看到涉足干预的必要性。可悲的是，哪怕这四种因素全都显而易见的存在，我们成人依旧会为欺凌做出错误的解释，对其极度轻视或不予理会，低估事件的严重程度，将结果归咎于被欺凌的孩子，和（或）由于疏于正确地判断事情的真相而给被欺凌孩子的伤害雪上加霜。

　　嘲弄绝不同于调侃，无论嘲弄者们如何义正言辞地声明他们"只是开玩笑"都无济于事。性欺凌更是与打情骂俏不同，而且无论是以哪种形式来实施性欺凌——言语、关系，还是身体——这都是一种以轻蔑为驱动的侵犯行为，与激情无关。种族欺凌永远都不是因为"只是觉得好玩"。欺侮的本质是卑鄙和无情，作为庆祝任何事情的方式，它都是不健康的——更不必说把它当作所谓的"重要通过仪式"或"里程碑"。这四种形式的欺凌——嘲弄、性欺凌、种族欺凌和欺侮——常常被堂而皇之地装扮成更衣室内的幽默、无伤大雅的行为、无辜的玩笑，以及无害的滑稽动作，但它们与这些毫不相关。

### 学校内的恃强凌弱：堕落，勾结和欺骗

8 岁的梅根被学校停学了。其原因是她在操场上，在一群女孩的观看下，当着一群男孩的面脱下了自己的裤子。一个孩子将此事上报给了监管老师。当老师到达现场时，几乎所有的男孩和女孩都正在嘲笑梅根。这位老师一把抓住梅根的胳膊，直接把她带到了校长办公室，自始至终，老师都在不停地告诉梅根说她做了一件多么不知廉耻且令人发指的事。校长没能从梅根嘴中问出她到底为何要这样做。梅根只是坐在校长办公桌前的椅子上，耸耸肩膀，凝视远方。

当她的父亲赶到学校的时候，他发现梅根正蜷缩在办公室的椅子上低声哭泣。校长建议梅根的父亲在她当众"暴露"自己败坏风气这件事上寻求帮助。梅根的父亲把她带回家，安慰她，并试图弄明白事情到底是怎么回事。梅根依旧没有开口。她的父亲向一位做社会服务工作的朋友寻求帮助。这位朋友将梅根带出去吃午餐，终于从这个心烦意乱的 2 年级学生口中了解到了事情的真相。

由于自 1 年级起就只知道埋头苦读，梅根被同学们称作"傻瓜"和"书呆子"，经常被排除在同伴的圈子之外，各种聚会也无法参加。梅根是如此渴望能在学校被大家都喜欢的群体所接纳。群体中领头的女孩告诉她，如果想要加入她们的组织，她就必须当着男孩们的面脱下自己的裤子；如果她不这么做，那些大一点的女孩们将会确保整个学校没有任何人再会跟她玩。很堕落，是的，但最终被指控为堕落的却是受害者。

面对这些事实的指责，梅雷迪斯（欺凌者）否认她曾经对梅根（被欺凌者）提出过这些要求。而其他女孩们也不得不与她统一口径，因为梅雷迪斯威胁她们说，如果她们敢说出真相，就一定没有好果子吃。最终，一个名为朱莉的女孩（由旁观者转变为反抗者），由于对整件事情太过不满而对她的妈妈说出了真相，同时说出了班中正上演着的隐瞒和勾结。在相信自己的妈妈应该会信任她的前提下，朱莉承担着梅雷迪斯所威胁的风险，在学校内就梅根事件发起了一系列的活动。这些活动为梅根、梅雷迪斯和她们的同学的生活带来了翻天覆地的改变——这是仅仅靠梅根的停学永远也无法达到的改变。梅根很幸运，她有一个愿意站出

来大胆讲出真相来支持她的同学，但不是所有的孩子都能如此幸运。

### 派系和学校社会阶梯

为了在青春期前阶段和青春期阶段获得接纳感和安全感，孩子们不仅仅是加入到各种团体中，而且会结为小的派系。派系中的成员们拥有相近的兴趣、价值观、能力和品位。这是件好事情。但是，结派也会带来独占性和排他性。这就不好了。有些学校文化鼓励结派，还会将一些群体的地位抬高至另一些群体之上。这样的学校文化会滋生歧视和欺凌。

科伦拜高中的学生会主席就学校枪击案件向警局发表的看法充分地展示了他们的学校文化。为了加强团队意识，学校建立了坚实的壁垒以使身在其中的人感到舒适与安全。而对于那些被排除在外的人来说，这种文化意味着系统性的虐待，意味着否认平等的保护机会，意味着使被排斥者每天的生活都要担惊受怕和（或）难以忍受。在这个备受尊敬和崇拜的派系之内的孩子们经常对派系之外的孩子们实施残酷且持久的欺凌。那位学生会主席说："所有'体育型的学生'都将迪伦和埃里克叫做'运动白痴'。"他很清楚这些孩子们总是会遭受到来自橄榄球队员的无情伤害。

嘲弄、回避和身体欺凌，长期经受这些虐待的"局外者们"常常转而加入其他愿意接纳他们的派系。两个派系处于社会阶梯的两个极端，它们越来越势不两立。学校管理者在这种文化设置下睁一只眼闭一只眼，他们任凭高阶派系欺辱低阶派系，甚至会通过否认问题的存在来加固这种形态。当被问及学校无处不在的"运动员文化"时，学校管理者引用了本地报纸上的一句话，说："没什么运动员文化，仅有的'运动员文化'恐怕是金色葡萄球菌感染（亦称：股癣）。"

枪击案发生后的一年，迪伦和埃里克生前拍摄的录像早已被公之于众。但是，科伦拜橄榄球队中至少有一个队员仍然表达了他不可一世的优越感和权力意识。在他心中，他有权嘲弄和折磨与之"不同"的任何人，任何他所轻视的人："我们科伦拜是很好的，如果不算那些渣人们，这是个很纯洁的地方。我们很多孩子都想赶走他们。他们有巫术，他们都是伏都教徒①。我们当然要戏弄他们了。不过，对发型奇怪、戴着犄角型帽子来学校的孩子，你又能指望些什么呢？不只是运动员讨厌他们，整个学校都很恶心他们。他们就是群同性恋……如果你想搞定某人，最好的办法就是取笑他们。你嘲笑他们是同性恋，过不了多久，整个学校都会叫他们同性恋。"

科伦拜枪击案发生不久，查克·格林（Chuck Green）在《丹佛邮报》的专栏中写道："科伦拜的两位杀手迪伦和埃里克自杀的时候，已将行凶的动机表达得非常非常的清楚：他们憎恨高中学校内的等级制度，受欢迎的体育健将就可以占据明星地位。'运动员'，他们通常这样称呼体育健将，在科伦拜的等级阶梯上独占鳌头，人们尊重他们，就如公爵封地上的人民尊重公爵一般。"枪击案发生的几天后，一些学生表达了类似的担忧——科伦拜有这样的一种班级结构，这种结构由学生维持，同时得到了学校管理层的默许，即"主要运动项目的运动员们比普通学生要高人一等"。

运动员文化显然已不是简单的"股癣"问题。格林继续曝光了一起有关一位风靡校园的运动员学生的案例。这个学生曾经受到斯坦福大学、哈佛大学和科罗拉多大学三所学校的青睐，都试图录取他，而他却曾经被指控为小偷和跟踪狂。法院下达了禁令，禁止他接近他的同在科伦拜高中读书的前女友。这位学生拒绝接受有关解决暴力的心理咨询，而且还准备就对他的刑事指控进行反抗。

科伦拜高中的管理人员不但没有把重点放在如何防止这个运动员学生——以及被控的跟踪狂——接近他的前女友，反而提出了另一种解决方案："为了避免与我们的球星接近，这个女孩应该立即离开学校——还有三周就要毕业了，我们不会惩罚她，她的档案上不会留下任何的污点。"被迫离校不会受到任何惩罚也不会在她的档案中留下污点？这太可笑了。然而，对于被欺凌者来说，以这种方式被对待却是司空见惯。

查理·格林的专栏引起了不小的反响。在阅读了他的专栏之后，学区中央办公室的管理者们要求对事件展开调查并详细呈报调查结果。学校董事会成员也要

---

① 伏都教，又译"巫毒教"，由拉丁文Voodoo音译而来。源于非洲西部，是糅合祖先崇拜、万物有灵论、通灵术的原始宗教，有些像萨满教。——译者注

求校方就此事给予全面的解释，并且一再重申，学校管理层需要特别留意校内的恐吓与骚扰事件和性别歧视问题。

在给学校负责人的一封信中，董事会成员大卫·蒂贾科莫写道："这样的问题已不是第一次出现，我们需要对此更加关注。这个问题并不局限于科伦拜。我相信这是一个在大多数学区都存在的系统性问题。"

森迪·基，一个小学生家长，吐露了学区内许多家长共有的心声："最大的问题在于学校应该教孩子们学会尊重和宽容，并且，这种教育从小学就应该开始了。我们家长特别担忧校内的欺凌、戏弄和嘲弄问题。就算我们花费全世界的钱来确保学校周边的安全，如果孩子们在学校内都无法有安全感的话，一切都是徒劳的。"

## 喜剧并非悲剧的前奏——调侃并非嘲弄

在本书前言所举的大量案例中，孩子们经受了各种各样的欺凌：语言的折磨，对他们种族的嘲笑，人种，信仰，性别，性取向，身体特征，以及心智能力。当欺凌者面对他人的指责时，他们常常辩解说，"我就是开个玩笑""只是个玩笑而已"。我们很难一方面告诉孩子们戏弄是健康人际关系的正常组成部分，另一方面告诉他们如果他们戏弄了某人，就有可能是在欺凌。教会孩子们在戏弄变得不再有趣、开始产生伤害时要及时收手，则更难。用两个不同的词来定义两种不同的行为应该对孩子们有所帮助。当孩子们能够弄明白一种行为属于玩乐而另一种行为属于纯粹的欺凌时，欺凌的借口就减少了。

调侃不是嘲弄，而且调侃永远不会在不知不觉中变成嘲弄。它们二者自始至终都完全不同。如果了解了它们各自独有的特征，并分别给予它们一个确定的名字，孩子们为自己的行为定性就会变得很简单，而且他们可以更加理解，为何调侃是可以接受的，而嘲弄却不能。

调侃发生在你与你的朋友之间——和你在乎的人在一起，它指的是与某人一起欢笑。嘲弄则是你去欺凌你轻视的人，它是对某人进行嘲笑。把嘲弄定性为欺凌有助于表明嘲弄的严重性，以及欺凌者和有倾向加入到欺凌行为中的旁观者的卑鄙，同时也是对被欺凌孩子所受痛苦的承认和确定。

### 调侃

- 调侃者和被调侃者可以轻易地互换角色。
- 不是以伤害为目的。
- 维护所有参与者的尊严。
- 以快乐、巧妙，并且温和的方式搞笑。
- 只是一些有共同之处的孩子们之间的少部分活动。
- 动机单纯。
- 当被调侃者感到不安或拒绝继续调侃时，及时停止。

当孩子们调侃彼此时，他们会获得一种游戏感，这是嘲弄所不具备的。他们以平等的身份调侃彼此——有些孩子善于用语言调侃，而有些孩子则可能会放置一个怎么都吹不灭的生日蜡烛。（如果是欺凌者，他们会将生日蜡烛放到被欺凌者的面前引爆，从被欺凌者的痛苦和窘迫中获得无限的快感。）如果一个孩子不经意地说了什么，给她的朋友造成了伤害，或是试图用幽默的口气说出一些难以直接说出的话，她会从朋友受到的伤害中意识到自己的错误并进行补偿。两个孩子就好似同时上了一节人际关系和沟通技巧的课。她们在安全的环境中，通过不断的互动来探寻调侃的底线和语言的力量。她们与对方分享自己的真实感情、同情和同理心。如果她们取笑了对方的缺点或错误，她们会紧接其后帮助对方一起收场。善意的玩笑体现了朋友之间的亲密程度。调侃的禁区是攻击，对种族、人种、信仰、性别、性取向、性征、身体特征，或是心智能力、体重和过敏物的攻击。任何攻击都不属于调侃，而属于嘲弄。

### 嘲弄

- 基于不平衡的力量关系，并且是单方面实施的：欺凌者嘲弄，被欺凌者被嘲弄。
- 旨在伤害。
- 将羞辱性的、残酷的、伤害自尊的，或一厢情愿的不良评价伪装成无聊的笑话。

- 是指一方针对另一方的嘲笑，而不是与对方一起欢笑。

- 目的在于削弱对方的自我价值感。

- 包含了对进一步嘲弄的恐惧，或者可能是身体欺凌的前奏。

- 邪恶的动机。

- 在被嘲弄的孩子感到痛苦或表示拒绝时，对他的嘲弄不但不停止，反而愈演愈烈。

欺凌者对其欺凌对象的嘲弄是一种不具有任何游戏性的攻击，不管他怎样辩解说"我只不过是在调侃"都于事无补。欺凌者一般选择不会进行反击的孩子作为欺凌对象，所以，根本不存在单纯的"你情我愿"。嘲弄者的目的在于孤立嘲弄对象。他们会使用贬损和残忍的语言，他们可能会大笑，旁观者也可能会和他们一起大笑。而被嘲弄的孩子则悲惨无比，带着屈辱和羞耻，生活在未知的恐惧之中。嘲弄者每一次攻击得手之时，同理、同情和慈悲之心都无处可寻，有的只是欢乐、刺激和消遣。嘲弄者的行为并不是为了交个新朋友，也不是为了开个友好的玩笑或是为谁解困；嘲弄完全是为了轻视和贬损，并从见证对方的痛苦中获得极大的愉悦。

在帮助我们的孩子区别调侃和嘲弄这方面，我们成人并没有始终以模范榜样的姿态出现。一只流浪狗待在肯塔基州乡村的一辆校车上不愿下来，司机无计可施，便求助于学校管理者。那位管理者两眼一转，哈哈笑道："你的车上有许多只狗呢。"车上大多数的学生都是有特殊需求的孩子，以及来自贫困家庭的孩子。校车司机听到管理者的话，惊讶得目瞪口呆。他很关心这些孩子，每日的朝夕接送使他与孩子们相处甚悦。他不敢相信会有任何一个教育者——就算是以笑话的形式——会把这些孩子称作是狗。

在印第安纳州榆木市的一家只有一名黑人员工的公司里，一套绞索被放在了公司的打卡钟旁。虽然每个人都清楚这套绞索是为那名黑人员工准备的，但没有人承认绞索是他们放置的。有一些员工表示无法理解，为什么这位黑人员工会如此的"开不起玩笑"。

2011年，在纳什维尔的单人喜剧表演中，喜剧演员，也是电视剧《我为喜剧狂》（30 Rock）的明星演员崔西·摩根（Tracy Morgan）在表演中轻率地表示，如果他的儿子是同性恋或者是尖嗓门，摩根会"拔出刀子刺穿他儿子的胸膛"。一些观众跟着他一起笑了，而另一些则在惊愕之余保持了沉默。随后，他发表声明："我不是一个刻薄的人，而且我也无法容忍任何一种对他人实施的暴力。虽然我是一个一视同仁的笑话大王，并且我的朋友们都深知我的为人，但是，即使是在喜剧俱乐部中，说出那样的话也太过分了，这在任何环境下都并不可笑。"

学校的管理者、公司员工的行为，以及喜剧演员低劣的"搞笑"方式都不属于调侃。这三种行为对他们所针对的群体来说，既刻薄又不人道。

其实仅仅通过对照特征清单，就可以轻松地看出上述几种情况都属于嘲弄，而不是调侃。两个清单的最后两个特点为家长、教育工作者和孩子们区分一种活动到底是快乐的玩笑还是无情的攻击提供了有效的指导。调侃的动机单纯，并且当被调侃者感到不安或不愿继续时，调侃就会停止。调侃可能是在不恰当的时间、地点或环境下做出的不适宜的评论。它的目的不具伤害性，而且一旦从对方的肢体语言中感受到对方的不适，调侃者就会及时停止。嘲弄则不同，它动机邪恶，尤其是在被嘲弄的孩子感到痛苦或表示拒绝时，嘲弄不但不会停止，反而会愈演愈烈。如果你发现，一群孩子都在开怀大笑，只有一个孩子处于苦恼或恐惧之中，这往往是嘲弄行为的一个典型表现。

## 少许是因为性，更多是因为轻蔑——性欺凌

性别歧视和性观念有可能引起欺凌。三种形式的欺凌——身体、言语和关系——都可以被伪装成性暗示。由于性是自我的重要组成部分，所以性欺凌会因为触及到了我们生命存在的核心而造成灾难性的后果。同伴之间的性欺凌作为最普遍的暴力形式之一在校园中最为常见。但性欺凌并不仅仅限于同伴之间，有学生以老师为欺凌对象，反之亦有。性欺凌的范围包括性言论、性姿态、不恰当的触摸，以及对身体的过分关注，乃至性侵犯。

### 言语性欺凌

言语欺凌是最常见的欺凌形式，因此，言语性欺凌也自然而然地成为了最普遍的性欺凌方式。言语性欺凌可以独立实施，也可以作为身体性欺凌或关系性欺

凌的前奏出现，并且常常是欺凌者实施更恶毒无耻的性暴力的第一步。这种欺凌的本质对于男孩和女孩来说有所不同。人们倾向于用贬损性的语言来羞辱男孩，说他们"不像男孩"——也就是说，像个女孩（娘娘腔、胆小鬼、婊子、泼妇，"你像个女孩一样"）或者用厌恶同性恋的词语去形容他们（基佬、怪胎、断背，"皮鞋锃亮的人"）。用在女孩身上的词语则大多数偏重于物化她们的身体、歧视她们的性别，或把她们幼儿化（肥猪、狗、八婆、淫妇、屄、荡妇、婊子、妓女、丑女、猪宝贝、小鸡、小猫）。

言语性欺凌还包括用性侵犯作为威胁，用言语随意评价欺凌对象的身体，性歧视和黄色笑话，或有关性能力和性冷淡方面的贬损性语言。

就像欺凌者们都会争辩说他们的本意并不是为了造成伤害——只是为了调侃——一样，性歧视或使用性暗示的欺凌者也会辩解说，他们的行为只是在开玩笑或是调情。如果孩子们能够被教会区别调侃和嘲弄，那么他们一样可以在调情和性欺凌之间进行辨别。

调情

- 允许并邀请两人的角色轻松互换。
- 不以伤害为目的——而是一种欲望的表达。
- 维护双方的基本尊严。
- 目的在于献媚和称赞。
- 对共同玩乐的邀请，享受彼此的陪伴。
- 寻求性关注。
- 旨在使对方感到被需要、有吸引力和有能力控制局面。
- 在对方感到心烦、拒绝被调情，或者不感兴趣时，调情及时终止。

　　调情带有游戏性，性欺凌则不然。调情永远不会以伤害为目的，它是对两个人进一步了解彼此的邀请。就像其他的邀请一样，它可以被接受，也可以被拒绝——而无论最终是被接受还是被拒绝，调情者都会尊重对方的选择。

言语性欺凌

- 基于不平等的力量关系且是单方面的：欺凌者实施欺凌，欺凌对象遭到侮辱且人格丧失。
- 旨在伤害和利用。
- 是一种侵犯，并且目的在于维持自己的欺凌地位。
- 旨在降低对方身份和贬损对方人格。
- 旨在显示控制和支配地位。
- 旨在侵犯对方的底线。
- 旨在让对方感到被否定、难看、有辱人格、无助或不适。
- 在对方感到苦恼或拒绝接受性评论时，欺凌不但不停止，反而会愈演愈烈。

性欺凌没有邀请成分——只有攻击。被攻击的一方会感到窘迫、屈辱和羞愧，而且常常很无助。欺凌者并不是热衷于与另一个人健康的调情——他的攻击纯粹是为了伤害。如果被欺凌者有所反抗，则会被贴上"贱人"的标签——焦躁易怒，而且开不起玩笑。

### 身体性欺凌

身体性欺凌包括但不限于带有性色彩地触摸、抓、捏，拉扯文胸，或是掀起裙子，故意带有性色彩的蹭和性暴力。值得强调的是，很多犯罪活动的构成成分都有性欺凌。2001 年 10 月，科罗拉多州丹佛市的一名 6 年级女生在中学电脑室同 24 名学生分组作业时遭受了性侵犯。一个 12 岁的男孩持刀抵住女孩的腿，并付了另外 3 个朋友每人 5 美金，让他们对这个女孩进行调戏和乱摸。女孩母亲向校区投诉的时候说，这 3 个男孩把女孩的身体从头到脚摸了个遍。根据新闻报道，"授课老师什么都没有看见，还以为这 4 个男孩和那女孩是朋友"。

最近有一些引人注目的案子揭露了性欺凌的可怕后果。案中的年轻女孩们遭到了同伴的强奸（性欺凌犯罪）。随后，她们被强奸的照片被传到网上。她们和家人们在忍受强奸事件本身带来的痛苦之外，还要遭受来自线上和线下的各种攻击。3 个女孩自杀，她们死前曾谈及自己已难以承受因被强奸所带来的责备、羞辱和污名。有一个年轻女孩，强奸她的是学校里一位很受欢迎的橄榄球队员。这个女孩遭受了来自社区中的同学和成人的强烈反感。在肇事男孩被判决 2 年缓刑和 4 个月的缓期监禁之后，她终于因为忍受不了几个月来线上或线下的各种流言蜚语而试图自杀，好在未成功。

性欺凌并不是在高中毕业后就停止了。2007 年"国家司法研究所关于校园性侵犯的研究"（National Institute of Justice Campus Sexual Assault Study）发现，19% 的大学女生和 6% 的大学男生在大学期间遭受过性侵犯。2014 年，五角大楼发布了其最新一期"上呈美国总统——有关预防和处理性侵犯事件的调查报告"（Report to the President of the United States on Sexual Assault Prevention and Response）。这份报告显示，2013 年，在 5,061 起发生在军队中的性侵案和强奸案中，只有 484 个案件的肇事者入狱，其中，只有 376 个肇事者被最终定罪。2012 年版的五角大楼报告预估会发生超过 26,000 起男性和女性的性侵犯案件，但实际上报的案件只有 3,374 起。还有一项数据鲜有人知，更不会交由媒体发布，就是在退伍军人健康管理局下属医院中，每 100 个男人当中就有一个人经历过"在役军人的性侵犯"事件。女性的这项数据则更高：五中有一。但是，服役军人中男性的数量几乎是女性的六倍。这些数字令人生畏。

与高中内的性欺凌事件一样，大学内或军队中发生的性欺凌事件的结局大同小异。受害者们几乎难以置信，他们往往会成为欺凌者的替罪羊，承受来自四面八方的责备，而欺凌者却不会因为实施了侵犯而被劝退。很典型的情况是，受害者遭到诽谤和攻击，被喊做"同性恋"或"荡妇"，他们被迫离开了学校或军队，而肇事者却留在学校或军队中继续逍遥法外。

在国际上，工作场所欺凌已经成为公认的职业健康安全的问题。日本法院裁定 *ijime*（欺凌）违反了雇主提供安全工作环境的义务，并侵犯了员工在工作环境中应被尊重对待的权利。由于女性们经常在往返她们"安全工作场所"的路上遭到性触摸和性骚扰，日本和大阪的所有的通勤铁路和地铁公司都提供了女性专用车。反对性触摸的海报宣传活动和加重的刑罚并未能减缓男女同乘的有轨车上持续增加的性触摸现象。有趣的是，男性小学生、残疾人和残疾人的照顾者们也可以搭乘女性专用汽车，因为他们也一样，是男女同乘车上的受害者。

为了应对女性通勤路上所遭受的呈显著上升状态的性骚扰和性攻击，印度和印度尼西亚主要城市的铁路公司都安装了女性专用车厢。创建一个合理的保护体系和系统地改变工作环境可以逐步转变整个社会对待欺凌的态度。然而，我们尚且需要女性专用车厢这种东西，这说明想到达到彻底的改变，还需要个人、社会和机构组织共同努力，来为终止暴力做出一份承诺。

### 关系性欺凌

通过在各个方面注入性的色彩，孩子们使用关系性欺凌来系统地剥夺被欺凌孩子的自我价值感——在卫生间的墙上或更衣室里散布性谣言和性绰号，由于某个孩子的性取向或性征而回避与他（或她）接触，打量身体，盯着看乳房，抛媚眼，或做出猥亵的手势——这一切都很容易实施，却难以被他人觉察到，而且其造成的伤害直指被欺凌孩子的内心深处。以羞辱和贬低为目的的展示或传播色情素材，穿戴印有与性侵犯相关的语言、图片的衣着或饰物，或在墙壁上色情涂鸦，有了这些元素，你就构建了加拿大人权委员会（1991 年）和美国 1964 年民权法案中所认定的、妨碍学生学习能力的敌意环境。

明尼苏达州的一位女生请求校长让一个男生撤除他在卫生间墙上写的有关这个女孩的猥亵的涂鸦，校长置之不理。两年后，涂鸦依然还在。女生对校方提出了起诉。据报道，校方最终为解决此案支付了 15,000 美金。

克里斯汀·斯凯尔顿（Christine Skelton）在她 2001 年出版的书《教育男孩：男子气概和初级教育》（*Schooling the Boys: Masculinities and Primary Education*）中，提出了一个方法，帮助整个学校改变性别歧视的假设、性别刻板印象，以及性欺凌背后的性别谬见、态度和信仰。她请教育者提出以下的问题：

1. 学生们在学校中都展现了什么样的男性形象和女性形象？他们分别是以什么样的形式在教室中或操场上展现的？
2. 学校向学生们展现的最明显的男性形象和女性形象又是怎样的？
3. 学校最期待的榜样老师是什么样的？
4. 老师应该使用什么样的计划、策略和项目来与孩子们讨论有关性别分类的问题？

或许，回到《自由的你和我》（*Free to Be You and Me*）这本书中，回到儿童歌曲专辑中，回到基于以上两者所制作的在 1974 年 3 月 11 日播出的音乐剧中，会使我们大家都受益匪浅。女演员、儿童福利活动家马洛·托马斯（Marlo Thomas）想为她的侄女迪恩写点什么，来挑战她为侄女阅读的儿童文学中那些根深蒂固的性别刻板印象和种族偏见。托马斯最终创造出的内容远远大于一本为侄女所写的书。40 年后，在后续的一本《当我们依旧拥有自由：回顾儿童经典读物的内容和演变》（*When We Were Free to Be: Looking Back at a Children's Classic and the Difference It Made*）书中，一位在《自由的你和我》撰写时的最初贡献者莱蒂·科坦·波格莱宾（Letty Cottin Pogrebin）谈及了当下的年轻人所处的这个高度性别分化的时代及其造成的影响：

> 如今，有太多女孩讨厌自己的形象，有些女孩仅有 8 岁，却已经患有饮食失调。太多的男孩开始欺负人或者被欺负。年轻的同性恋们很少能够做他们自己。太多的孩子听饶舌歌曲，观看音乐视频，玩电脑游戏，其中含有大量的贬低和中伤女性、物化女性、性色彩浓郁，以及殴打和强奸的内容。有太多的孩子成为了暴力、乱伦和性虐待的牺牲品，有太多的青少年自杀。40 年前我们所期待的世界不是这个样子，也不应该变成这样。我们必须解决这个问题。而且也已经有一些教会领袖公开表示："我们必须解决这个问题。"

在《沃斯堡明星 - 电报》中，弗里茨·里奇教士号召政见温和的信奉基督教的部长们毫无保留地说出那些时常被包裹在宗教信仰之下的偏执、狭隘，以及对性别、性取向和性别认同的轻蔑。他援引了近期发生的有如"瘟疫"一般的欺凌式自杀事件，说："欺凌危机制造了一个微妙的节点，那些在最高讲坛上布教的神学欺凌，急需由我们温和派来挑战。我们不能再闪烁其词了。孩子们相继死去。我们必须振臂高呼。现在不做，更待何时？"

我曾与一群 12 年级学生交谈，我问女孩们为何会称彼此为"荡妇"。一个女孩回答说她和另一个女孩是朋友，她的朋友知道被她喊作"荡妇"只是个玩笑话，因为她的朋友并不是荡妇。我问她们"荡妇"这个词对她们来说指的是什么。那个女孩说，是"和男人乱睡的女人"。我问她们怎样称呼一个"到处跟女人乱睡"的男人。她们笑了，和旁边几个男孩一起回答说，叫"花花公子"。不错，我们有太多需要解决的问题了。如果我们想让性欺凌永远消失的话，我们必须解决这些问题。当被哥伦比亚广播公司的记者告知有人指责她是一个激进的女权主义者时，这位身为佛罗伦萨执事的姐妹、方济各会、女修会领导会议的会长是这样回复的："如果你将'女人是人'定义为激进的女权主义的话，那么是的，我就是。"接受和认可男孩、女孩同为平等独立的人类个体是断绝性欺凌的第一步。

纽约的一位中学老师，《性教育课程》（*Sexual Respect Curriculum*）的作者彼特·迈纳（Peter Miner）总结了健康正常的性欲望与性欺凌之间的区别："你是否能够既信奉着公平和彼此尊重的价值观，同时又进行着歧视和伤害？性别歧视和性骚扰行为是一种不满足，因此是不受欢迎的举动。因为它会给人造成伤害，愧对人所本有的正直和才智。"

## 种族主义欺凌：双重打击

正如性别歧视态度会与欺凌共通一般，种族主义态度也会。

在欺凌预防项目方面的工作受到国际公认的新西兰教授基思·沙利文（Keith Sullivan）在《反欺凌手册》（*The Anti-Bullying Handbook*）中描述了这种共通发生时的状况。

> 兰杰正在教室里做功课。门被打开了。"你在干吗呢，毛利孩儿？"大卫嘲弄道。"你丫是不是掉屎坑里了啊，黑孩儿？"他趾高气扬地走近兰杰。"哦？你在读东西？嘿，我都不知道你竟然还认字！""嘿，黑鬼，"其他男孩喊道，看到兰杰在教室中，他们也纷纷走了进来。与往日不同的是，兰杰这次并没有无视这些嘲弄和挑衅（在过去的一个月中，他曾四到五次无视类似的情况），他发怒了。他攻击了大卫。两个男孩大打出手，兰杰大获全胜。大卫的朋友吉姆上前帮忙，他掐起兰杰的脖子，把兰杰从大卫的身上拉开并摔到地上。他把大卫扶起来。当值老师赶到现场，把大卫和兰杰一起带到了副校长办公室。大卫边哭边诉说他仅仅开了一个善意的玩笑却被兰杰发神经一样的伤害了。当兰杰被质问时，他表现得无礼和傲慢。他被停学一周，原因是打架和对副校长无礼。大卫的朋友们都站在大卫这边，声称是兰杰不明就里的突然"发起神经"来。学校最终因打架事件给予大卫警告，但基本认

定了大卫是无辜受害的那一方。

兰杰被那些学校权威认为是挑衅者。他不被重视，没有人真正去听他在说什么。相反，人们更愿意去信任那些平时在学校信誉较高的孩子。

沙利文博士继续指出，尽管这起欺凌事件中存在着严重的种族歧视元素，但学校当局声明，他们的学校从来都不存在种族偏见。他们选择信任欺凌者，并且惩罚因受到欺凌而反击的那个被欺凌的男孩。那些男孩们大概不会再去欺负兰杰了；或者说，他们会选择一些更好欺负的对象来代替兰杰。然而，他们的种族主义态度并未受到挑战。兰杰的内心可能会对那些欺负他的男孩滋生怨恨，对他所经历的不公平感到愤怒，因而转过身来敌对学校，因为学校没能够正直而合理地解决这个问题。

这起事件不仅展示了一个被欺凌的孩子的反击是怎样的，还使我们看到欺凌者在面对责问时的惯常行为：

1. 否认自己做错了任何的事情。

2. 大事化小："我只不过跟他开了个玩笑。"

3. 反击："他突然就对我们'发起神经'来。"

4. 通过痛哭或者指责是其他孩子挑起的争端来捏造自己是受害者的身份。这常常会激怒被欺凌的孩子。（在兰杰的案例中，兰杰已被辱骂了一个多月之久而最终选择反抗，但他却受到了质疑，这使得他以无礼和傲慢相对。）

5. 通过把受欺凌者捏造成欺凌者来为自己开脱。（大卫最终被视为无辜的一方。）

6. 指望旁观者对被欺凌孩子所说内容进行否认和贬低或为欺凌者的行为进行辩护。（大卫的朋友援助了他，说兰杰无缘无故地就"发神经"了。）

7. 威逼他人附和自己。

欺凌者非常清楚自己在做什么。他运用各种能力去扮演受冤屈的角色，引诱他人与之串通一气，同时利用了成人的情感和偏见。暴力循环生生不息。

毛利孩子作为受压迫的新西兰原住民，在这所南岛学校中是少数群体。在美国和加拿大的很多学校中，如果我们把毛利族换成溪谷族，因纽特族，切罗基族，黑脚族，纳瓦霍族，霍皮族，拉科塔苏族，或任何其他少数民族，都可以看到类似兰杰事件的上演。

历史学家乔治·弗雷德里克森（George Fredrickson）在他 2002 年的书《种族主义：一个简短的历史》（*Racism: A Short History*）中，总结了种族主义"是什么，怎么样，为什么"的问题："种族主义，发生在一个民族或一个历史共同体由于信奉另一个民族或历史共同体的差异是遗传性的和不可改变的，从而去主导、排斥或试图消灭对方时。"他继续解释说，种族主义是一种社会行为，占主导地位的群体共同的，而非个人的，去压迫目标群体。目标群体被认为与主导群体有差异，而这种差异意味着"低等"。主导群体的人们在欺凌的暴力圈中扮演各种各样的角色（见第六章"暴力循环图"），他们当中的大多数扮演的是欺凌者或不无辜的旁观者的角色，只有少数人会去挑战或抵抗种族主义，为受压迫的群体挺身而出（勇敢的人）。

### 你肯定是被教导的

种族欺凌并不是无缘无故发生的。孩子们一定是先被教导成了一个种族主义者，才会参与到种族欺凌中去。种族欺凌常常在这样的风气中发生，即孩子们被教导去歧视和排斥某个群体的人，差异被视为低劣，而人类团结则不被歌颂。

通过思想（刻板印象）、感觉（偏见）和行为（歧视），孩子们系统地学习了用于种族诋毁的语言和偏执的行为规则。最初，孩子们被教导形成刻板印象——将整个群体的人一般化和概念化，而忽视其间的个体差异：（某个群体）都是坏脾气、丑陋的、懒惰的、愚蠢的、不好的、疯狂的……

而后，基于这种刻板印象，孩子们学会对某个人产生偏见。偏见是一种感觉：我们不喜欢（＿＿＿＿＿＿）。

种族主义思想和种族主义感觉结合于一体，孩子们就会对某个群体中的个体产生歧视："你不能和我们一起玩。""你不能参加我们的聚会。""我们团队不想让你加入。""出去，你这个＿＿＿＿＿＿！"这些都是种族欺凌的表现，必须被当作种族欺凌来对待。

种族歧视与将某个具体的孩子当作替罪羊——选择某个孩子去替他人受苦，

或者在根本没弄清是谁的过失的情况下就归咎于某个孩子——之间仅有几步之遥。兰杰就被指控为挑起斗争的人，因为"他这类人"的脾气都很坏。

当涉及解决种族歧视问题时，学校政策、程序和项目必须携手并进。第一步便是要承认我们的学校内是存在种族主义的，如此我们就能接受种族欺凌在院墙之内出现的可能性。两个极佳的资源是南部贫困法律中心网站，www.SPLCenter. org，以及"面对历史和我们自己"网站，www.FacingHistory.org。二者就通常状况下如何处理不宽容和偏执，尤其是如何解决种族主义问题，提供了大量的教育资料。

## 什么不是欺凌

虽然欺凌是本书讨论的重点，但是了解什么不是欺凌同样大有裨益。区别往往并不显而易见。就算我们清晰地界定了什么不是欺凌，我们依然存在未能将某种侵略行为正确定性为欺凌的风险，我们宁愿称其为冲突，或将他们标识为"戏剧性场面"，使用各种名称来降低这种残忍行为的严重性。欺凌会藏身于讹传和误解之中，谨慎且精确地用词至关重要。不能正确地识别欺凌，将欺凌标识为冲突，过分扩展该词，或者不合时宜地将无知的失礼、冲动性的侵略行为或冲突定性为欺凌，都会使我们在解决欺凌问题的道路上误入歧途。

### 无知的失礼

使用种族主义、性别歧视、年龄歧视，或生理特征和心智能力方面的刻板印象绝非好事，但也许还不能构成欺凌。下述言论的使用，常常表明说话的人并不清楚词语本意的来源和其包含的偏见，或者对于这些词语所排斥、中伤和歧视的群体持有漠不关心的态度。

- 我买车时像犹太人一样狠狠地杀了他的价。
- 我在那笔交易上被吉普赛[①]了。

---

[①]当我们骗别人钱的时候，我们是"吉普赛"他们。——译者注

- 像把一个灯泡转进灯座这样的小事，得多少位（某群体）的人才能做成呢？
- 别做个印第安给予者[①]。
- 她又做金发碧眼没脑子的人干的蠢事了。
- 他跑起来像个娘们。
- 那样子可就太断背了。
- 胜负要到那胖女人唱歌的一刻才见分晓。
- 他沉闷得像颗门钉一样。
- 他们像外国佬[②]一样弄低了车头。
- 那样太弱智了。

我们需要一个简短的教程，来提醒人们这类语言传输了什么样的刻板印象或偏见，有可能对他人造成什么样的影响，以及告诫说这些话的人不要再继续使用这些词汇了——这些年轻人可以找到更富有创造力，更加智慧的方式来表达自己的真实意思。这些词汇的习得常常来源于家庭、学校或者媒体，最初使用这些词汇的人必然深知其中所含的偏见和真实意义。这些评论性的言语是粗鲁和无礼的，它们为欺凌的发生打下了基础，但它们尚不是欺凌。

### 冲动性的攻击

欺凌不包括冲动性的攻击——换句话说，那些自发性的、不分青红皂白的、无明确目的性的攻击并非欺凌。这类攻击常常伴随着自然情绪反应而来。它们也许和身体或神经失控有关，虽不应被忽视或原谅，但却不是欺凌。被欺凌的孩子也会对欺凌者进行本能的、蓄意的或不分青红皂白的攻击，这也不是欺凌（与此相关的内容将在下章详述）。

### 冲突

冲突——即使没有处理好——也不是欺凌。正常的童年行为，如手足之争，与兄弟姐妹一对一的打斗，或与同伴间的竞争都不是欺凌。冲突是正常的，自然

---

① 印第安给予者指的是，送人东西日后又讨回的人。——译者注
② 外国佬，是对意大利人、西班牙人、葡萄牙人的蔑称。——译者注

的，是我们日常生活的必要组成部分。它包含的是人与人之间，他们的想法、目标或原则之间的矛盾和分歧。在家庭、学校、工作场所和社会中，冲突以及伴随着冲突而来的痛苦和不安是不可避免的，但是如果我们可以直面它，用创造性的、有担当的、非暴力的方式——而不是消极或攻击性的方式——来对待它，冲突是可以解决的，痛苦是可以被安抚的。总想避免冲突的人，或者面对冲突总是屈服和让步的人，要么会以消极被动、逆来顺受而告终，要么会因长久以来积郁的愤怒而爆发。前者会因其弱势成为欺凌者的攻击目标；而后者的愤怒和敌意，或是向外发泄化作对他人的暴力攻击，或是向内发泄化为对自己的残忍。当冲突被视为一种非赢即输的竞争，情感或身体上的攻击往往成为竞争者所选择的工具。还有一种可能性是做逃兵——不惜任何代价地避免冲突，扮演和事佬。这两种态度均不可取。我们的任务是找到合适的方法，公平、平等地为我们的冲突提出解决方案和决议，同时帮助我们的孩子也学会如此。可以肯定的是，这并不容易。

有时，冲突双方需要依赖一个中立的调停者去帮助他们寻求一个使双方都觉得公平、平等、正直、合理的解决方案。成人可以通过案例、引导和指令来帮助孩子们认识到在解决冲突的众多技巧中，使用暴力是一种不成熟、不负责任和无价值的方法，而运用非暴力性的方式解决冲突才是成熟、勇敢的表现。当冲突不再被视为是竞争，而是契机，即某件事情或当前所处状况的一种突变或转折，年轻人从冲突中学到的就不再是使用侵略性的攻击或逃跑，相反的，他们可以拥抱冲突，把它当作一个自我成长和改变的挑战或机遇。冲突于是变成了一种对合作能力的挑战，一个过程，一种两个或多个人之间的磨合和切磋。

未能解决的冲突可能会升级为武力对抗。刑事犯罪活动有可能是由冲突而起，进而上升为严重的身体攻击、身体攻击的严重威胁，或是需要法律干预的和需要运用惩戒程序和治疗性干预的持凶器攻击，但是，它依然不是欺凌。

无知的失礼、冲动的攻击和冲突都不能被贴上欺凌的标签，但它们仍然是家长和教育工作者在为孩子们创造饱含关爱的社区环境时不得不重视和解决的问题。如果对其置之不理或任其发展，那么它们当中的任意一个都会变成破坏健康人际关系的罪魁祸首。

## 仇恨犯罪——刑事欺凌

需要注意的是，某些暴力活动确实是含有欺凌成分的犯罪行为。它们通常被称为仇恨犯罪：欺凌者基于欺凌目标的真实或以为的人种、宗教、性取向、国籍、残疾、性别或种族而进行的针对某个人、群体或财产的犯罪活动。它们不但需要法律的介入，而且需要动用惩戒程序和治疗性干预去解决其暴力行为背后所隐含的傲慢与轻视的元素。它们并非无心之失，也不是冲动性的攻击，无疑，它们更无需运用任何的冲突解决技巧。

2013 年 11 月，加州圣荷西州立大学的三名学生被停学。他们被指控在 9 月到 10 月期间，持续而有组织地对他们的舍友——17 岁的威廉进行种族欺凌。他们用一个 U 型自行车锁夹住威廉的脖子，并声称弄丢了开锁的钥匙。他们喊威廉"五分之三"和"分数"，在房间内悬挂邦联旗，在白板上书写种族诋毁性的文字，并且屡次将威廉困在他的房间之中。另外的四个室友看到并听到了这一切却未能为他们被欺凌的舍友挺身而出，对于威廉承受的这些攻击，他们没有提出反对，也没有将此事呈报学校的工作人员。2014 年 5 月，威廉的四个舍友被正式指控为仇恨犯罪轻罪和殴打罪。

威廉舍友们使用的"五分之三"和"分数"这两个词汇，指的是美国政府曾经一度将非裔美国人计作五分之三个人。这并不是由于不知词语的来源而随意运用的一种叫法。对于这些词语的含义，这些年轻人心知肚明，他们专门选择了这些词汇来贬低、诋毁和非人道地对待威廉。

学校未能认清欺凌的真实面目是促使种族欺凌事件持续并上升为仇恨犯罪的一个主要原因。根据索赔申请，威廉曾经就自行车锁的欺凌事件向舍长控诉，舍长把威廉和他的舍友们召集在了一起——并没有去制止欺凌行为，而是去"缓和双方的关系"。舍长将此事当作了一个需要被解决的冲突，要求所有的住宿成员签署了一份"室友生活协议"。威廉坚持要求将"禁止自行车锁类的羞辱"加入了协议之中。威廉的要求本应对舍长有所警示：他所面临的问题绝不仅仅是一个简单的冲突。威廉的舍友们一面签署了协议，一面变本加厉计划对威廉进行持续的骚扰。他们的欺凌行为始终未被追究。索赔申请显示，直到一个月之后，自行车锁式的欺侮进一步演变成了种族侮辱。

## 错误定性

"我们只是开了个玩笑。""这只是一个恶作剧。"营造这样的环境是以欺凌者的利益为基础的。它分散了注意力，使人们忽视了欺凌者的真实意图和行为本质。所谓"冲突"的言论助长了这种环境的产生（例如，提出"室友生活协议"）。这种将欺凌和冲突混淆的事件屡见不鲜。

在我为本书的第一版研究欺凌预防项目的时候，让我担忧的是，学校发展的很多项目都是以冲突解决方案为基础的。完成了这些初衷美好的防欺凌项目培训的人，往往在解决冲突方面技巧娴熟并处理得当，同时他们还学会了有效控制愤怒的方法。然而，对于如何识别和面对欺凌情境，他们依旧一无所知。令人不安的是，很多学校程序手册都提出了利用调停者来"解决"欺凌的方法，就好像欺凌是冲突一样。我们这样做，是在要求被欺凌的学生和欺凌者共同达成某种"协议"。在冲突中，双方为了解决冲突就必须要有所妥协或有所放弃。而在欺凌事件中，欺凌者已经身居有权有势的地位，无情地掠夺着被欺凌者的尊严、幸福感和价值感。我们还想让被欺凌者再放弃些什么？

12岁的西莉斯特一脸沮丧，垂头丧气地向老师投诉说一位同学绊倒了她，用粗俗的词骂她，把她锁在聊天室外，还撕碎了她的艺术作品。老师将两个学生叫在一起来"解决"这个冲突。实施欺凌的学生找了无数的借口为自己辩护："我不是想伤害她……如果你觉得被冒犯了，我很抱歉……她只不过碰巧被我的脚绊倒了……我们都不知道她被锁到聊天室外了……我以为这件事情我们早上已经解决好了……她的艺术作品被撕碎了跟我一点关系都没有，它掉到地上了。"听着她冠冕堂皇的这些言论，西莉斯特双臂交叉坐在一边，说："我还没准备好和解。"看到冲突解决无效，老师有些恼羞成怒。她要求西莉斯特跟这位本应该向西莉斯特道歉，却假惺惺"示好"的同学好好相处。然而，西莉斯特深知这位同学根本无心示好，而且老师也并没有真正相信她受到了攻击。西莉斯特知道，一旦离开老师的视野，欺凌仍会继续并且有可能愈演愈烈——而事实也正如她所料。再一次实施攻击的时候，欺凌者笑得更得意了，因为她已侥幸逃脱了老师的责罚。西莉斯特再也无法因继续受到的攻击而向老师告状。她被迫进一步卷入争端，学习成绩也开始下滑。

## 我们中间的大猩猩

正如威廉的舍长和西莉斯特的老师，我们这些旁观者倾向于忽视或否认欺凌的本质，即侮辱性的残忍行为；又或者，我们逃避承认这样的现象，即年轻人——尤其是"好孩子们"——是完全有可能做出残忍的事情来的。而普遍存在的旁观现象则更助长了我们对欺凌的矢口否认。

1999年，在一项由丹尼尔·西蒙斯（Daniel Simons）和克里斯多佛·查布里斯（Christopher Chabris）所作的研究中，被试被要求观看一段75秒的视频，名为"我们中间的大猩猩：动态事件的持续非注意盲视"（Gorillas in Our Midst: Sustained Inattentional Blindness for Dynamic Events）。视频中，两组人——一组穿白色衣服，一组穿黑色衣服——互相传球。被试被要求数出穿同样颜色衣服的队员间传球的次数。在大约45秒的时候，一个身着大猩猩服饰的女人走入场中，穿过传球的成员，在场上拍拍胸脯短暂停留，然后走出了视频所见范围——她从入场到出场总共停留了9秒的时间。研究者随后问被试是否在视频中看到了大猩猩。只有36%的被试看到了，另外64%没有。这64%的被试的受试经验被称为"非注意盲视"，意指我们对不关注的意外客体缺乏察觉能力。

如果我们不去关注我们之中存在大猩猩的可能性——也就是说，不去关注在我们的眼前或身后不断上演着的欺凌事件——寄希望于它们仅仅是冲突或闹剧，而且只拥有解决冲突或闹剧的程序或方案，那么最终的结局只能是被欺凌者再度被伤害，而欺凌者更胆大妄为，为虎作伥。一旦欺凌被当作冲突，其处理方式则仅限于双方为解决所谓的冲突而达成了某种交换条件。而"好"孩子实际上是完全有可能行径卑劣的。在马萨诸塞州的南哈德利镇，六个年轻人被控共谋害死了他们的一位同学。即使如此，有些成人依然在维护他们。《新闻周刊》杂志引用了该地区学校的一名管理人员的话，称"他们是很好的孩子，来自很好的家庭"。"很好"，也许吧，但他们对自己的同学却残忍无比。如果，在我们的意识中，将"好"的定义等同于"不会做出卑鄙的事情"，那么我们中间的大猩猩就不只会站在人群中拍拍胸脯了，它的出场会给我们带来一批接一批被欺凌的孩子——有些孩子甚至会被欺凌致死。

欺凌的程度，无论是轻微的、中度的，还是严重的，并不重要，欺凌不是一件正常、自然的，或不得不做的事。它是反社会的，需要被作为反社会行为来处理。这就是为什么我们说当下的零容忍政策（那些试图用统一的方式——开除学籍——来回应一对一的打斗、欺凌和攻击的政策）实际上是零思考政策。这种政策旨在抓住过失并快速解决问题，而不是用一种有效的解决方案来打破暴力循环。我们需要寻找一种社会性解决方案来应对这个反社会活动。欺凌绝不是任何形式的解决冲突，无论是通过谈判、休战，还是劝说。无论是欺凌的起因还是它的解决办法都另在他处。

洞悉欺凌的类型和形式，以及辨别什么是欺凌而什么不是，是打破暴力循环首要的两个步骤。在第三步中，我们需要去了解组成欺凌悲剧的三个角色：被欺凌者、欺凌者和不无辜的旁观者。舞台已搭好，演员们即将出场。

> 文明礼仪之约束，使人类社会，不拘何种性质，免于陷入彻底的崩溃，然而，它们却是如此脆弱，甚至不堪一击。
>
> ——拉比·理查德·鲁宾斯坦（Rabbi Richard L. Rubenstein）

# 第四章

# 欺凌者

　　我们可不可以不要教孩子去欺负他人，就算是为了保护他们，也不要如此。教他们成为加害者极具风险，尤其是当以牺牲他人的生理或心理健康为代价时更是如此。通过嘲弄、欺凌、袭击，或者所谓的"搞定他们"来毁掉他人的生活或剥夺他人的安全感，其造成的伤害对于受害者和加害者来说是等同的。

——路易斯·里普希特（Lewis P. Lipsitt），

《儿童和青少年行为书》（Children and Adolescent Behavior Letter）

布朗大学（1995 年 5 月）

　　欺凌者形形色色。有些强壮，有些瘦弱；有些很聪明，有些则不然；有些极具个人魅力，有些则平凡无奇；有些很受大众欢迎，还有一些则几乎不被人理睬。你无法通过一个人的外表来确定他是不是个欺凌者，然而，你却可以通过他们的行为来确定。他们的举手投足有固定模式，他们常常在家中练习自己的角色。有时，他们会通过模仿来自各个渠道的言行来塑造自己，比如看过的电影，玩过的游戏，一起玩耍的朋友，学校和他们所处的文化环境。成人们如果不能明察秋毫，很可能会认为他们只是在捉弄他人，在玩角色扮演游戏，在玩无恶意的老式互殴，或者只是手足之间普通的较劲。但他们不是。他们的所作所为是危险的，并且对他们自己、对被他们欺凌的孩子和整个社会群体都会造成严重的后果。

## 欺凌者的性格

孩子们运用他们的本领和才能去欺负他人的理由不胜枚举。用任何单一的理由来归因都是管中窥豹。欺凌者的欺凌行为并非与生俱来。孩子的先天气质类型是一个因素，但是，同时，还有一个重要因素是社会科学家尤里·布朗芬布伦纳（Urie Bronfenbrenner）所称的"环境影响"：孩子的家庭生活、学校生活，以及整个社会的文化环境（包括媒体）都默许和助长了这样的行为。

关于欺凌者，有四点可以确定的是：

1. 他们是被教育成欺凌者的；

2. 他们实施欺凌是因为他们有欺凌他人的能力；

3. 他们是自主选择去欺凌的；

4. 他们自主选择欺凌对象。

是欺凌者们自己做出的选择，用他们的领导力去操纵、控制、主导和羞辱那些对他们地位有所威胁的人，以及那些被他们视为低一等的人。

就如欺凌者的类型形形色色，欺凌的形式也是各种各样的。如果孩子正在实施欺凌，也许他就可以被归为以下所述的欺凌形式的一种或几种。对欺凌对象而言，了解欺凌者常用的欺凌方式是大有裨益的。作为一个潜在的见证者、反抗者和守卫者，如果孩子能够熟识不公平现象是如何产生的，就会更方便他挺身而出去解救被欺负的同伴。

孩子们常常会扮演以下七种欺凌角色：

### 自信的欺凌者

自信的欺凌者并非"走"进欺凌舞台的，他几乎是"从天而降"，趾高气扬地显耀着他无可比拟的重要性。他有一个张扬的自我（与之相对的是强大的自我）、膨胀的自我意识和权利意识，以及激进的行为嗜好，而且对于欺凌对象，他丝毫不存慈悲之心。他只有在高人一等时才会感觉良好。老师和同学们往往很欣赏他，因为他看上去很有个性并且具有领导才能。这并不意味着他有很多的朋友。友谊是建立在信任、忠诚和互相尊重之上的，而这些往往都不是一个欺凌者具备的性格。这种精明的欺凌者深知如何行事可以逃避被追究责任。

### 社交欺凌者

社交欺凌者擅长使用流言蜚语、言语嘲弄和回避隔绝，有计划性地去边缘化她选择的欺凌对象，将其排斥在社交活动之外。她的自我意识感很差，易于嫉妒他人的优良品质。但是，她很善于把自己的情感和不安全感隐藏在她那夸张的自信和魅力的外衣之下。既狡猾又具备操纵性，她可以假扮成富有同情心的样子来掩饰她对欺凌对象的不屑，以便达到她的真实目的。她也许很受欢迎，但她并不能成为其他孩子真正信赖的伙伴，孩子们唯恐因信任她而成为下一个被她欺凌的对象。这种欺凌者会倾尽其魅力去取悦那些能够帮助她的人。

自信的欺凌者和社交欺凌者都属于我们所熟知的"高地位的社会欺凌者"。他们用自己的领导才能和魅力去操纵同伴或吸引成人的青睐。成人们常认为这两种孩子是优秀的领导者，是"好孩子"；对被这些"好孩子"欺负的孩子，成人选择去忽视，因为"他们是好孩子，来自很好的家庭，不可能故意去伤害谁"。没有人信任被欺凌的孩子，因此这些高地位的欺凌者越发的胆大妄为。

### 全副武装的欺凌者

全副武装的欺凌者看上去很酷很超脱。他喜怒很少形于色，并且对要去实施的欺凌，他会坚定无比地将其实现。他会寻找一个没有任何人能够看到，也没有任何人会制止他的机会来实施欺凌。他对欺凌对象所怀的邪恶和报复心深藏不露，在其他人面前，尤其是成人面前，他是迷人且具有欺骗性的。他看起来像是所谓的情感淡然——即表面的行为举止波澜不惊，但实际上，他将情感深埋于阴暗和日渐增长的焦虑之中，隐蔽得甚至连他自己都无法察觉。

### 多动欺凌者

多动欺凌者的学业差，同时情商不高。他往往存在某种学习障碍，不能够准确地加工社交线索，常把其他孩子无心的举动赋予敌意，面对微不足道的挑衅时反应极度强烈，并且会把自己强烈的反应归因为他人的过错："他先打我的。"多动欺凌者很难交到朋友。

### 被欺凌的欺凌者

被欺凌的欺凌者既是被欺凌者，又是欺凌者。由于曾经受到过成人或某些孩子的欺凌，她通过欺凌其他的孩子来从自己的无助和自我厌恶中寻求一些解脱。作为所有欺凌者中最不受欢迎的一种，她会带着满满的敌意去攻击那些伤害过她的人，以及那些比她弱小的孩子。被欺凌的欺凌者常常是受欺凌事件影响最为严重的人，她的身上积聚了欺凌者和被欺凌者双方的伤害性。她属于抑郁症、失控性社会焦虑、药物滥用的高危群体。

### 群欺凌者

群欺凌者由一群互为朋友的孩子构成。他们从不形单影只，面对他们想要排斥或加罪的欺凌目标，他们总是共同行事。欺凌，就算是由一群深知自己在做什么，也明知自己的行为是错误做法的"好"孩子来实施，依然是欺凌。

### 帮派欺凌者

帮派欺凌者由一群可怕的人聚集在一起而构成，他们并不互为朋友关系，而是一种以追求力量、控制权、主导性、征服性和占领地盘为目的而形成的战略联盟。最初，加入这种组织就像是加入了某个大家庭一般，成员之间彼此尊敬并保护对方。然而，随着成员们对组织的热情逐渐高涨，他们渐渐开始愿意为之献身。他们开始不顾及自己的生命，不顾及他们对受害者的残杀，也完全不去理会他们所作所为会产生的任何后果，在此狂热之上还缺乏同情和毫无悔过之心。

尽管上述各类欺凌者的欺凌手段和形式不尽相同，他们却拥有一些共同之处，即他们都：

1. 喜欢主导他人；
2. 喜欢通过利用他人达到自己的目的；

3. 很难站在他人的立场上考虑问题；

4. 只关注自己的欲望和愉悦而忽视他人的需求、权利和感受；

5. 倾向于在父母或成人不在场时伤害其他孩子；

6. 将比他们弱小的手足或同伴看作猎物（欺凌也被称为"猎食性攻击"——诚然，这是一个可怕的词语，但其定义的行为内容却比这个词还可怕得多）；

7. 用指责、挑剔和归咎的方式将自己的不足之处转移到欺凌目标的身上；

8. 拒绝为自己的行为承担后果；

9. 缺乏预见性——即从眼前和长远两个角度来考虑问题，以及预见当下行为有可能产生的计划外后果的能力；

10. 寻求关注；

11. 从为他人制造的痛苦中获得愉悦。

为了更好地扮演欺凌者，孩子们常常会寻找其他孩子作为欺凌对象进行欺凌练习。他们寻找到的目标很可能会使你大吃一惊。在下一个章节中，我们一起来看看"被欺凌者"这个角色——他们是谁，面对欺凌他们有何反应，以及欺凌有可能对他们生活造成什么样的影响。

> 仇恨更多残害的是心怀仇恨者，而非仇恨的对象。真正伤人的是内心燃起的仇恨，而不是他眼中的敌人；真正受到伤害的是心怀仇恨者那被恨意伤害的灵魂，而不是受到残害的人们。
>
> ——圣·奥古斯汀（5 世纪的主教）
> [ Saint Augustine (fifth-century bishop) ]

# 第五章

# 被欺凌者

别再嘲笑我，也别再辱骂我

别再把你们的快乐建立在我的痛苦之上

我只是一个戴着眼镜的小男孩

一个被他们称作呆子的男孩

我或者是一个从来都不笑的小女孩

因为我的牙齿上戴着牙套

而我深知，拥泪入眠的感觉

我就是那个，在任何一个游乐场上都是

最后一个被选择的孩子

年轻的单亲妈妈

那么努力地帮我克服过去的阴影

你不必成为我的朋友

然而，难道提出这样的要求很过分吗：别再嘲笑我

别再辱骂我

别再把你的快乐建立在我的痛苦之上……

别再嘲笑我，我很胖，我很瘦，我很矮，我很高，

我失聪，我失明，嗨，难道我们不都是这样的吗

——史蒂夫·希斯金和艾伦·西姆布林

（Steve Seskin and Allen Shamblin）

"别再嘲笑我"（Don't Laugh at Me）

如同欺凌者，被欺凌孩子的类型也是多种多样的。有些高大，有些矮小；有些很聪明，有些不那么聪明；有些极具吸引力，有一些则不然；有些很受欢迎，另一些却几乎不被任何人喜欢。他们唯一的共同之处是，他们都被一个（或一群）欺凌者攻击了。仅仅是因为他们在某个方面有些另类，他们当中的每个人都独立地成为了蔑视的对象，因而遭受到言语、身体或关系欺凌。欺凌者需要寻找可供他们持续侵犯的欺凌对象，而欺凌对象所具的另类之处则被认为是实施欺凌的正当理由。这种理由，最佳状况是一种欺骗，而最糟糕的状况，是被当作他们轻蔑对方的借口。

任何人都有可能成为欺凌的目标：

1. 刚搬来街区的新孩子。

2. 学校中年龄最小的孩子——也因此，一般会比较矮小，有时会胆怯，或者缺乏安全感。当初中或高中转入一个新孩子时，欺凌程度会升级。

3. 受到过心理创伤的孩子——曾经遭受的创伤使他变得非常的敏感，因而他会尽可能地避免与同伴打交道来逃避更多的伤害，让他开口寻求帮助则是难上加难。

4. 顺从型的孩子——通常较为焦虑，缺乏自信，很容易被领导，常常做一些事情去取悦他人或息事宁人。

5. 某些行为会引起他人反感的孩子。

6. 不愿意卷入争斗的孩子——倾向于用非激进的方法解决冲突的孩子。

7. 害羞的、内向的、安静，或谦逊的、胆小的、敏感的孩子。

8. 很贫穷或很富有的孩子。

9. 种族或人种被欺凌者视为劣等的、应受轻视的孩子。

10. 性别、性取向或性征被欺凌者视为劣等的、应受轻视的孩子。

11. 宗教信仰被欺凌者视为劣等的、应受轻视的孩子。

12. 聪明的、有才能的、有天赋的孩子——被当作欺凌目标是因为她太"出众"了——换句话说，太另类了。

13. 独立的、不关心社会、不遵守社会准则的孩子。

14. 喜怒形于色的孩子。

15. 胖的或瘦的、矮或高的孩子。

16. 戴牙套或戴眼镜的孩子。

17. 长有痤疮或有其他皮肤问题的孩子。

18. 生理方面有很显见的与众不同的特征的孩子。

19. 生理残疾或智力障碍的孩子——这种孩子遭受欺凌的可能性是一般孩子的两到三倍，因为他们明显的残疾特征为欺凌者提供了现成的欺凌理由。他们常常无法真正融入到班级中去，因为能够向他们伸出援手的朋友少之又少；面对侵犯，他们缺乏用语言技巧或身体技能来保护自己的能力。多动症的孩子的行为先于思想，他们无法考虑到行为的后果，常常有意无意地激怒欺凌者。

20. 严重食物过敏的孩子。

21. 在错误的时间出现在错误的地点的孩子——他们被攻击是因为欺凌者在此时此地，正想要找个人来捉弄。

我们的社会，盛产针对被欺凌者的谬见，人们称他们——弱小和悲惨，脆弱和不可靠，独行者，与欺凌者"共舞"，自找被欺负，活该，一切都是自作自受，"他就是个失败者，他活该"——这所有的一切都在将欺凌合理化，使孩子们（和很多成人们）不把欺凌事件归咎于欺凌者，反而怪罪于被欺凌的孩子。很多被攻击的孩子都具有深深的关怀心，他们是值得被尊敬的人，拥有强烈的公平竞争意识且不崇尚暴力。根据 BullyOnLine（www.BullyOnline.org）的核心创建者、作家蒂姆·菲尔兹（Tim Fields）所述，欺凌者们"将这些品质看作可以被攻击的弱点"，他还说，"没有人是活该受到欺凌的"。

具有惹人讨厌或者令人发笑的行为的孩子，与任何其他人一样，都拥有被尊重的权利。诚然，他们或许需要改变一下自己的行为，或者，对于患有艾斯伯格综合征（轻度自闭症）的孩子，他们需要记住其他孩子本能反应的一些线索，以避免被同伴当作傻瓜或让同伴认为他们可以被随意捉弄。我们需要询问孩子们，为什么仅仅因为某些孩子与他们不同，就认为自己有权利去漠视、轻蔑或憎恨他们。为什么要把快乐建立在其他孩子的痛苦之上？

加文·贝克（Gavin de Becker）所著的《保护天赋》（*Protecting the Gift*）一书中，阿纳森（Mary Arneson）博士详细描述了她作为一个轻度自闭症的孩子时的经历：

> 我身边的世界是这样子的：人们表面上都非常友善，而转过身去，他们就变成了你的敌人。人们在学校中做出各种各样卑鄙的事情，无缘无故地。你最看重的事，那些让你的生活最舒适的东西，都是他们攻击的对象。例如，患有孤独症的儿童一般会选择让自己感到舒服的穿着方式。我个人认为，女孩们一般不会穿很宽松的鞋子，而我呢，则不愿和她们一样穿那些会让脚感到疼痛的鞋子……所以，我穿的是男孩的网球鞋……其他孩子完全可以忽略这件事，但她们没有。不但没有忽略，我记得有一天，一个女孩打电话给我说她特别心仪我穿的鞋子，并且问我从哪里可以买到它。我回答了她，毫无警惕之心。我从未想过，我对有人会心仪我的鞋子这件事的信任，成为了这个给我打电话的女孩以及她身边其他一起听电话的女孩们难以想象的笑柄。

患有孤独症的孩子往往走路的步态不太寻常，他们感兴趣的东西集中而有限，并且理解社会线索的能力较低。他们很容易成为其他孩子攻击的目标。其他孩子模仿他们的步态，嘲弄他们的兴趣，并且说服他们做出会令自己陷入麻烦的事情——他们成为了欺凌者的消遣。

欺凌最近的发展状况是，有相当一部分食物过敏的孩子受到了同伴的攻击——其后果有时甚至危及生命。2010 年 10 月的《过敏，哮喘和免疫学年鉴》（*Annals of Allergy, Asthma and Immunology*）中的一篇文献发现，每三个患有食物过敏的孩子中，就有一个孩子曾经遭到同伴的欺凌，其中有一半是身体欺凌的方式。纽约西奈山医学院谢菲食物过敏研究所（Jaffe Food Allergy Institute）的斯科特·西歇雷尔（Scott Sicherer）博士发现，在 6 年级到 10 年级的孩子当中，患有食物过敏的孩子被欺凌的几率是其他孩子的两倍。

孩子们的嘴中被塞进过敏原，他们的头发被用花生酱涂抹。一位同学威胁 7 岁的欧文说要强迫他吃下会引起他过敏的花生；16 岁的切尔西在学校被同学用带有花生酱的三明治乱按到脸上而引发了急性焦虑症；12 岁的埃里卡从教室中落荒而逃，因为她的同学把开心果放在了教室的角角落落以及她的书桌上，只是为了看看她会有什么样的反应。

埃里卡在她的文章"一个青少年的故事，过敏欺凌和勇气"（A Teen's Story of Allergy Bullying – and Bravery）中（全文见 http://allergicliving.com/2013/07/16/ a-teens-story-of-allergy-bullying -and-bravery/ ）叙述，当她被同学捉回来时，她们声称埃里卡的存在是个麻烦。她们想带坚果来学校——所以她们要实行"人口控制"！埃里卡的恐惧和伤害不仅仅来自她的同学。"我读 3 年级的时候，学校家委会召开了一次会议。想知道议题吗？议题是我是否应该被退学。那些家长们列举了我的需求，包括需要避免我的过敏原被带到教室中去，说这些需求不但对他们的孩子来说是个大麻烦而且还会动用到学校的资金。有些家长提出，如果我'病得如此厉害'，我就应该在家上学。"

也许有人会争论说，这些欺凌者并未意识到他们捉弄别人的后果会如此严重，然而，不容置辩的是，他们当中的所有人，无一不是从他们同伴所受的伤害和恐惧中获得了愉悦。

亚历山大诉说了欺凌者对那些有点另类的孩子所造成的影响。她形容自己是一个"以腼腆著称的、隐遁的，而且有几分与众不同的孩子"，她写了一些参加夏令营时的担心。第四条是：

> 她们——少年头目们，掌控着乡村地下集中营的社会运行法则。她们是充斥在 6 年级女生社会中的欺凌女王。她们拥有完美的发型，百变的穿着，而且，她们决定着谁来成为无情打击的对象，谁来承担流言蜚语和排斥隔绝，谁被置身于黑暗世界中宣判死刑。我能够本能地意识到自己将会被归为哪一类……直觉告诉我，阅读书籍完全不被视作合适的休闲活动，好读书的孩子在社会阶梯上比患有狂犬病的浣熊还要低等。哦，是的……我确实是一个另类的孩子。

> ——"我没在夏令营中做的事"（"What I Didn't Do at Summer Camp"）
> 《环球邮报》2001 年 5 月 28 日

我们当中的所有人，几乎都接受过某种形式的欺凌，就算我们当时扮演的是欺凌者的角色——事实上，当我们是欺凌者时更是如此。当欺凌者意图通过让他人难过来彰显自己的优越时（或者巩固他已经占据的优越地位时），便是欲加之罪何患无辞了。你将在本书的第八章读到，欺凌者之所以成为欺凌者，其大部分原因来自他们自己就曾经被更有力量或权势的人对待过。在国际著名的精神病学家艾丽丝·米勒（Alice Miller）博士所著的《为了你自己》（*For Your Own Good*）一书中，她写道："很明确的是，对于那些童年时代生活在自由和自主氛围中的人，他们没有羞辱他人的需求。"

体会到自由和自主的感受对每一个人的健康成长都不可或缺。正如本书第一章"悲剧的场景"中所示，实施欺凌的孩子，被欺凌的孩子，以及并不无辜的旁观孩子们被共同紧紧地束缚在暴力圈中，有关欺凌的体验不停消耗着他们成长的力量。关于被欺凌者的那些谬见，一般都是基于被欺凌孩子长期反复遭受欺凌之后的表现而形成的。

一旦欺凌目标受到了欺凌者的攻击，她对攻击的回应直接影响到她是否会从单纯的欺凌目标进阶为欺凌的受害者（被欺凌压垮）。亚历山大肯定受到了"欺凌女王们"的影响，这是她远离营地的四个原因之一。然而，她并未屈服于她们的残忍无情、流言蜚语和排斥放逐。她在文中写道，"随着时间的推移，人性慈悲的照拂，我找到了更好的自己。如今的我，生活中充溢着友谊和愉悦。我不再是个腼腆的孩子了"。她同时暗示，"欺凌女王们"并不会随着年龄的增长而发生改变："她们还在，隐藏在一触即溃的文明礼仪的外表之下。"

如果被欺凌的孩子屈服于攻击——让欺凌者如愿以偿地看到他的痛苦、恐惧或麻木；或是未能果敢地（或强有力地）做出回应——他将在情绪、心理和生理上发生彻头彻尾的改变。他会成为一个与受到侵犯前完全不同的人，而所有未来的侵犯都会指向这个越来越弱的欺凌对象。带着内疚、羞愧和挫败感，被欺凌的孩子完全无法应对面前的残酷对他幸福感的摧毁。他变得越来越孤独，无法集中精力于学业，成长的力量都用于维持生存而不是发展社交技能，他的生活从根本上发生了变化。与此同时，旁观者对欺凌现象的回应和表现对欺凌双方产生着惊人的影响：欺凌者更加有恃无恐，被欺凌者则每况愈下。

伊万，一个由欺凌目标沦为受害者的人，将在监狱中度过他的余生。身处阿拉斯加州一个遥远边境小镇的贝瑟地区高中，腼腆而身形矮小的伊万深困于校内等级森严的社会体系中，被持续欺凌了许多年。在刊登于 2001 年某期《人物》杂志的一篇文章中，伊万向作者罗恩·阿里亚斯（Ron Arias）诉说他"在压抑已久的愤怒中的爆发"，以及所遭受的欺凌。他说："每个人都叫我的绰号 Screech，这个绰号来自电视剧中一个书呆子角色的名字……他们向我扔东西，吐口水，还殴打我。我有时会打回去，但是我并不擅长打架。"起初，他向老师报告了这些事件。"过了一阵子，（校长）告诉我从今往后不理任何人就行了。但是我再也无法承受更多了。"

1997 年 2 月 19 日，伊万手持一把 12 口径的猎枪走进学校，枪杀了他的校友乔希和校长爱德华。伊万被作为一个成年人审讯，并判处 210 年监禁。在阿拉斯加州苏尔德市的惩戒中心的单人小屋中，伊万承认，"当我持枪的时候，我会感受到一股力量。这是我唯一能够宣泄愤怒的方式。"伊万 86 岁时，才有资格获得假释。他说出了所有受欺凌的孩子内心深处的独白，并试图使成人们明白："如果不是因为我当时被那样地对待，我拥有的会是一个完全不同的人生。"

2001 年 2 月 14 日，另一名纽约州埃尔迈拉市的南方高中的年轻学生杰里米，由于把满满一袋装有枪支弹药的袋子偷偷带入学校而被判处了八年半的监禁。在遭受了多年的忍辱欺凌之后，杰里米本想通过一场大屠杀来复仇。然而，他发现自己完全没办法对无辜的人下手，因而最终平静地向警方缴械投降。他说，他知道自己的所作所为是错误的，他罪有应得。"每个人都讨厌我，对此我深信不疑。我感到困惑、孤独和绝望……其实我心里很清楚我根本杀不了人。"

美国广播公司新闻频道的一个采访中，来自科罗拉多州利特尔顿市的年轻人雷切尔说，对于那些孩子通过策划谋杀来报复把快乐和消遣无情地建立在他人痛苦之上的欺凌者这种事，她完全可以感受和理解他们心中的孤独、虐心和怨恨。雷切尔曾经遭受过同学们的欺凌长达五年半之久。"实际上，她们还会为此进行争论。如果任何人想出了最能形容我丑陋的称呼，她们会彼此击掌庆祝。她们踢我的膝盖窝，弄得我瘀伤，或者直接把我掀翻在地。"作为一个本来就很安静的女孩，雷切尔由于持续遭受欺凌而变得越来越沉默寡言。放学后，她把自己锁到房间里独自哭泣。直到转学，她才真正逃出了折磨者的掌心。"我终于感到我又成为一个人了。"

雷切尔可以通过转学来逃脱，而伊丽莎白就没这么幸运了。她受到了几年的法院监护，学校教育是在精神疗养院中进行的。2001 年 3 月 7 日，伊丽莎白手持她父亲的枪来到学校，枪击了一个女孩，女孩的肩膀处受伤。这位枪击案受害者和伊丽莎白之前是朋友，但她后来加入了另一些女孩的群体，转而与她们一起反复嘲弄伊丽莎白。将伊丽莎白排斥和隔绝在社交圈外成了这群女孩的日常活动，对于自己的所作所为，她们毫无悔过之意。实际上，有些女孩根本没有想到"仅仅戏弄一下"就会使伊丽莎白如此气急败坏。她们无法理解。而伊丽莎白则对她自己的行为感到深深的悔恨，并且承担了全部的责任。

## 羞愧，秘密和懊悔

事情怎么会发展到如此地步的？难道在此之前就没有任何人进行干预，没有任何成人意识到问题所在吗？这些孩子为何不把自己遭受的痛苦说出来？事实是，上述的每个故事中所发生的情况，成人们并不是毫不知情；而孩子们也确实一度寻求帮助，却很少能够真正得到帮助。孩子的父母往往是最后知情的人。在对伊丽莎白的提审中，她的父亲告诉记者："她到底受到了什么样的羞辱，我们无从可知。"

如果你的孩子是被欺凌的对象，不要指望他能够亲自告诉你全部的情况："嘿，猜猜今天我发生了什么事！"这永远不可能。孩子们不愿将情况告诉成人有众多原因：

1. 他们因自己所受的欺凌而感到羞愧。

欺凌者故意让被欺凌者感到自己不值得被尊重、不受欢迎、被排斥和羞辱难当。欺凌的内容往往与被欺凌者的种族、人种、年龄、生理能力或心智能力，以及性方面（包括性取向和性别角色认同）有着直接的联系——这些都与被欺凌者生存的核心紧密相关，又或，欺凌会指向被欺凌者的一些无法改变的事实，比如食物敏感或家庭经济地位。大多数的被欺凌者都是体贴的、敏感的孩子，他们不会去欺负任何人，也无法理解为什么自己会无缘无故地受到残忍对待。

相比女孩来说，男孩更不愿对成人吐露心声。我们的文化灌输给男孩的概念是"要忍耐"，"要坚强"，"自己解决"，与之相呼应的是"不许哭"和"别一有事情就去找妈妈"这两种社会中传统的告诫。在性欺凌方面，女孩和男孩一样都倾向于自己"忍受"，而选择不将事情报告出来。他们知道这是社会和学校文化中的丑恶元素，短期内不会改变。低龄孩子相较于年长孩子来说更愿意诉说真相。因为低龄孩子尚且认为自己是可以向成人寻求帮助的，并且会期待成人的帮助。年长的孩子却不这么认为，因为他们经历过的一些事情已经或多或少地验证了这一点。

2. 如果把事情告诉成人，他们怕受到报复。

欺凌者通过威胁制造恐惧。恐惧，和隐晦地或公然地威胁报复，共同培育出被欺凌者的"缄默法则"，使得欺凌者可以顺利避免因实施凌辱行为而受到惩罚。美国参议员斯科特·布朗在他的回忆录中，叙述了当他十几岁的时候，多次受到营地辅导员性侵犯的经历。他的妻子和母亲看了回忆录后感到很震惊，她们询问他为何从来没有将此事告诉过任何人。他写道，"他说如果我说出去，他会杀了我，而且他会让所有人都不相信我说的话"。

3. 他们认为没有人能帮助他们。

随着欺辱而来的、日益强烈的孤独感，使得他们感到在这件事上，他们是孤立无援的。欺凌者们太强大、太隐蔽、太聪明，很难有人能够阻止他们。如果学校的政策是，解决任何问题的前提是此问题必须显而易见，那么，孩子们很轻易地就能觉察到没有一个学校工作人员能够有效地处理欺凌事件。很多欺凌都是在成人的眼皮底子下进行的，但成人们却始终对其视而不见。

4. 他们认为没有人会帮助他们。

人们教育被欺凌的孩子们要跟欺凌者好好相处，或是要离他们远一点，要"忽视"他们的存在，要回击，不要做个"懦夫"。要求被欺凌者跟欺凌者好好相处的问题在于，欺凌者本身完全没有兴趣去和被欺凌者好好相处。要求离欺凌者远一点的方法，其问题在于欺凌者会对被欺凌者穷追猛打，使其根本无处藏身。"忽视"是最不可能实现的一种方法。那些嘲弄、排斥、流言蜚语和身体攻击蚕食着被欺凌孩子的幸福感。"回击"常常会使事情变得更糟。欺凌者欺软怕硬；他们并不愚昧。他们选择去攻击的目标必定是他们有能力制服的目标，而被欺凌者若试图回击而以无效告终，那么他们的无效回击只会使"懦夫"的标签贴得更牢。

5. 他们被"欺凌是成长的必经之路"这种谎言所蒙蔽。

也许会像地狱一般折磨人，但地狱也是童年的一道景观。

6. 他们也许会相信成人也是谎言的一部分，因为平时欺负他们的并不只有儿童。

身边的一些成人也会欺负他们。这些成人甚至会"授权"其他孩子去折磨他们，或者起码默许了这种行为的存在。

7. 他们被教导"告同伴的密"是件坏事，是不够酷的做法，是"幼稚"——就算那个同伴欺负了他。

受到言语辱骂、身体虐待或排斥的时候，"算了吧"和顺其自然被认为是更"成熟"的做法。

8. 他们担心家长或老师会更相信欺凌者的话。

这并不是被欺凌者的错觉。欺凌者常常会编出一套谎言，使得成人们认为被欺凌者才是那个做坏事的孩子，或者，这一切都是被欺凌者的软弱和无能造成的——因而，成人当然不会认为被欺凌者是真的受到凌辱了。

总之，被欺凌的孩子往往充满恐惧，并错误地信任那些他们以为可以对之吐露真相的人。

由于以上的某些或全部的原因，孩子们一般不会直接向成人们诉说自己遭受的欺凌，然而，他们常常会给我们一些暗示。我们要做的就是注意到这些暗示。如果你的直觉告诉你有事发生，那很有可能真的有事发生。

## 警告信号

1. 突然对上学失去兴趣或者拒绝去学校。

根据美国学校心理学家协会报告，全美每天有 160,000 个学生因害怕被欺凌而不到校上课。为何欺凌者反而成为了能随意到校的人呢？

2. 选择了一条与以往不同的路线去上学。

放弃向南走的捷径，而是先往北走过三栋楼再往东转弯……选择这样的路线很可能是因为南边的捷径上有一群发誓要打爆他的脑袋，扒掉他的外套，或只有交出午饭钱才肯放他走的欺凌者。

3. 成绩下滑。

当他整天都在琢磨怎样摆脱欺凌，担心着下一秒会发生什么，并且尚未从上次的攻击中回过神来时，他是很难将精力集中在学业上的。暴力圈运转到后期时，他的时间和精力会完全消耗在计划一场复仇，而不是做数学作业上。

4.退出家庭或学校的活动，只想自己一个人待着。

当他感到被孤立、羞愧、恐惧和耻辱时，他只想一个人蜷缩起来，不跟任何人交谈——或者把自己锁在房间里默默哭泣。

5.放学后总是很饿，说他把午餐钱弄丢了或者说在学校时并没有感到饿。

欺凌者非常喜欢勒索午餐餐费。作为最经常发生欺凌的场所，午餐餐厅继操场和走廊之后排名第三。因此，被欺凌的孩子就算有午餐餐费也不愿到餐厅用餐。

6.偷拿家长的钱，并且找出的借口都很荒唐。

再次强调，欺凌者会经常索要钱。他们的威胁会使被欺凌者认为，与拿不出欺凌者索要的钱相比，从妈妈的手包中或爸爸的钱包里偷钱，无论是在身体上还是在精神上要承担的风险都小得多。

7.一回到家就直接进卫生间。

卫生间是排名第四的易受欺凌的场所，所以他认为还是"憋住"比较好，就算有膀胱感染的危险。膀胱感染有可能带来的伤害，大概无法与他的头被按进正在冲水的马桶和在水池上面的镜子中看到有损名声的侮辱性涂鸦的伤害相比拟。

8.在收到邮件或接听电话之后表现出难过、沉闷、气愤或恐惧的情绪。

她不知道怎样跟父母谈及一些女孩在电话的另一头用丑陋的名字称呼她，还在挂电话前一起放肆大笑这件事。还让她感到难以启齿的是，英语课堂上的一个男孩编造了一些关于她的淫秽的谎言并通过邮件发送给了他通讯录上的每一个人。打开邮件的那一刻，她因为恐惧而全身无力。欺凌者已经确保她逃不出折磨。父母们又能做些什么呢？谁知道他们在这些事上会不会帮倒忙呢？

9.做一些出乎意料的事。

相比每天在运动场上被一群欺凌者"假装在玩闹"一样围攻，她宁可因为逃学而被惩罚。为了不再受到那些女孩的羞辱，为了能够加入到她们的社交圈中去，她宁愿在课间当众脱下自己的裤子。

10.用贬义词或有损人格的语言谈论自己的同伴。

如果她被辱骂，被刺戳，被推挤，被回避或被嘲笑，她还能用什么可爱的词汇来形容那些起初对她实施欺凌的人、那些后来加入到欺凌中来的人，还有那些故意对欺凌视而不见的人呢？然而，除了这些人，还剩下几个可供闲聊的人呢？

11. 有关同伴或每日活动方面的话题绝口不谈。

如果他被欺负了，每天的活动无一不充斥着痛苦、挫败、焦虑和恐惧。他还能聊点什么呢？

12. 发型凌乱、衣服褶皱或被撕破，或丢失衣服。

他不愿通过打架的方式来解决冲突，而且，这并非出于竞争需要的一对一的公平斗斗。然而，与其说被胖揍了一顿、被骂得很惨并被威胁不许告发，还不如说打架了来得好听。而且，上次他告诉爸爸自己被欺负了的时候，爸爸让他打回去。或者，为了避免被攻击的危险，他交出了最爱的那件夹克衫。但比起交代真相，他更愿意跟父母说是"不小心"把它丢在更衣室了。

13. 身上出现与解释不相符的损伤。

声称是自己撞到了储物柜，胜过承认是被别人塞进去的。说自己是在往教室跑的途中扭伤了踝关节，也好过吐露被一群女孩在公交车过道上踹翻，一瘸一拐地回到自己座位上的真相。说出"我也不知道为什么我眼睛淤青了，我肯定是睡觉的时候不小心从床上掉下来了"的理由，其痛苦感要比回想自己在去学校途中被压住身子殴打的痛苦要小得多。

14. 胃疼、头疼、惊恐发作，无法入眠或嗜睡，并且筋疲力尽。

欺凌给大脑和身体带来的痛苦是真真切切的。身体会通过启动化学防御系统来帮助他逃避由受到攻击而产生的紧张或帮助他与压力进行斗争。然而，面对日复一日的侵犯，化学防御系统必须夜以继日的工作。肾上腺素被不停释放。身体时刻保持高度警惕，肠胃绞痛，肢体抽搐，并且大脑麻木。与欺凌和恐惧持续不断地作斗争会使精神和身体防御系统不堪重负。最终，防御系统崩溃，身心俱损，精疲力竭。

15. 创作的艺术作品中表达了严重的情绪困扰、内心混乱或直接暴力。

它并非毕加索的蓝色时期作品。确切地说，它充斥着纯黑和血红的颜色，这并不是因为没有别的颜色可供使用了。突然发生在孩子的艺术作品中难以解释的改变，要么是他想对某个特殊的人实施暴力的意图描述，要么是他的某个暴力计划的描述，无论是哪种，都不应被当作一个简单的艺术作品或一个阶段性的变化而忽视。而与此艺术作品相关的具毁灭性的、暴力的或残酷的音乐、游戏或电影不但不能起到安抚或减轻痛苦的作用，反而会使他内心的混乱迅速升温至难以承受的水平。到那时，他会表达的就不只是一张艺术作品这么简单了。

孩子们通过五个方面来表达自己：身体、面部、眼睛、语调和语言。有时候，他们的语言只是某种借口或是对他们真实想法的掩饰。不要忽视发生在孩子身上的任何改变，不要把它们看作早晚都会过去的一个阶段。要警惕这些变化的频率、持续时间和强度。欺凌会对情绪、心理和生理产生长期的影响。当你发现上述警告信号时，要听出孩子语言背后的实际意思，看到他们行为背后的真实意图，要发觉在"貌似正常的面具之下"所掩盖的真相。

## 欺凌式自杀和故意伤害罪

很多被虐待和羞辱的孩子，表面看起来每天都很正常。然而，在他们伪装的微笑和紧张的大笑之下掩盖的是无法抵抗的伤痛。如果这些伤痛无从减轻，他们会变得非常忧虑，而你所开始看到的迹象将远比上述种种更令人担心。由拒绝和凌辱所带来的巨大耻辱感会导致受害的孩子崩溃或者爆发。康奈尔大学的人类发展学教授詹姆斯·加伯利诺（James Garbarino）在他所著的《迷失的男孩：为什么我们的孩子们变得暴力以及我们该如何拯救他们》（*Lost Boys:Why Our Sons Turn Violent and How We Can Save Them*）一书中描述了攻击一个人存在的核心所带来的毁灭性伤害："耻辱感加上对死亡的恐惧，预示着精神上的崩溃。没有什么会比抛弃、残酷和缺爱更能迫害人类的精神了。没有什么……能与对灵魂的侮辱相提并论。"他进一步解释道，被羞辱的孩子更容易产生暴力和激进的行为，因为这类行为可以带来存在感，让他们感到自己并未飞灰湮灭。在饱受折磨的孩子的意识中，精神崩溃的威胁和需要对毫无人道的欺凌者的所作所为及旁观者的无所作为做出回应，留给他只有一个选择——反击。

暴力不会无缘无故地发生。它并非不可预期，也不是空穴来风，它是一系列长期且戏剧性故事的悲剧结尾。而在此故事发生的过程中，细微的线索、危险警示和求救的呼声随处可见。

在《欺凌式自杀，玩乐时期的死亡：由欺凌造成的儿童自杀事件曝光》一书中，尼尔·马尔和蒂姆·菲尔德将欺凌式自杀更精准地描述为被欺凌的孩子宁愿选择自杀也不愿面对再多一天的欺凌的情境。在英国，每年至少有 16 个儿童在死亡和继续承受同伴欺凌之间选择了死亡。根据美国疾病防控中心于 2014 年出台的一份文件所述，在过去的 12 个月内，全美高中有 8% 的学生曾经尝试自杀。2013 年，10 岁至 24 岁的年轻人中有 4,600 人自杀成功。文件没有提及这 4,600起案例中有多少是因欺凌而造成的。

自杀是个很复杂的情况。菲比·普林斯（Phoebe Prince）自杀事件发生之后，报刊文章提出她的自杀并非由她的同伴们的无情欺凌所导致。为了免除这些指控，他们争辩说菲比自杀是由于她患有严重的情绪问题，即她很抑郁。

> 我想对这些媒体和校方负责人说的是：
>
> 虽然我无法确定，如果那些无休止的欺凌不曾发生，菲比会不会自杀。但我可以确定的是，如果那些想要欺负她的人最终并未能得逞，如果学校负责人在得知菲比被同伴当作攻击对象的第一时间内就确保她的这些同伴为自己的行为承担起责任，如果父母们对此事进行了干预，如果菲比没有被生活中面临的各种问题侵蚀和消耗而使其在面对欺凌的压迫时不堪重负，在那个悲伤的一月，她或许会，也或许不会选择结束自己的生命，但可以肯定的是，在生命的最后五个月，她一定不会过得如此痛不欲生。

在菲比父母的授权之下，弗莱明（E.J.Fleming）著书《轻轻踏过：欺凌和菲比·普林斯之死》（*Tread Softly: Bullying and the Death of Phoebe Prince*）。《轻轻踏过》带领读者走过了一段惨痛的菲比欺凌自杀之路。书中详细描述了菲比的背景，她从爱尔兰移民到马萨诸塞州南哈德利市的一个小社区。曾经的她，是一个无比阳光、聪明、智慧的女孩。穿过社会上关于此事的新闻报道、传言和暗示，弗莱明撰写了一个令人心碎的故事，详尽地阐述了在菲比自杀之后仍然有增无减的欺凌现象的根源、形式和类型，以及后果。

布赖恩的自杀，可以确定是由欺凌而导致的。布赖恩是个 15 岁男孩，酷爱写诗。1994 年 3 月 28 日，他走进经济课的教室，持枪对准自己的脑门，向他的同学们宣布："我再也不能忍受这些了。"随后，他扣动了扳机。他的母亲说，他的同学们欺侮和折磨了他好几年。"很多时候，那些更受欢迎的运动型的孩子们会把他当作欺负对象。他们从他的背后拍他的头，或是把他推挤到储物柜中。这一切弄垮了他。"爱写诗的布赖恩在死前写下的内容，证实了发生在他身上的暴力活动。他的父母在他的葬礼后发现了他写的东西。他说他的同伴们视他为"微不足道的'东西'，一种可以用来交易、摆布和嘲弄的东西"。他宁愿退到死亡的黑暗中去，因为"在阴影中，那些邪恶之眼无法再将我的灵魂湮没……我可以逃离他们的审判之眼而自由移动……我可以摆脱充斥着绝望和欺骗的梦魇而安睡。在阴影中，我回家了"。

布赖恩是个安静的、富有同情心又有天分的男孩。来自同伴的无休止的欺凌摧毁了他的精神，破坏了他的自我意识。我们不禁会想，到底还有多少孩子在面对同伴的欺凌时会选择死亡。

提及欺凌和自杀之间有可能存在的关系，耶鲁大学医学院 2008 年的研究报告"欺凌和自杀：综述"（Bullying and Suicide: A Review）的第一作者，医学博士金杨兴（Young-shin Kim）阐述："虽然我们尚没有确凿的证据能证明欺凌和儿童自杀倾向之间存在因果关系，但是我们可以看到的是，它们之间很有可能存在相关关系。我们可以采取行动来阻止它的发生。"通过对来自包括加拿大、美国、英国、德国、韩国和日本的 13 个国家的 37 项有关欺凌和自杀关系的研究的分析，她和她的研究团队发现"几乎所有的研究都确认了被欺凌和产生自杀意念之间存在相关关系，欺凌受害者产生自杀意念这种心理状态的可能性是正常人的二至九倍"。

我们确实知道有很多被欺凌的孩子在长时间压抑痛苦之后进行了反击。纽约市阿尔弗雷德大学的哈里斯民意调查显示，美国一所高中的 800 名学生中，多达 20 个学生被认为是有可能实行校园枪击的"高危"个体。7 年级至 12 年级的 2,017 个学生被问及学校暴力问题，包括他们是否曾经想过在校持枪射击某人。8% 的受访者表示他们曾经有此想法，另外 10% 的受访者表示他们考虑过要在学校进行一场枪杀。阿尔弗雷德大学的调查者接着询问了他们获得枪支的途径。在每 800 个受访者中，有 20 个学生既有实行校园枪击的意图，又具备顺利获得枪支的途径。这些学生大多数是男孩，来自 11 年级至 12 年级。根据他们对调查员所问问题的回复，可以看出他们在家庭和学校中的生活质量很低，感到自己毫无价值。由于严格的枪支控制制度，加拿大的枪击问题没有美国这么严重。但是，除了使用枪支以外，还有很多种方法可以造成同样严重的破坏。两国的社会团体都有足够的理由来重视此事。

美国广播公司新闻频道的"早安美国"民意调查显示，当要求来自全美的500个高中生提名有暴力倾向的同学时，大多数被提名的都是男生，并且是被欺凌，而不是欺凌者。十之有七的受访者表示他们能想到的有暴力倾向的同学是男生，29%的受访者想到的既有男生又有女生，只有2%的受访者想到的只有女生，四分之三的受访者说被欺凌者比欺凌者更有可能产生暴力行为。专业的研究结论与年轻人所言一致。美国联邦经济情报局于2002年进行的一项研究发现，自1974年起的75起校园枪击案中，三分之二的肇事儿童都曾经被"迫害、欺凌、威胁或伤害"。

## 青少年暴力行为的预警标志

下文将提供两种预警青少年暴力行为的评估工具。这些工具都旨在判断是否有问题正在形成，是否有悲剧正在酝酿之中。它们都不应该被用作指控某个孩子或排斥某个孩子的行为核查清单。这些指标是预警标志——危险信号。无论这些指标是相继出现还是组合出现，都应该引起警觉。它们当中，有些是"欺凌者"的特征，有些描述的更多的是"被欺凌者"的属性，而有些则兼顾了二者。在我与曾经有暴力行为或曾经制造过麻烦的男孩或女孩相处的过程中，我发现他们无一例外地都曾经被伤害、虐待、忽视或残酷拒绝过。他们用愤怒来掩饰绝望的感受，他们诉说着可怕的非人道行为和侵犯，他们在伤害了自己或他人之后才来到我参与的改正项目之中——此时再去注意预警标志已然太迟。回顾这些事件时，我们发觉，那些危险信号早已存在，在等待着有心之人的倾听和发现。

本书开篇列举的悲剧案例中的孩子，他们的行为或多或少都包含了一些微小的迹象、危险的信号，或者求救的呼声。然而对于他们当中大多数的孩子来说，下述两种评估清单只能用作他们死后的心理解剖了。较为理想的状态是，我们在悲剧酿成之前就利用这些指标来对事件进行干预并且为求救的孩子伸出援手。

暴力行为预测方面的权威专家加文·贝克尔（Gavin de Becker）在他所著的《保护天赋：保证儿童和青少年的安全（和父母的警醒）》[*Protecting the Gift:*

*Keeping Children and Teenagers Safe(And Parents Sane)*〕一书中，分享了一系列在青少年产生暴力行为之前易出现的先兆指标（preincidence Indicators，简称PINS）：

1. 酗酒或滥用药品

2. 多媒体产品成瘾

3. 漫无目标（持续不断地变换目标和志向，拥有不切实际的预期，而且在追求目标的过程中缺乏毅力和自律）

4. 对武器着迷

5. 有使用枪支的经历

6. 有得到枪支的途径

7. 沉闷，气愤，抑郁（sullen, angry, depressed，简称 SAD）

8. 运用暴力谋求地位和价值感

9. 威胁（使用暴力或自杀）

10. 经常处于愤怒之中

11. 拒绝 / 羞辱

12. 媒体的挑唆（广泛宣传大型暴力行为会引发人们对肇事者的认同，或者会刺激潜在施暴者对暴力的关注）

他进一步阐述，那些做出极端暴力行为的人一般都不具备丹尼尔·戈尔曼（Daniel Goleman）所著《情商》（*Emotional Intelligence*）一书中所述的有效管理人生所需的七种主要能力：

1. 自我激励

2. 承受挫折

3. 延迟满足

4. 调节情绪

5. 充满希望

6. 换位思考

7. 控制冲动

上述任何一种能力的缺乏同样可以被看作暴力行为的先兆指标。需要指出的是，这七种重要能力中的四种对于被欺凌的对象来说是非常难以获得的。如果对新的一天的预期是会被欺凌，那么连激励自己早上起床都会很难。如果每天从你动身去学校直到你放学回到家这段时间内，无论你采取什么防范措施或者无论你怎样退让都无法避免使你的情绪、心理和生理日复一日的处于被攻击的威胁之下，你也很难能够面对挫折始终屹立不倒；当你被忽视和回避，被嘲笑和踢打，或者当你不得不面对恶毒至极的流言蜚语时，调节情绪会难上加难。你会像坐过山车一般往返于恐惧、绝望、愤怒、挫败和悲伤之中。情绪的调控往往发生在我们对自我生活有一定的掌控感时，在我们还有能力进行选择之时，在我们生活中的欢声笑语和归属感能够与其他负面感受相抗衡时。而当一个人的每天充满了伤害和痛苦，拒绝和攻击时，要求他对生活充满希望也是一纸空谈。他尚能抱有希望的，至多是欺凌赶紧终止。然而，当他长期持续地遭受欺凌，他早已不敢奢望身边有任何人能够对他伸出援手，更不用说通过自己的力量摆脱欺凌了。

贝克尔教授同时注意到："有可能做出严重暴力行为的孩子并不一定是曾经制造过麻烦的孩子……这意味着，如果有些先兆指标出现在一个特定的孩子身上，我们不应该由于某人说'噢，这个孩子可从来没有制造过任何麻烦'就否认他有做出暴力行为的可能。"尤其当这个孩子是被欺凌的对象时更是如此。当一个孩子的生活由于持续地被欺凌而变得难以忍受，仅仅一个或两个先兆指标的出现就有可能意味着严重的问题。如果再加上从 SAD 到媒体挑唆这一系列的因素，以及苦不堪言的生活——很大程度上要"归功于"拒绝和羞辱——那个曾经阳光的孩子——也是那个被他的同伴们叫作"孤独者"，或是被某些人认为"他似乎根本就不存在"的孩子——会使用驾驶飞机撞击大楼般的方式来进行自杀。

佩珀代因大学的国家学校安全中心所推出的预警青少年暴力行为的评估工具与贝克尔教授提出的先兆指标大同小异。两种评估工具互为补充。我们作为家长和教育工作者，需要尽我们所能地去觉察这些危险信号。当我们担心暴力行为有出现的可能，同时使用两种评估工具并不会无端夸大其发生的风险，反而能够使我们对面临的危险状况掌握得更加清晰准确。

下述呈现的是国家学校安全中心的评估工具。对下列各项指标，每回答一个

"是"计 5 分。最终累计的总分决定一个孩子的暴力倾向程度。

## 特　征

_____ 曾经出现过暴怒或歇斯底里的现象

_____ 典型地诉诸出口伤人，诅咒或辱骂性的语言

_____ 习惯性地在生气时使用暴力威胁

_____ 把武器带到学校

_____ 在学校或社区有严重的纪律问题背景

_____ 有吸毒、酗酒或其他物质依赖的背景

_____ 被同伴边缘化或几乎没有知心朋友

_____ 沉迷于武器、爆炸品或其他燃烧装置

_____ 曾经逃学，或者被学校停学、开除

_____ 对动物残忍

_____ 缺乏或没有来自父母或关系亲密的成年人的支持和监管

_____ 曾经在家中目睹过或遭受过虐待或忽视

_____ 欺凌或威胁同伴、少年儿童

_____ 倾向于把自己的困难和问题归咎于他人

_____ 对表达暴力主题的电视节目、电影或音乐持有始终如一的热情

_____ 喜欢阅读与处理暴力问题、暴力仪式和虐待问题相关的材料

_____ 在学校作文或写作项目的内容中反映出愤怒、挫败和学校生活的阴暗

_____ 涉足某些被同伴边缘化的帮派或反社会群体

_____ 常常抑郁或极度情绪化

_____ 曾经威胁或曾经尝试过自杀

我想为这个清单加入一项：

_____ 曾经被同伴或年长儿童欺负

## 计分

**5–20 分**：受测年轻人预期存在青少年行为不端问题的风险。

**25–50 分**：受测年轻人存在暴力行为风险，急需大量的正面支持、指导、角色示范和能力建设。

**55 分及以上**：受测年轻人是一个"定时炸弹"。他本人和他的直系亲属都处于危险之中。需要立即向社会和健康服务机构、其他青年服务专业人员，以及执法机关寻求帮助。

我们需要透过这诸多的指标去了解造成这些孩子变得暴力的因素：他的天生气质、生活经历，以及所处环境。暴力行为产生的原因和实施暴力行为的孩子本身一样错综复杂。父母支持、家庭生活、同伴群体、欺凌事件、媒体暴力内容，以及枪支的获得途径等等都在其中扮演着某种角色。如果孩子们纷纷预测学校暴力行为的实施者会是那些被欺凌的孩子——而数据恰恰也支持了这一预测——那么，避免孩子们成为欺凌对象将会实质性地降低暴力事件发生的风险，也将一定会减少像布赖恩一样因为不愿意面对来自同伴的残酷折磨而选择死亡的孩子的数量。

在评论一个年轻女孩伊丽莎白枪击同学的事件时，麦格劳博士（Phillip C. McGraw）在《欧普拉杂志》中奉劝：

> 作为家长，我们必须去除蒙蔽我们双眼的假象，想所不常想，思所不能思，真切地去看到我们正在失足的下一代所经历的痛苦。永远不存在合理的暴力；然而，无论你把煎饼摊得多平，它始终有两面。造成这种悲剧的因素，既包含暴力的行为本身，又包括我们的不作为。当学生们排斥、孤立和在精神上折磨他们的同伴时，这些被折磨的孩子们，就像受伤的小动物一般，会进行反击：实施暴力的行为。他们是应该为此负责，同样应该负责的还有那些冷眼旁观他人受苦而无动于衷的人：我们的不作为。

那些参与欺凌的人，为欺凌加油打气的人，目睹欺凌却袖手旁观的人，或者不敢对欺凌进行干预的人，都是问题的组成部分。下一章节，我们将着眼于了解不无辜的旁观者：他们是谁，他们的作为（或不作为）是怎样对欺凌者和被欺凌者产生影响的。

让我们不要在愤怒中回首往事，也不要在恐惧中展望未来，而要在清醒意识中体味现在。

——詹姆斯·瑟伯（James Thurber）

# 第六章

# 不无辜的旁观者

十二比一：

安格斯哪里有什么机会？

他们紧紧围住他，拽脱他的外套、裤子、袜子、鞋，

他蜷缩在衬衫中，被他们吊了起来。

他们把他塞进了垃圾桶，

然后把墨水和糖浆往他的头上倒，

他们用绳子将垃圾桶栓到房梁之上。

当他啜泣时，我只看到了他的眼睛，

从垃圾桶的缝隙中看着我们，

而我们仰头看着他。

——约翰·贝杰曼（*John Betjeman*）爵士
《召唤的钟声》（*Summoned by Bells*），1960

不无辜的旁观者在悲剧中扮演着第三种角色。作为配角，他们通过自己的作为和不作为，间接地成为了欺凌者们的帮凶。面对欺凌现象，他们或者袖手旁观，或者转身离开，又或者在一旁煽风点火，甚至加入到欺凌活动中去。无论他们选择的是哪种行为，都要为其付出相应的代价。积极参与到欺凌活动中或为欺

凌者加油打气会给被欺凌的孩子带来更大的苦难，它鼓励了欺凌者的反社会行为，同时，它加深了旁观者对残忍的欺凌现象的麻木不仁，甚至促使旁观者变成欺凌者的一员。当孩子们目睹的欺凌行为是来自平时很受欢迎的、强大而勇敢的榜样角色时，他们很可能会去效仿这些行为。青春期前和青春期的男孩女孩们通过对被欺凌对象使用言语、身体或关系欺凌来提升自己在同伴中的社会地位的现象并不罕见。由于很少需要承担负面后果，加之欺凌行为能够带来一系列正面奖赏，例如，提升在同伴中的地位、欢呼喝彩、愉悦大笑或得到认可（有时还包括金钱奖励），导致了旁观者面对这种反社会行为的本能良知土崩瓦解。除此之外，一组人联合起来共同行事导致了第三种因素：个体责任感的降低。欺凌者再也无需单独行事；他与旁观者组成了一伙欺凌者，一起对被欺凌对象进行诋毁。这种恶性循环缩小了欺凌者的负罪感而放大了他们对欺凌对象的负面态度。"可是，妈妈，他就像一个爱哭的婴儿一样。我们就看看他，他都能哭出来。""她就是个大笨蛋；她穿的衣服看起来蠢极了而且走路的时候总是垂着个头，她甚至都不会笑。"（人们很少能够想到，被欺凌者的行为举止或生活态度很可能是因为他所受到的欺凌而造成的。）

对欺凌行为的制裁的缺乏，本能良知的瓦解，负罪感的降低和对被欺凌目标的负面态度的扩大，这众多因素联合起来共同加固了有关刻板印象、偏见和歧视的世界观。如此，又反过来造成了旁观者的同理心、同情心、慈悲之心和观点采择能力（站在别人的角度考虑问题）——这四种拥有健康同伴关系的核心因素——进一步地沦丧。

袖手旁观或转身离开同样要付出代价。被忽略或忽视的不公正会像传染病一样迅速传播，哪怕那些认为自己不会受影响的人也在所难免。一方面害怕自己会被卷入欺凌之中，另一方面又为自己没能为被欺凌的同伴伸出道德援手而内疚，这两种感觉无时无刻不在侵蚀着旁观者的自信和自尊。

在开篇约翰·贝杰曼爵士的诗中，安格斯从垃圾桶的缝隙中凝视着那些从下向上仰望着他的旁观者们。我们可以想象那双眼睛中饱含的绝望，那种得知自己已被那些目睹他饱受凌辱却只字不言，更不用说去举手抗议的人所放弃的绝望。残酷的事情引人观看，却也引人痛苦深思。正如贝杰曼爵士的深思一般，经历了这么多年，直到他将自己的内疚和不安与安格斯的不幸写成文字。在欺凌事件中，没人能够独善其身。

## 暴力循环——友谊的陷阱

> 曾经一定有那么一个时刻，我们都可以大声说不。但不知为何，我们却错过了。
>
> ——汤姆·斯托帕德（Tom Stoppard）
> 《罗森格兰兹与吉尔登斯登已死》
> （ *Rosencrantz and Guildenstern Are Dead* ）

作家威廉·巴勒斯（William S. Burroughs）曾经激进地评论说"没有任何一个旁观者是无辜的"，他同时提出了这样一个问题，"他们在目睹事件的第一时间做了些什么？"暴力循环的说法最初是由挪威卑尔根大学的丹·奥维尤斯博士（Dan Olweus）提出的，他在欺凌和同伴骚扰方面的研究处于全球领先地位。我的儿子约瑟夫在奥维尤斯博士提出的暴力循环之上对其进行了改进（请参照本章暴力循环图）。这个暴力循环指出了不无辜的旁观者由什么样的人组成，在面对欺凌现象时他们都做了些什么，或是没有做什么。从暴力循环最左侧的欺凌者（们）开始逆时针旋转，我们可以看到围绕在被欺凌对象身边的各种各样的旁观角色。

A. 欺凌者（们）——计划，煽动，并且 / 或者积极地实施欺凌。

B. 追随者——遵从欺凌者的命令行事，积极地参与欺凌，但是不参与欺凌活动的计划和煽动。

C. 积极支持者——为欺凌者加油鼓劲，并且试图从欺凌事件中获得社会利益或物质利益。

D. 消极支持者——享受旁观欺凌现象，但是并不公开表示支持。从被欺凌者的痛苦中获得愉悦感。

E. 漠不关心的旁观者——仅仅旁观，说"这不关我的事"，对欺凌现象视而不见，而且特意假装什么都没看见。

F. 潜在的捍卫者——反对欺凌者的所作所为，并且知道自己应该帮助被欺凌者。然而却因为各种各样的原因而没有伸出援手。

这种堕落的社会形态通过各种人物和角色的结合，使欺凌的发生成为可能。而如此结合，又反过来促成了将残酷内化的能力，进一步构成了残忍的行为。换句话说，在这种情形下，每个人都变成了一个性格演员——即擅长扮演不同寻常的性格的演员。陷入暴力循环所提供的角色中后，旁观者很容易就对欺凌的逻辑和残忍行为产生兴趣，他们不仅仅是串通一气，而是"变成了欺凌的一部分"。在这个彼此紧密联结的圈子中，各个角色发现，他们越是残忍或是宽恕残忍的行为，就越是能够在欺凌者和参与欺凌的同伴面前获得尊重。

正是这些在态度、信仰和偏见方面星星之火般的变化，使年轻人开始逐渐坠入赛巴斯提安·哈夫纳（Sebastian Haffner）在他的《反抗希特勒》（*Defying Hitler*）一书中所谈到的"友谊的陷阱"。在这个陷阱中，残酷无情的文化盛行，而这些并不无辜的旁观者在被欺凌者被进一步非人对待的过程中逐渐放弃了道德的良知。这种"友谊"最令人不安的一个方面，是一群孩子逐渐形成一个集体，共同去忽视或蔑视影响他们自我满足感的一切事物。这种集体正是亚瑟·爱丁顿[①]（Arthur Eddington）的数学公式中所指的"加"："我们习惯于认为，如果我们知其一，则必定知其二，因为一'加'一为二。然而我们发现，我们不得不更多地去学习'加'的意义。"当欺凌者和旁观者"加"为一个残忍的联合体时，其效力已远远大于此两者的简单相加。本书第三章"欺侮"部分描述的那些欺辱事件，无一不是在展示年轻人们是如何一步步陷入这种"友谊的陷阱"中的，非人道地对待他们的同伴，嘲笑对方的苦难，以及排斥、轻蔑或羞辱任何一个抱怨自己受欺负的人。

然而，仍然有一个"或"，他的存在可能会使暴力结构产生根本的改变——从而为事情的结果也带来改变。第四种角色，在欺凌者的正对面，与欺凌者相对立，为陷阱中的孩子们挣脱圈套带来了一丝希望。

---

① 亚瑟·爱丁顿（1882—1944），英国天文学家、物理学家、数学家。——译者注

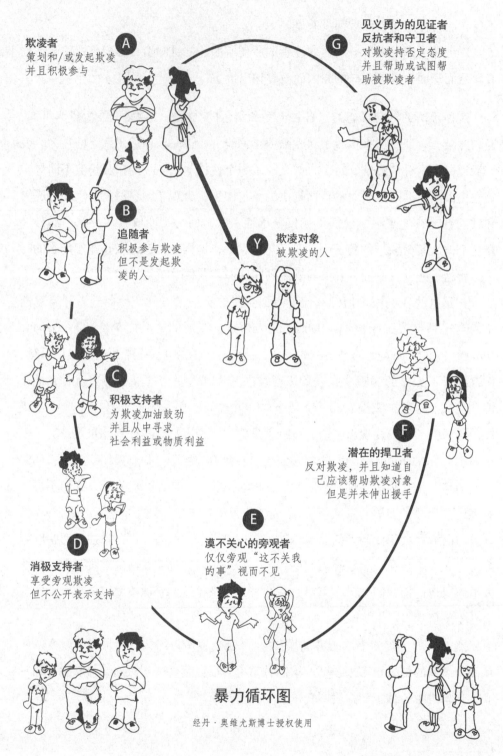

欺凌者
策划和/或发起欺凌
并且积极参与

见义勇为的见证者
反抗者和守卫者
对欺凌持否定态度
并且帮助或试图帮
助被欺凌者

追随者
积极参与欺凌
但不是发起欺
凌的人

欺凌对象
被欺凌的人

积极支持者
为欺凌加油鼓劲
并且从中寻求
社会利益或物质利益

潜在的捍卫者
反对欺凌，并且知道自
己应该帮助欺凌对象
但是并未伸出援手

消极支持者
享受旁观欺凌
但不公开表示支持

漠不关心的旁观者
仅仅旁观"这不关我
的事"视而不见

暴力循环图

经丹·奥维尤斯博士授权使用

插画：乔伊·柯卢梭（Joey Coloroso)

G. 勇敢的人——与欺凌者不同，勇敢的人帮助或试图去帮助被欺凌的孩子。这个角色拥有三种不同的重要装束——见证者、反抗者、守卫者。扮演这个角色的人积极而有策略地反抗欺凌行为。他勇敢地站出来，厉声呵斥欺凌者或残酷的欺凌行为，并且 / 或者保护和捍卫被欺凌的孩子的尊严。即使只有一个人拥有足够的道德力量去对欺凌者提出抗议，捍卫被欺凌者的利益，或者为了阻止欺凌的继续发生而为欺凌现象给予见证（记录或呈报），暴力循环就会受到干扰。这个角色用一种尴尬的方式提醒世人：我们还可以选择做一个勇敢的人。比如，8 年级的高社会地位女孩对所有人宣称"我讨厌那个新来的女孩，如果你还想待在我的团队里，就不要跟她一起吃饭"，那个仍然和新来的女孩坐在一起的年轻人。又比如，当欺凌者教唆所有更衣室中的男孩"看那个奇怪的小孩。让我们一起把他穿着衣服丢到淋浴下面"时，那个挺身而出保护小男孩的年轻人。再比如，新学期的第一天，一位小男孩因穿了粉色的衣服而被嘲弄，两个年轻人用自己的钱购买了 50 件粉色衬衫并且邀请他们的校友们一起穿粉色的衣衫来支持那个小男孩。这些勇敢的年轻人，面对欺凌者和欺凌追随者的嘲弄："假正经，下个就是你！"或"不是吧？你跟他一样啊？"冒着自己被欺辱的危险，挺身而出。他们这样做，不只是因为他们深知这样做是对的，更是因为他们对被欺凌的孩子充满关怀而必须为阻止欺凌做些什么。

在《奥维尤斯反欺凌和反社会行为的核心项目：教师手册》（*Olweus' Core Program Against Bullying and Antisocial Behavior: A Teacher Handbook*）中，作者阐述了教师、家长和学生们有效运用暴力循环来讨论防范和终止欺凌事件的方法，以及孩子们愿意且能够在欺凌事件中站在正确的一边的重要性。

1995 年，安大略省多伦多市，派普勒（D. J. Pepler）和克雷格（W. M. Craig）所做的一项研究支持了奥维尤斯博士的观察结论，即大多数人在面临他们的同学被欺负时不会伸出援手。派普勒和克雷格在市区学校的操场上调查了欺凌事件中旁观者的反应。他们发现：

1. 旁观者不同程度参与了大约 85% 的欺凌事件。

2. 旁观者在 81% 的事件中帮助了欺凌者。

3. 相比对待被欺凌者的态度，旁观者对欺凌者更加尊重、友好。

4. 旁观者在 48% 的欺凌事件中是积极参与者。

5. 只有 13% 的欺凌事件得到了在场的旁观者的干涉。

我们忍不住要问："为什么会有 81% 的孩子，他们虽不会主动教唆一场欺凌，却愿意加入到欺凌中去，或是面对同伴所受之苦无动于衷？"问题的答案有一些合理的理由，而更多的却是五花八门的借口。

四种不干涉欺凌的理由是：

**1. 旁观者担心自己会受伤。**欺凌者的强大和他具有的名望给旁观者制造了合理的恐惧，因此，卷入到争斗当中看起来并不是一个明智的选择。

**2. 旁观者担心自己会成为下一个被欺凌的目标。**即使旁观者阻止欺凌成功，他也面临着在事后被报复的危险。欺凌者们会迅速地对任何一个试图阻止欺凌的人发起诋毁和中伤。

**3. 旁观者担心自己的帮助只会让事情变得更糟糕。**在加利福尼亚州的桑蒂市，安迪跟他的朋友们扬言说要对欺负他的人实施报复。他的朋友担心如果将此事上报给学校管理者，安迪会被开除。然而事后回想起来，被学校开除比因谋杀罪而被终身监禁要好多了。

**4. 旁观者不知所措。**他从来没有被教导过该如何干预这种事，该如何报告欺凌事件，或是该如何做才能帮助到被欺凌的同伴。正如欺凌是种习得的行为，孩子们同样需要学习阻止欺凌的方法，并且有足够的爱心想去阻止欺凌。

当一个儿童目睹了欺凌事件却没能够或者不愿意对此做出有效的回应来阻止残酷的行为时，无论他的理由多么合理，他的自信心和自尊心依旧会受到伤害。很常见的情况是，这些技巧的缺失和内心的恐惧会渐渐转化成冷漠——时常与轻蔑共存的冷漠。冷漠的环境最易滋生轻蔑。而轻蔑，正如我们第四章中所述，正是欺凌的实质。

旁观者不愿干涉欺凌现象的借口远比合理理由要多得多。这些借口污染着我们的社会环境，增加了旁观者向欺凌者靠拢并最终假想自己也扮演着欺凌者的角色的可能性。这些借口包括但不仅限于以下九种：

**1. 欺凌者是我的朋友。**孩子们很少愿意去插手朋友的所作所为，就算这个朋友的行为是不公平的、无礼的，或者卑劣的。

2. **这事与我无关！又不是我的战斗！** 我们的社会文化倾向于让人们不要干涉他人的事情，做好自己的事情，自扫门前雪。旁观者声称他们要管好自己的事情而避免介入欺凌事件当中。我们也可以称其为冷漠。辛西娅·奥兹克在（Cynthia Ozick）所著的《救援者：大屠杀中象征道德勇气的画像》（*Rescuers: Portraits of Moral Courage in the Holocaust*）的前言中，叙述了这种借口存在的潜在危险："冷漠发展下去，最终会致命……虽然只是转身走开，挥挥衣袖，看似无害，然而，转身走开本身也是一种行为。"

3. **她不是我的朋友。** 当受侵害的孩子是自己的朋友时，孩子们更愿意去干预欺凌。欺凌者们一般会选择朋友较少的孩子作为欺凌对象。

4. **他是个窝囊废。** 在这个竞争激烈的社会，人们很容易将被欺凌者当作窝囊废。旁观者担心若让别人看到自己和被欺凌者在一起，自己在组织中的身份地位就会受到影响，更不用说让别人看到自己保护欺凌者了。

5. **他活该受欺负，他自找的，自作自受。** 为什么要去阻止一些人家自作自受的事情呢？他自己都没有维护自己，别人为什么要去维护他？这个借口貌似可以帮助旁观者合理脱身，然而，却忽视了最基本的一个原理，即欺凌是因轻蔑而起。没有人"活该"被剥夺自尊和自我价值感。被欺凌的孩子孤身一人的力量是不足以摆脱一个或一群欺凌者的。

6. **受点欺负会让他变得坚强。** 欺凌只会给被欺凌者带来耻辱或愤怒，而绝不会让他变得坚强。

7. **孩子们具有根深蒂固的沉默特质。** 谁愿意被冠以告密者或叛徒的头衔呢？谁又愿意因为自己将某人置于麻烦当中而备受责难？看似合理，然而这种借口疏于考虑的，是人们面对恶行时的道德沦丧。

8. **比起去保护一个被排斥的人，我还是跟大多数人站在一起为好。** 在派系中，一旦派系的首领决定要排斥某人，其他成员就倾向于无条件地盲目服从他的命令，而不会去考虑被排斥者的权利和感受。派系内部的联结太过紧密，使得任何一个与之思想不同的人、任何一个想提出异议和抗议的人都无容身之地。由于对被派系接受和认可的需求太过强烈，以致即使一个旁观者面对被欺凌者的痛苦产生了一丝抗议的欲望，这种欲望也会转瞬即逝地被扼杀于摇篮之中。当这种派系发展成了一种常态，就会出现一个清晰的界线用以界定"我们"，"他们"和"比我们和他们低等的人"，对于那些活该被轻蔑和不值得一提的人来说就是："科伦拜挺好的，我们这儿是一个很纯洁的地方，除了那些渣子们。大多数孩子都不希望他们在这儿。"

**9. 这事儿太让人头大了。** 旁观者必须在与多数人站在一边和支持被欺凌孩子的两种选择之间权衡利弊。思考这个问题会引起思维和情绪的强烈紧张感。减少这种紧张感的最快方式是把与大多数人站在一边的好处和为受欺凌孩子伸出援手的坏处都放大。加上前文所述的四种正当理由和八种借口，答案一目了然——别插手。这种决定的额外好处是，不需要再为此事头疼了。对一个孩子来说——甚至对许多成人来说——挺身而出和奋声疾呼都是一件既复杂又危险、既困难又痛苦的事情。

以上的各种理由和借口联合在一起侵蚀着同伴互动的礼仪文明。当文明的力量被削弱，取而代之的是虚伪的权力意识，对差异的刻薄和对排斥他人的默许，这一切都使我们的孩子毫无同理心、同情心、慈悲心和羞愧之心，随意去伤害别人。这种文明的侵蚀，削弱的还有孩子们的沟通能力、谈判能力和妥协能力——这三种能力对解决问题、处理冲突，以及和平调解差异至关重要。

前文提到，2000 年 11 月 10 日，14 岁的玛丽亚用拴狗的皮带上吊自杀于她的卧室之中。她留下的便条中提到了三个女孩，说正是她们的欺凌"杀死了她"。这个里程碑式的事件开启了法律领域惩戒欺凌的新篇章。2002 年 3 月 26 日，星期二，在不列颠哥伦比亚省阿伯茨福德市，三个女孩中的一个被判处故意伤害罪和刑事骚扰罪，另一个女孩未被判处故意伤害罪，第三个女孩选择了玛丽亚的母亲向法官建议的土著修复性正义项目（restorative justice program）来代替入狱服刑。

罗德·麦克伯格（Rod Mickleburgh）在《环球邮报》发表的一篇文章中提及了在对第一个女孩进行审讯时的一位证人的证词："她们曾经有一次在非常公众的场合，当着众多其他学生的面故意挑衅 14 岁的玛丽亚，威胁说要揍她。玛丽亚十分恐惧，常常在被威胁后哭泣。她试图避免独自回家。她还为此拜访了学校辅导员。"省法院法官朗斯韦特将矛头指向了旁观者们——那些对折磨玛丽亚的欺凌者提供支持的人，他们聚集在欺凌者们的周围，"完全没有意识到这样做会使欺凌者们更强大、更具威胁性……尤其令我心灰意冷的是，在那么多的旁观者中，竟然没有一个人能够有足够的道德勇气站出来，挡在玛丽亚的身前去要求欺凌者们停止她们的行为，不要再继续欺负她。"

## "好鸟俱乐部"

能够在电视节目《芝麻街》中担任适应能力和欺凌方面内容的顾问，我感到非常愉悦和荣幸。为了帮助学龄前儿童建立欺凌暴力循环的概念，《芝麻街》的作者创作了一段非常有感染力的剧集，名为"好鸟俱乐部"。大鸟在收到俱乐部的入会邀请后非常兴奋。然而，俱乐部的领导企鹅却对大鸟的样貌冷嘲热讽。企鹅的同党冠蓝鸦和知更鸟在一旁大笑，他们的态度为嘲讽提供了支持。大鸟发现，如果想加入俱乐部，他不得不改换自己明亮的黄色羽毛，以及他的脚、眼睛和喙。由于大鸟实在是太渴望加入俱乐部了，他请求《芝麻街》中的小仙女艾比为他施展魔咒来改变他的样貌。艾比告诉大鸟说他不需要做任何的改变，她很喜欢大鸟原本的样子，但是大鸟却坚持要改变。满心不情愿的艾比最终还是帮助大鸟得到了他所期待的变化。然而，他们很快就发现，企鹅还在继续欺负大鸟，无论大鸟做出什么样的改变，企鹅都不接受他入会的请求。为此，艾比和艾摩一起去找到成年人克里斯。最终，克里斯说服了大鸟：他不应该为了加入俱乐部而做出任何的改变。克里斯给大鸟传达的信念是"做自己就是独一无二的精彩"。

小观众们目睹了大鸟为了取悦企鹅而从一只快乐的鸟沦落为一个鸟的躯壳的过程。正如现实生活中的年轻人一样，艾比和艾摩起初也很纠结该如何面对此事，他们随后很快就认识到，能够帮助大鸟的唯一的方法是将事情的原委告诉一个值得信任的成人，并且帮助大家创建一个每个人都有权加入的"幸福做自己俱乐部"。网站 www.SesameStreet.org/parents/topicsandactivities/topics/bullying 中有很多活动，可以帮助父母或教育工作者协助年幼的孩子们理解欺凌的动态呈现方式，以及孩子们可以在欺凌事件中扮演什么样的角色来阻止欺凌的继续发生。

欺凌制造了一种恐惧的气氛，剥夺了孩子们的安全感。对于各个年龄阶段的孩子来说，认识到自己在帮助创造一个安全、充满爱心、尊重和无欺凌的环境方面责无旁贷是至关重要的。

> 无论以哪种形式，欺凌的支持者，肇事者，受害者，还是对这种可怖欺凌系统的反抗者，人性正在发生改变。我们南非人不是一个完整的整体……我们失去的，是那些享有特权的人，因为他们变得越发缺少爱心，越发失去慈悲之心，越发失去人性，因此也越发的不能称之为人……人性与人性交织在一起。我们团结在一起才能作为人类而存在。我们生而为人，即为群体而生，为归属而生，为家庭而生，我们生存于一个精妙的相互依存的关系网当中……不管你喜不喜欢，我们都是彼此的兄弟姐妹，而我们每一个个体，也同样美妙而珍贵。

> ——大主教德斯蒙德·图图（Archbishop Desmond Tutu）
> 《没有宽恕就没有未来》（*No Future Without Forgiveness*）

# 第七章

# 勇敢的心——见证者，反抗者和守卫者

你不能让需要帮助的人失望，你不能置需要你帮助的人于不顾。每个人的生命中必定有体面的成分，而面对他人之难却转身离开绝不是体面的行为。因此，根本不存在为什么要帮助或为什么不要帮助的问题。你就这样做了，这就是你长大成人的方式，这就是我的国家对待他人最传统的方式。他人有难，伸出援手，天经地义……难道你以为在明知他人会受苦，你却声称"与我无关"之时，还能保持你的自尊吗？不能！绝不可能！所以，是否援助，这根本不是个问题——这只是你必须要做的一件事情。一切止于此，没别的了。

——普雷本·蒙克 - 尼尔森（Preben Munch-Nielsen）

二战时期，17 岁的普雷本·蒙克 - 尼尔森解救了犹太人。上述文字援引自美国华盛顿大屠杀纪念馆。

旁观者很少能意识到他们在欺凌中扮演的并不是无辜的角色，同时，他们也很难认识到自己可以成为阻挡欺凌的强劲力量。遏止欺凌只需要一个简单的原则：为被欺凌的个体做正确的事情，而不管欺凌者或其他旁观者如何行事。见证者、反抗者和守卫者的存在，混淆和扰乱了那些无条件服从欺凌者和残忍对待同伴的人。事实上，诸如普雷本·蒙克-尼尔森这样的救援者也经历过混淆和扰乱，只是原因不同。在讲述他做救援者的经历时，他沉思了一会儿，说："我永远都不会认为，你的同胞们应该由于他们的种族而活该去死或一文不值。"对他来说，他解救的犹太人都和他一样，是丹麦人，（我和你，我们）而非纳粹人口中的"侵蚀我们社会的细菌和害虫"。

与普雷本同样英勇的还有德国海军外交员格奥尔格·杜克维茨（Georg Duckwitz）。他在德国人实施驱逐丹麦境内犹太人的计划之前，将消息透露给了丹麦人。为了拯救生命，杜克维茨故意违反军纪，并宁愿接受任何形式的惩罚。

到底是什么使这些人面对不公能够无所畏惧为他人捍卫权利？他们为何能在其他旁观者们都置若罔闻时选择挺身而出？他们如何能够积聚足够的勇气去承担危险，成为勇敢的人？他们的英勇是否能够对残忍行事的人产生影响？最重要的是，我们又能从他们身上学到些什么？

带着存在的证据和向善的力量，以及对在预期下必然会产生的伤害的反抗，年轻或年老的人们拒绝违背道德和良知，他们做出正确的选择仅仅是因为这样做就是正确的——他们自己却常常为此而付出代价。

## "我还会这样做"

曾经有一场访谈节目，讨论的是欺凌对被欺凌者和试图干涉欺凌行为的人的影响。在这次节目中，我遇到了来自德克萨斯州布莱迪市的 17 岁的布里特妮。布里特妮是一位资深班长，同时还是拉拉队长和返校节女王。当看到 15 岁的新生帕特里夏由于可能会与学长约会而被同伴欺负时，布里特妮出面干预并阻止了残酷的行为。实施欺凌的校友们随后将矛头转向了布里特妮，在言语上和身体上对布里特妮进行了攻击。曾经有一次，在她放学的路上，她们试图将布里特妮撞到路边去。她们利用网络对布里特妮进行精神折磨，还在学校走廊中嘲讽和奚落她。布里特妮曾将这一切上报给学校管理员却无济于事。此事最终达到了布里特妮不想再去上学的地步，她感到学校已经不再有安身之处。临近毕业前的三个月时，布里特妮放弃了她作为学生代表毕业致辞的机会，也失去了她享受某些奖学金的资格，转学到了另一个校区的高中。当节目主持人问到她是否后悔自己当初为了帮助同伴挺身而出时，布里特妮毫不犹豫地回答："我还会这样做！"

有时候，见证者、反抗者和守卫者做出正确的事情，他们自己和家人却为之付出了巨大的代价；然而，无论是在意识中还是在内心中，他们都深知：做正确的事情是唯一选择。

提到美国军人约瑟夫·达比将战友在伊拉克阿布格莱布监狱虐囚的罪恶照片上交给上级长官的决定时，达比的嫂子卡罗尔说他"完全没有意识到他做的是一件极其特殊的事情。对他来说，他只是在做自己应该做的工作"。达比的一位邻居说："他从小就知道孰是孰非。"在接受英国广播公司第四台"选择"节目的采访时，达比谈到了上呈虐囚照这件事是如何改变了他的整个人生的。虽然他获得了匿名曝光的承诺，他的身份依然被时任国防部长唐纳德·拉姆斯菲尔德给"意外地"揭露了。达比担心照片中的军人和其他军人对他进行联合打击报复。他所在的军营中的大多数军人支持他的举动，而另一些则称他是叛徒，因为他"把美国士兵送进了伊拉克监狱"。他被迅速调离伊拉克，并且在警察的保护下生活了六个月。来自他家乡的仇恨太过深重，以至于他和妻子不得不安家于一个新的城市。在接受英国广播公司的采访中，他说："对于我在伊拉克将那些照片上呈长官这件事，我一秒钟都没有后悔过。"

## 粉色衬衫

正如重复性的残忍行为会借友谊之名得到发展和强化，同样，重复性的英勇作为也会将仁慈发扬壮大。那些面对他人之苦能够奋起反抗、守卫和见证的人常常说他们自身也会因其行为而产生变化，而在某些情况下，他们的作为更是对他人的一种鼓励和号召，使得更多人加入见证者、反抗者和守卫者的行列中去。

2007 年 9 月，加拿大新斯科舍省剑桥中央国王中学（Central Kings Rural High School）的一名 9 年级新生查尔斯由于在开学第一天穿了一件粉色的衬衫而遭到其他校友要殴打他的威胁和性侮辱。得知他的遭遇，两名 12 年级的学生大卫和特拉维斯购买了 50 件粉色衬衫，在网上号召校友们加入他们的"粉色海洋"行动，共同穿着粉色衬衫来抵抗欺凌。第二天，数以百计的学生穿着粉色的衬衫来到学校以示与查尔斯团结一心。根据加拿大广播公司的新闻报道，当查尔斯走进学校的那一刻，他受宠若惊。大卫说："很显然，他看上去像是卸下了千斤重担一般。他一改郁郁寡欢的状态，变得欢欣鼓舞。"大卫本人曾在小学阶段遭受过欺凌，谈到那些欺负查尔斯的学生，大卫说："如果你能召集更多的人一起来抵抗他们……能显示出我们会彼此支持，绝不会忍气吞声，那么，他们就不再像他们想象的那么强大了。"大卫和特拉维斯的这个简单而仁慈的举动后来演变成了一场"粉色衬衫"运动席卷了整个北美洲。

## 从欺凌对象到反抗者

有一些欺凌对象在最初遭到欺凌时选择勇敢地奋起反抗，作为榜样，他们的做法为其他欺凌对象赋予了力量，使得更多的被欺凌者能够为自己和他人挺身而出，大声疾呼以阻止不公平的事件继续发生。

诗歌体小说《棍棒男孩》（*Stickboy*）是加拿大诗人、作家沙恩·科伊赞（Shane Koyczan）以第一人称撰写的一部荡气回肠而又令人愤怒的、感人至深却又不失幽默的作品。主人公在遭受了他的同学们长达几年之久的欺凌后，拿起祖父的枪准备对那些欺负他的人进行报复。在他持枪出门之前，他的祖母阻止了他。作者的小说和反欺凌诗集成为了 TED 演讲，"时至今日：献给被欺凌者和美好"，诉说了无情的欺凌给人类带来的深远影响，见证了虽然伤痛已被抚平，欺凌给人带来的改变却不可逆转。科伊赞是所有忍受了痛苦、屈辱、愤怒和压抑的被欺凌者的榜样和支持者。他亦是一根刺，扎在那些认为欺凌是无害的孩童之事的人的心中。

与科伊赞有着同样遭遇的是本杰明。作为一个患有孤独症的儿童，他的某些同伴总是把矛头对准他处于残疾状态的"怪癖"之上，本杰明经常遭到欺凌。在他的自闭症博客中，本杰明写道：

> 我知道被欺凌的滋味。当我在中学的时候，我曾给全班的同学在健康课堂上做了我人生第一次有关自闭症内容的"演讲和对话"。我希望通过我的演讲，同学们能够增加对自闭症的了解，从而对我更友好一些。我希望他们能够看到我的闪光点，而不是仅仅将注意力集中在我有所差异的地方。

我从来没有想过后来我能够跟数以百计的同龄孩子进行交谈，帮助他们认识到"有差异"并不代表着低人一等。事实上，你的差异性会给你带来常人所不具备的洞察力和思维能力——有的时候，你的这些想法甚至会改变世界！想想阿尔伯特·爱因斯坦和天宝·葛兰汀①（Temple Grandin）……我在尽一切努力传播仁慈和同情，我最大的梦想之一是在一个坐满了观众的活动中心进行有关自闭症的演讲——我希望像一颗流星一样创造影响力！

有一位极具天赋的演员，他曾做过一次演讲，内容是与孤独症患者一起生活的经历，听众们在笑声和泪水中被他的故事深深打动。他的演讲引人内省，呼唤人们的理解和慈悲之心；同时，也使得人们对任何认为患有孤独症的儿童低人一等的人愤怒不已。

为了表彰本杰明的宣传工作，他被授予了多项奖章，他的故事在新闻和电视中频频报道。他的博客收录了他一路走来的历程：benjaminbreakingbarriers. wordpress.com。

为使更多的人了解并从积极的视角来看待阿斯伯格综合症，北卡罗来纳州的东南心理咨询机构的弗兰克·加斯基尔（Frank Gaskill）博士和雷恩·凯利（Ryan Kelly）共同完成了一部描述一位患有阿斯伯格综合症的小男孩的漫画小说，名为《马克斯·盖默》（*Max Gamer*）（www.MaxGamerOnline. com）。小说中，马克斯运用他特殊的能力成为了一个超级英雄。加斯基尔解释说："马克斯有特殊的能力，但是这些能力并没有成为他的负担，而是被他用来帮助自己和他身边的人。他棒极了，就像很多我认识的阿斯伯格综合症患者一样，他们都棒极了！马克斯是一个虽然笨拙但很快乐的阿斯伯格综合症患者，他助人为乐。他的姐姐萨拉对他又爱又恨。他的祖父迈尔斯经常与他联系，他们对历史都非常着迷——祖父对第二次世界大战很有研究而马克斯则对每一位美国总统耳熟能详。"知名动物科学家、《不同……而非低等》（*Different... Not Less*）的作者天宝·葛兰汀说："我年轻时曾经被取笑，如果当时我看到了这本书，一定会得到莫大的

---

① 天宝·葛兰汀（1947—），现为美国科罗拉多州立大学教授，是世界著名的畜牧专家。她患有自闭症，出版了3本关于自闭症的著作。——译者注

帮助。"这本漫画小说给阿斯伯格综合症患儿和他们的兄弟姐妹及同伴们提供了一个讨论何为阿斯伯格综合症的机会，他们可以借此来探讨接受和欣赏彼此的差异意味着什么。

## 挺身而出

哪怕只有一个人有足够的道德和勇气挺身而出——或者只是像罗莎·帕克斯（Rosa Parks）一样稳坐如泰山，暴力循环就会被干扰。当整个群体的人都愿意对残暴的欺凌行为说"不"，暴力循环即可被彻底地打破。

罗莎拒绝从她公交车上的座位离开——从她行为可能造成的后果（监禁和罚款）来看，她这个简单的举动其实承担着巨大的压力——而且，她在此后针对阿拉巴马州蒙哥马利市的市属公交公司发动了一场巨大的联合抵制。这场联合抵制在马丁·路德·金的领导下持续了 382 天之久，并最终使美国最高法院宣布在公共交通工具上进行种族隔离属违法行为。罗莎在对案件进行上诉时曾经在采访中发表评论，她说："我并没有感到特别的恐惧。得知我并非孤单一人在作战时，我感到更多的是一种解脱。"

拥有四千多名会员的强大的伊莫卡利农业工人联合会（Coalition of Immokalee Workers, CIW）最初是在 1993 年由几个西红柿采摘工人在佛罗里达州伊莫卡利市——美国的番茄之都——的教堂中成立的。联合会中的一个主要发言人是贝尼特斯。贝里·埃斯塔布鲁克（Barry Estabrook）在他的《菜碟中的政治——西红柿的价格》（Politics of the Plate:The Price of Tomatoes）一文中，描述了贝尼特斯所说的那件血迹已干的褶皱衬衫所象征的意义：

1996 年的一天，16 岁的危地马拉籍男孩埃德加在工作中停下来喝了口水。他的老板为此用棍棒殴打了他。埃德加逃了出来。找到农工联合会时，他全身血迹斑斑。响应 CIW 的呼吁，超过 500 个工人聚集起来到老板家的门前示威游行。第二天早晨，没有一个工人愿意再继续为这个老板工作。"这是我们最后一次收到员工在田野里被老板殴打的报告。"贝尼特斯说。那件褶皱的衬衫被保存了起来，时刻提醒着人们：团结一心，其利断金。

正如行事残忍的人具有共性一般，那些面对令人发指的疯狂行为不但不屈服，反而会奋起发难的见证者、反抗者和守卫者同样具备共同的特征。那些勇敢的人往往不顾充斥在文化当中的恐惧、贪婪和（或）轻蔑所带来的阻力。通过研究他们的言语和行为模式，我们逐渐从轻蔑之黑暗沼泽当中找到了一条光明之路，这条路指引着我们改写剧本，重设角色，给我们的故事编写一个不同的结局。鉴于我们在当今社会和文化环境中对自我的定位部分来源于人类本性和整体的社会文化环境，打破暴力循环就包含了在我们的家庭、学校和社区等各个层面来寻找减少我们彼此伤害的方法。为了欺凌的消失净尽，为了信任的建立（或重建），社会文化的改变依赖于我们每个人内心的自省和行为的转变。

在下一章节中，我们将探讨家庭该如何做来养育出正直并具有关爱之心的、负责任且坚忍不拔的孩子。这些孩子们能够保护自己的利益，捍卫自己的权利，而同时又能与尊重和保护他人的权益与正当需求并行不悖。他们行事正直，具有道德和勇气来挑战不公——他们扮演的是我们所说的第四种角色：勇敢的人。

> 除非有人像你一样对这些可怕的东西如此在乎，事情永远不会有所改变。不会的。
>
> ——苏斯博士（Dr. Seuss）
> 《罗拉克斯》（*The Lorax*）

# 第二部分

# 打破暴力循环，创建充满关爱的社区环境

健康的家庭和社区环境为人们所提供的生活经验是超越个人私利的。它们是我们学习如何对他人负责任的训练场。它们给予个体的信任和社会支持是我们这个日新月异的社会环境所急需的。它们向人们传达的是一个简单而古老的信念："你并不孤单。"当人们归属于一个有效运转的社区环境时，他们所体会到的责任感是任何一个独立的个体永远无法领悟到的。

——约翰·W·加德纳（John W. Gardner），
节选自国家公民联盟（National Civic League）的演讲
《民族复兴》

# 第八章

# 家庭教育环境

作为家长，我们最重要的职责是把孩子培育成正直的、有责任心的、富有爱心的人。他们应该致力于使我们的世界变得更加公平和仁慈。我们可以为我们自己和孩子们打造一个更加温暖和友善的世界，在这个世界中，阴暗和孤立无影可寻。

——尼尔·克山（Neil Kurshan）
《培养一个受人尊敬的孩子》（*Raising Your Child to Be a Mensch*）

欺凌者、被欺凌者和不无辜的旁观者——你的孩子很有可能在这个每天都上演的剧本中扮演着某种角色。想要打破这个反社会性的暴力循环需要我们重塑各个演员的角色，改写他们的剧本，变换他们演出的主题。禁止令、取消特权，以及严惩欺凌者或者急于解救被欺凌者之类的权宜之计对于解决欺凌问题是治标不治本的，有时，它们甚至会使事情变得更糟。旁观者们很难认识到他们实际上已经被卷入欺凌事件当中，也很少能够意识到自己可以成为阻挡欺凌的强劲力量。我认为，丹麦激进主义者普雷本·蒙克-尼尔森所说的"这就是你长大成人的方式。这就是我的国家对待他人最传统的方式"，极好地总结了打破暴力循环并创建充满关爱的社区环境的首要步骤。在《无私的人格》（*The Altruistic Personality*）中，塞缪尔（Samuel）和珀尔·奥利纳（Pearl Oliner）写道，大多数二次世界大战中的救援者都提到了他们长大成人的方式，以及他们的父母平日里对他们行为的解释方式。这些英勇的人并非"仅仅依靠智慧和理性，经由内心的挣扎而形成了是非观的道德英雄"。相反的，"他们最与众不同之处是，他们与他人相处时饱含关怀和认同"。这些人早已将社区和家庭传递给他们的原则内化——知行合一，言而有信。当他们被问及用了多长时间来做出救援决定的时候，超过 70% 的救援者回答："几分钟。"短短的几分钟并不足以让一个人做出如此重大的决定；他们的决定更多的是源于他们对生活中大小事件的习惯性反应。

我们到底怎样才能在面对日常事件时具备足够的勇气，总能以友善、公平和公正的态度对待他人呢？知道该怎样做是一回事，真正做到又是另一回事。品德教育不仅仅是学习一种美德这么简单，它更多的是需要让人懂得美德的组成部分和具备做好事的勇气。一个孩子如若想要成为一个勇敢的人——或友善的、或公平的、或公正的人——他不仅需要知道该怎样做，而且必须具备足够的内驱力去做。我们可以教导孩子该怎样做，然而，除非他们坚信自己是正直的、富有爱心的和负责任的人，否则他们将无法拥有做好事的内驱力。

我们的孩子是否具备"与他人相处时饱含关怀和认同"的能力部分决定于他所成长的家庭环境，学校和社区也在其中扮演重要角色，然而，家庭永远是孩子道德发展的第一任老师。

## 三种家庭教养模式

在我写的《孩子是值得的！培养有韧性，有责任心，富有同情心的孩子》（*Kids Are Worth It! Raising Resilient, Responsible, Compassionate Kids*）这本书中，我确定了三种最基础的家庭教养模式：砖墙型（brick-wall）、水母型（jellyfish）和骨干型（backbone）。它们之间最大的区别在于家庭成员之间相处的结构。这种结构影响着家庭中的各种关系：亲子关系，子亲关系，夫妻关系，手足关系，以及整个家庭与外部世界的关系。使用这三种模式对自己的家庭状况进行检验可以帮助你觉察你的家庭状态和阻碍你的家庭健康运转的因素，进而帮助你的孩子成长为正直的、富有爱心的和有责任心的人。最关键的是，你需要对你传达给孩子的直接或间接的信息多多留意，同时要对你给自己和孩子所创建的情感环境和物质环境有所觉察。

砖墙型家庭和水母型家庭都易培养出欺凌者，缺乏内在能量来反抗欺凌的被欺凌者，以及面对欺凌事件，要么成为欺凌者的帮凶，要么袖手旁观，对欺凌现象无能为力的旁观者。与之相反，骨干型家庭往往给予孩子足够的支持来发展人类与生俱来的关怀能力和行善意愿——这些能力的发展在砖墙型家庭中是被压抑的，而在水母型家庭中是被忽视的。骨干型家庭帮助孩子发展自律，即使面对逆境或同伴的压力，他们依旧能够忠诚于自我，相信自己有改变困境的能力。

### 砖墙型家庭

砖墙型家庭中，家庭的构建模块——砖———一块块粘合在一起，使得整个家庭都很注重顺序、控制、服从、遵守规则和严格的等级制度。家庭中的孩子被控制和操纵，他们的言行都由成人来决定。他们常常会感到被忽视、被嘲讽，或者被否定。父母们扮演的是指挥、监督、管教、命令、威胁、提醒孩子的角色，并时常为孩子担忧。砖墙型家庭的本质是独裁，尽管可能是一种仁慈的独裁，但依旧是独裁。权力即意味着控制，并且始终是自上而下的控制。砖墙型家庭是一个培养欺凌者的极佳场所，而对于被欺凌的孩子来说，这种家庭加重了被欺凌孩子面对欺凌时的无价值感、无力感和无助感。

以下是砖墙型家庭与暴力循环相关的几点特征（若想浏览完整的特征列表，请参照《孩子是值得的！》）：

1. 父母绝对权威，强制执行命令，对赢有强烈的需求。有时，他们的教养技巧是赤裸裸的控制工具。（"你必须服从我，否则……""你就按照我说的去做。"）他们又时常运用一些不易察觉的技巧，但其造成的伤害并非减少。（"让开，我来教教你该怎么做。""你难道不能做点像样的事情吗？"）孩子必须要学会去做他们被告知要做的事情，不能对提出要求和命令的人有任何质疑，也不能对所做事情的目的或后果有任何质疑。欺凌者从中学到的是如何当别人的"老板"，脆弱的孩子学到的是"逆来顺受"，而旁观的孩子学到的则是认为自己根本无力改变现状，只能"跟着领导走"。

2. 运用实际的、威胁的或想象的暴力来强制执行规则。常常使用蛮力，如果孩子不能满足父母的期待，则必须接受某种形式的体罚来"矫正行为"。（"我才不在乎你 12 岁了，你翅膀还没硬呢。""张开嘴！我告诉你，如果再让我从你嘴里听到那个词，我就用肥皂把你的嘴洗干净。"）体罚是最简单迅速的方式，常常能够立即制止不当行为。然而，如果我们的目标是培养孩子的内在纪律——即由内心驱动的自律而非由外力控制的纪律——那么，体罚是最失败的选择。为了不被打而不做某事，和因为做某事是错误的而不做这件事是有天壤之别的。研究表明，大多数欺凌者和容易向欺凌屈服的孩子来自一贯使用严酷的体罚的家庭（或来自随意的或无常的使用严酷体罚的家庭，如水母型家庭。）惩罚会滋生愤怒和侵略性，而且强烈抑制同理心的发展。打孩子就是在向孩子展示打人是没关系的——尤其是当年长的人打年幼的人，或强壮的人打弱小的人之时。欺凌者轻而易举地就会将这种方式带到学校中去，那些年幼的或弱小的同伴就成了受害者。被欺凌的孩子极易向欺凌屈服，因为那些能够帮助他们抵抗欺凌的内在动力（强烈的自我意识和果敢反抗的能力）早已被他们的父母打到九霄云外了。

3. 试图通过惩罚和制造恐惧来破坏孩子的意志。（"别给我找借口。现在就给我滚到曲棍球场上去。""不许哭了，不然我让你欲哭无泪。"）坚强的意志和精神是被欺凌孩子抵抗嘲弄的利器。它还可以帮助孩子们无论群体中的其他人如何做，都依然能够寻求他人援助。意志和精神如果被破坏，留给被欺凌的孩子和旁观的孩子的只有无助和绝望。而同样是意志和精神的破坏，体现在欺凌者身上的则是用践踏他人的方式来彰显自我。

4. 使用羞辱。父母使用挖苦、嘲笑和其他使孩子窘迫的方法操纵和控制孩子的行为。（"你怎么能这么蠢？""你就是个爱哭鬼。难怪没人爱跟你玩。""你要是表现得像个女孩一样，你干脆连衣服都穿女孩的算了。"）欺凌者从父母的言辞中学习使用这类斥责和辱骂的言语工具来操纵和控制被欺凌者和旁观者。当孩子们的感受、想法和喜好被忽视或被嘲笑，或被惩罚，他们会慢慢相信自己真的有问题，于是，这些"以为的"问题就开始影响他们的行为，最终导致他们变成欺凌者们极易攻击的脆弱目标。（"他就是个懦夫。"有没有可能是他长久以来不得不通过逆来顺受来躲避父母的愤怒？"她为什么就傻傻站着任凭她们欺负？"会不会是她在家中早就听过父母用同样的言语羞辱她？对于一个易受攻击的欺凌对象来说，欺凌者对她的负面评价是她在家中听到的负面评价的重播。）

5.广泛使用威逼利诱。父母将萝卜和大棒并用。孩子永远不知道下一秒会发生什么。这样的教养方式无助于培养任何美德——诸如宽容、诚实、可信赖、仁慈或善良——因为，没有可供孩子自由选择的空间。贿赂和奖励，与它们的反面威胁和惩罚一起，共同阻碍了孩子决策能力的发展。"如果你愿意和你的弟弟分享玩具，你就可以在杂货店买一样自己想要的东西。"（贿赂）"要么跟你的弟弟分享玩具，要么整个下午你就待在自己房间里别出来了。"（威胁）"你把玩具跟弟弟分享了，作为奖励，你下午可以在超市选择一个玩具。"（奖励）"既然你不愿意跟你的弟弟分享玩具，我就把你所有的玩具都锁起来，你什么都别玩了。"（惩罚）以上所有的方法无一为孩子提供了自愿分享的选择。它们都在向孩子展示，指引我们生活的是恐惧，而非信仰。如果我们面对孩子自愿分享而不给予奖励，我们就会担心，"她能真正学会分享吗？如果我们不在她分享的时候奖励她，她下次还会继续分享吗？如果我们不诱导她去分享或者不惩罚她的不分享行为，我们会不会教出个自私的小气鬼？"外在动机只能操纵孩子去完成任务，它在激发孩子的宽容、仁慈、诚实、可信赖和公平等美德方面毫无意义。即使威逼利诱产生了效果，然而，为了取悦成人而做出某些事情的孩子根本不能完全地理解自己为何要做这样的事情，他们不会投入到自己所做的事情中去。最重要的，他们无法通过做父母要求的事情培养出对兄弟姐妹或同伴的真正的关心，他们做事的目的仅仅是，或者主要是为了获得某种回报。惯于"取悦"他人的孩子对自我的感受常常依赖于他人的评价和认可，他们缺乏自信和责任感——这是那些加入到欺凌队伍中去的或者面对欺凌袖手旁观的旁观者的典型特质。

6.竞争意识极强。父母通过鼓励或强迫孩子竞争的方式来促使孩子完成某种任务或锻炼某方面的能力。（"我们看看谁能第一个跑到车子跟前。""你为什么不能像你哥哥一样？""如果你再努力一点，就一定能超过她。"）欺凌与轻蔑密不可分。轻蔑是一种强烈厌恶他人的感受，认为他人无价值、低等或不值得被尊重。砖墙型家庭的父母想要他们的孩子以牺牲同理心为代价，将自我成功的良好感受建立在兄弟姐妹或同伴的失败之上。同理心是所有孩子的天性中的一部分，你无法创造它，但需要呵护它。竞争的负面影响是，它会使孩子对自己的兄弟姐妹或同伴产生负面情绪，从而将同理心扼杀于摇篮之中。强烈的竞争意识非但不能引导孩子宽容和赞美人与人之间的差异，还会诱使孩子们视他人为敌手和自己成功路上的绊脚石。同时，竞争把赢家和输家一分为二。如果欺凌者被视为赢家（他的胜利建立在牺牲了被欺凌孩子的尊严和价值之上），旁观者则更倾向于站在赢家的一方而非输家的一方，更不用说去帮助输家了。

7. 在恐惧的氛围中进行学习。错误被视为可怕的坏事，凡事都必须完美，家庭对于犯错误的态度是零容忍。（"如果你尿裤子了，你就得重新戴上尿不湿，就像个小宝宝一样。""你这门成绩只拿了个 B，B 就是 B，别给我找任何借口。"）担心犯错的欺凌者常会虚张声势（"我可以做到啊，我只不过不想做而已。"）；自我价值感差的被欺凌孩子难以在初次被攻击时勇敢捍卫自己的利益（"我肯定是做了什么错事，他们才会这样对我。"）；害怕承担风险和担心犯错误的旁观者则更容易对欺凌无动于衷（"如果我做些什么使事情变得更糟糕了怎么办？"）。

当父母们通过制造恐惧来获得孩子的服从，孩子从小就学会了掩饰自己的真实感受。由于父母拒绝接纳任何感受，孩子自然表达愉悦、关怀和幸福的能力受到了压抑。最终，孩子会变得诚惶诚恐，通过观察父母的反应来确定自己的感受是否正确。而诸如气愤、恐惧、悲伤和受挫这样的感受更是不被接受，它们会直接遭到否定甚至惩罚。由于被禁止表达真实感受，孩子们就被困在了情绪当中。有时候，他们甚至拒绝承认自己很气愤或很受伤，那么，由这些情绪带来的能量就会无处释放。这些能量在他们的体内聚集，就像烧水壶的蒸汽一样越积越多。最后，它们会呈现出以下三种结果：

- **消极且具破坏性的自我伤害行为**。这些行为是可怜的自我意识甚至自我仇恨的体现。消极而具有破坏性的人常常避免公开表达感受，或者需要他人为自己的感受负责任。"我不难过。""我没觉得受伤害。""这都是他的错。"他们不会主动解决问题，而是会陷到问题中去而不可自拔。
- **侵略性的伤害他人的行为**。具有攻击性的人试图通过言语、身体或关系欺凌来控制他人。这些行为非但不能解决他本身的问题，反而会造成新的麻烦。
- **消极且具侵略性的行为（以上两种的综合）**。这类行为是以上两种行为的综合进阶，拥有这类行为的孩子既无法为自己负责，又不能为他人负责。她不直面问题中的人或事件，而是在暗地里采用各种方式来伤害对方，用讽刺和挖苦贬损对方，并且声称她只不过是在开玩笑。她散布谣言，或者表面上做出关心某人的样子，而实际上却是想要伤害他。她通过攻击比她更受欢迎、更漂亮和更聪明，或者更友善的人来发泄自己深深隐藏的愤怒。

8. 高度有条件的"爱"。孩子需要服从家长的管教才能得到喜爱和认可，如果他们不听话，则会遭到冷落。（"走开，我可不要一个会伤害她弟弟的女儿。""我希望你能学会打曲棍球。我们三代人都会，我不会因为你害怕被球打到就让你放弃训练的。我教出的孩子的字典里没有'放弃'二字。"）当爱是有条件给予的，它就不再是爱了。需要长期持续地通过"取悦"父母来得到爱的孩子根本没有时间和精力来认识自我或发觉自己的天赋。他们的价值感依赖于他人对自己的评价和肯定。面对支配型的同伴，他们愿意服从同伴的一切指示来获得他或她的喜爱和认可。

9. 直接灌输给孩子思考的内容，而不是教授他们思考的方法。如果孩子总是被直接灌输思考的内容，他们的思想就会很容易被操纵。他们更倾向于按照他人的想法去做一些能够取悦他人的事情，而不是做一些对自己或他人真正有意义的事情。（"你为什么不穿红色的裙子？红裙子比蓝裙子更配你。""你不觉得你应该穿件外套吗？""别跟他玩，他跟我们不是一类人。"）如果孩子总是被灌输思考的内容而不是被教授思考的方法，如果他们针对一个问题拥有自己的见解或者在合理的范围内和家长的指导下做出自己的决定是不被允许的，那么，他们面对问题时就不能"跳出思维定式"来思考事情的多种可能性。他们要么只能通过欺负他人来达到自己的目的，要么只能屈服于欺凌者，抑或无法唤起内心用来帮助同伴对抗欺凌的勇气。

在外人眼中，砖墙型家庭的成员关系看上去十分紧密，但其实这是个假象。假象掩盖之下的是极不稳定的愤怒和激动、堕落和受挫的混合体。这种复杂的感受被暴力、胁迫和恐吓压抑着，像一颗定时炸弹般，时刻都可能会爆发——这是制造欺凌者、易受攻击的被欺凌者和无所作为的旁观者的绝佳条件。砖墙型家庭中的孩子是他们父母的攻击性行为和反社会举动的第一目击者和体验者。鉴于此，他们为了达到自己的目的而使用同样的侵略性方式来对待他人便不足为奇。他们的亲社会行为往往会被忽视，或者被视为某种达到自私目的的手段。拥有自己的见解和感受是不被允许的，他们几乎没有机会去探索自己是谁，自己可以做什么，或是自己想要成为什么样的人。恐吓、强迫、暴力威胁或暴力虐待是家常便饭。有些孩子使用自己被控制的方式来控制同伴；另一些孩子把怨恨和恼怒积攒起来化作自虐或虐他的暴力行为以求发泄；有些孩子则变得麻木和逆来顺受，很容易被任何形式的权威所操控——包括被欺凌者操控；还有一些孩子，他们的内心如此软弱，以至于面对欺凌时，连捍卫自己权力或寻求帮助的力量都没有。

### 水母型家庭

与砖墙型家庭相反的是水母型家庭。一方面，它没有稳定的家庭结构；另一方面，它又像砖墙型家庭一样，扼杀家庭成员正常表达感受和情绪的能力——虽然是通过不同的方式。水母型家庭充斥着自由和放任。孩子们不是被溺爱或遗弃，就是经由奖惩或威逼利诱而被羞辱和操纵。他们变得令人讨厌，或者被宠得不可理喻，有的还会充满恐惧并怀恨在心。与骨干型家庭的孩子不同，他们几乎得不到任何积极乐观的自我概念或生活信念。（乐观的孩子把挫败、错误和负面的社交经历视为自己可以改变或者能够改进的生活状况，他们不会因为陷入其中而深受其害。他们更倾向于去寻找解决问题的办法，而不是指责他人或放弃努力。）

有两种类型的水母型家庭，水母 A 和水母 B。在水母 A 家庭中，父母们受其原生家庭的影响，不知道该如何建立一个健康的家庭结构和给予孩子一个清晰稳定的界线。这类父母常常在一个砖墙型家庭，或者砖墙型和水母型相混合的家庭模式中长大。她很害怕重复自己成长的模式，给孩子带来自己曾遭受的伤害，但却对怎样建立健康的家庭模式无从着手。她对孩子常常极其缺乏管教，很少设限或者完全不设限，并且有溺爱孩子的倾向。由于她自己的需求很少被满足，所以她在觉察孩子的需求时会很混乱，常常分不清楚到底什么是自己的需求，什么是孩子的需求。与此同时，她在区分孩子的真正需求和孩子的愿望方面存在困难——比如有时，她会用给孩子买礼物的方式来代替孩子真正需要的高质量的陪伴。

水母 A 型家长常常会插手孩子的生活，总是忙于帮助孩子消除问题或脱离困境。研究显示，在面对困境时总是依赖于父母去解决问题，或者自己的事情常常被父母包办的孩子，在欺凌者面前更加脆弱，更容易向欺凌者提出的要求妥协。如果父母在孩子面对欺凌状况的第一时间内就冲上去帮助孩子解决问题，这种行为不但对欺凌者是一种支持，而且也向自己的孩子传达了一个信息，即你不具备捍卫自己权利的能力。（我丝毫没有父母不应该干涉欺凌的意思。事实上，如果成人看到或听到欺凌的问题，他们必须进行干涉。只是水母型父母干涉欺凌的方式存在问题。）

水母型家庭的各种重要活动——比如用餐、睡眠、家务和休闲——都没有任何的组织性。当这种缺乏组织性引起极度的混乱时，整个家庭就会面临很严重的问题。当水母 A 型家长处于烦躁和慌乱的情绪时，她会不自觉地回归原生家庭的教育模式——威胁、贿赂和惩罚："你如果不分享那个球，我就把球丢到垃圾桶去。""如果你现在就上车，我请你吃大餐。""行了，我受够了，你们全给我滚回自己的房间里去。你们要是再在餐桌前打架，就都没晚饭吃。"在水母 A 型家长的情绪渐渐平复后，她又会像她的父母对待她一样，去找自己的孩子们道歉以求减轻自己的内疚感："我昨天不该情绪失控。我给你买了一个比昨天扔掉的球更好的球。""对不起，我昨天晚上没让你吃晚饭。你今天想去哪家饭店吃好吃的我都带你去。"当父母在砖墙型家庭模式和水母型家庭模式中摇摆不定时，孩子就会变得十分困惑。他们弄不清楚自己是谁，也完全不知道自己能做什么。他们常常需要从外界寻求支持、认可和安全感——包括邪教和欺凌组织——期待从中获得归属感和某种一致性与安全感。

水母 B 型的家长会在生理上或心理上遗弃他们的孩子。家长出于某种个人原因几乎完全以自我为中心，孩子迫不得已必须自我照料。有些家长由于严重缺乏自我意识，或者由于吸毒、酗酒、性成瘾或精神失常而不具备照顾孩子的能力。另一些家长或许太过于投入到自己的生活之中，以至于无法关心孩子的幸福。这种家庭的孩子可能会拥有非常富裕的物质条件，但却得不到任何的陪伴、拥抱，或温暖的鼓励——他们感受到的只有冰冷。这种深刻的悲哀和缺失感虽然不会造成外伤，却足以使他们心碎和无望，甚至绝望。孩子逐渐开始认为，无论他们想做什么事情，都只能靠自己，任何人都指望不上。他们感到被遗弃，爱的缺失感使他们难以对任何人产生信赖。由于他们的需求长期被敷衍或忽视，他们学会了撒谎，以及通过操纵他人来满足自己的需求。

水母型家庭有五种与制造暴力循环有关的主要特质：

1. 惩罚和奖励是武断而无章可循的。第一天孩子还因为伤害了他的妹妹而遭受惩罚，第二天他做出同样的事情时，父母却不管不问；第三天，他又因为整个下午都没有打妹妹而获得了奖励。他的自我控制能力无从发展。他的经验告诉他，不是每次行为都需要承担负面的后果，他宁愿赌一把看能否侥幸逃脱。而那个被他打的妹妹开始发现全家谁都不值得信任，没有人能真正去保护她。家都不是一个安全的场所，更何况游乐场？就算把自己的问题和困扰告诉成人又能怎样？

2. 犯错误后的第二次机会是随机给予的。当孩子犯了错误，无论是因为淘气还是蓄意破坏，她有时需要承担责任，有时却不需要。（"我警告过你如果再把车子刮伤，你必须自己为修理买单。这次修车的钱我帮你付了，但是如果再有下次，相信我，我一定会让你自己付钱的。""我警告过你如果你再打他就必须去惩罚角待着。这次我会假装没有看到你打他，如果再有下次，我一定会把你放惩罚角的。""你对你妹妹做的事情太不可理喻了，不许再有下次了。"）这类言行不一致的行为会严重阻碍孩子发展为自己的行为负责任的能力。

3. 威胁和贿赂是家常便饭。当威胁和贿赂成为家长控制孩子行为的手段，孩子就会学习各种钻空子的方法以逃避惩罚或获得奖励。这就变成了一场猫捉老鼠的游戏——孩子学到的是如何操纵家庭模式来从中受益，而非学习如何结交和维系朋友，如何承担和修复错误，以及如何做一个友善和乐于助人的人。人与人之间的互动都成了交易。孩子无法发展健康的交友技巧，他们对既不用操纵他人又可以满足自我的方法一无所知。然而，用健康的方式满足自我需求和发展强大的友谊恰好是对抗欺凌的两种重要手段。

4. 父母和孩子的行为都由情绪主导。当情绪主导行为时，孩子内心能够告诉他孰是孰非的那个声音（个人道德准则）会戛然而止。这个声音恰恰正是自我控制自私和冲动的关键元素。因此，他们做事不考虑后果，也不去想有没有替代性方案。如果愤怒是他们最常体会到的情绪，他们就会变得充满敌意，就算面对他人无心的过失也是如此。这个特征已被证实为欺凌者和被欺凌者双方都具备的特征。欺凌者需要为欺负某人而寻找借口，被欺凌的孩子则刚好在控制冲动情绪方面有困难，他很轻易地就会有心或无心地惹怒欺凌者。被情绪控制的旁观者很容易陷入狂热的欺凌情绪当中，或者被其他旁观者麻木或恐惧的情绪所影响。无论是哪种情况，他们都不会去帮助被欺凌的孩子。

没有人教导孩子如何识别和负责任地表达自己的感受。成人常常用很极端的方式来表达自己的感受和回应孩子的感受。父母们不是压抑孩子的感受，就是试图把自己的感受强加于孩子。他们不会鼓励孩子去接纳自己的感受，让情绪流动起来，从而避免用错误的方式宣泄情绪而受到伤害。"她并没想伤害他。""你家孩子可能把我孩子惹恼了，这不是我孩子的错。"情绪被压抑的孩子无法发展出成熟的社交能力来抵抗欺凌者的攻击。这些社交能力——大胆探索的意识，擅长体育游戏和健康的冒险精神——会为他们赢得同伴的尊重。这样的孩子没有机会练习处理冲突的技巧，他们缺乏用以抵抗欺凌者进一步攻击的自信和自我意识。如果水母型父母常常包办处理孩子的负面情绪和困难情境，孩子就学会误把他人的感受当作自己的感受，与此同时，面对自己的问题她会越来越无助，最终只有通过把事情归咎于他人来寻求解脱。"是他把我惹毛了。""她用一种古怪的眼神看我。""这不是我的错。"

如果家长忽视或遗弃孩子，完全不闻不问孩子的感受，孩子就会隔绝或隐藏他们恐惧、痛苦、悲伤和愤怒的感受。他逐渐开始信奉人都不值得信任，必须要通过操纵他人才能满足自己。一种被忽视或遗弃的孩子需要通过践踏他人来彰显自我，让别人难受会使他自我感觉良好。如果有任何人阻挡了他的道路，他会毫不犹豫地清除障碍。另一种被忽视或遗弃的孩子变得极端与世隔绝，不允许任何人接近她。还有一种孩子，他们变得内心非常贫乏，需要持续地从外界寻求爱和安全感。他们是欺凌追随者的第一人选。

5. "爱"的给予是高度有条件的。为了得到喜爱和认可，孩子必须取悦父母。对他们来说，让父母高兴成了他们的责任和义务。认可和喜爱是需要赢取的。就如砖墙型家庭的孩子一样，他们依赖于别人的评价来确定自己的价值。由于他们的自我价值感很低，所以在他们眼中，他人也是无价值的，伤害他人并不会让他们的良心感到不安，因为，"如果我不值得，他们也不值得"。或者，由于无力抵挡攻击，他们变得脆弱无比，以至于欺凌者的言语辱骂就能直击他们的内心深处。为了获得认可和喜爱，或者为了不再遭受欺凌，他们情愿为欺凌者做任何事情。

　　水母 A 型和水母 B 型家庭都会帮助制造出欺凌者、易受攻击的欺凌对象和旁观者。由于没有人抑制他们的攻击行为，有些孩子会直接凌驾于家庭之上，操控父母和兄弟姐妹。另一些孩子，他们的缺失感太过强烈，失去了抵抗欺凌的力量和勇气。还有一些孩子随时准备着加入到欺凌者的或某些别的组织中去，或者认为欺凌事不关己，无力干涉，后退一步以求自保。

　　砖墙型家庭和水母型家庭的孩子可以生存下来，却很难茁壮成长。与死板僵硬、固执严厉的砖墙型家庭不同，骨干型家庭结构所提供的既清晰开放又宽容灵活的界限和规则是孩子们迫切需要的。又与混乱易变的水母型家庭模式不同，骨干型家庭给孩子创造的稳定的环境，那种创造性的、建设性的、负责的和富有同情心的教养模式是孩子们成长的沃土。

### 骨干型家庭

　　骨干型家庭的呈现形式和规模形形色色。它们并不只存在于某种特殊的社会背景或社会阶层的人群当中，也不会集中在某个特别的社区。骨干型家庭与父母的年龄无关，与他们是否有宗教信仰无关，与他们的种族和民族也无关。他们的特点并不决定于他们的所为和所不为，而是在他们所有的行为中如何于自我意识和社会意识之间达到平衡。相互依赖的人际关系是他们推崇的。在这种家庭中，暴力循环荡然无存，只有彼此关爱的循环生生不息。

　　骨干型家庭还有这样的特征：他们的家庭成员不分等级，不官僚，也不暴力。骨干型父母不直接要求孩子的尊重，而是通过身教来让孩子学习到如何尊重他人。孩子了解到任何的权威都不是天生的，他们可以质疑和挑战权威；他们拥有说"不"的权利；他们善于倾听，也会被倾听；他们本身会发展成为值得尊重的人，同时也会尊重他人。骨干型家庭的孩子学习怎样爱自己和怎样同理他人。由于他们本身就被宽容对待，他们对他人也抱有仁慈之心，他们能够体谅他人的痛苦，并且愿意为痛苦的人提供帮助。骨干型家庭给予孩子稳定、坚定、公平、和平且平静的家庭环境，使得孩子的道德感发展得健康而充分。孩子拥有足够的自主感。他们既不会被权力控制，也不会反过来试图去控制他人或者放弃捍卫自己的正当权益。他们可以自由地做自己，没有任何需要控制或操纵别人的需求。他们不会轻视任何人，也不会面对欺凌忍辱吞声。

骨干型家庭具有以下 15 种特征：

1. 父母通过每天向孩子传递六条重要的生活讯息来为孩子建立起支持他们的网络：

- 我相信你。
- 我信任你。
- 我知道你会打理好自己的生活。
- 始终有人愿意倾听你。
- 始终有人关心你。
- 你对我来说非常重要。

通过爱、接纳和鼓励，骨干型家庭的孩子获得了认可、尊重和价值感。他们能够抵抗欺凌者的言语羞辱，敢于正面对抗任何交锋，并且愿意在自己不知所措的时候寻求帮助。他们知道会有人倾听他们的诉求。他们任何的言行都不会遭到父母的忽视、敷衍或羞辱。

能够每天接收到这六种重要讯息的孩子能够和父母建立起健康安全的亲子关系。这种亲子关系又会进一步地帮助孩子发展出乐观、坚韧和慷慨的美德。乐观——积极和自信的生活态度——是对抗挫折、错误和负面的社会交往的利器。乐观的孩子把挫败、错误和负面的社交经历视为自己可以改变或者能够改进的事情，他们不会因为陷入其中而深受其害。他们更倾向于去寻找解决问题的办法，而不是指责他人或放弃努力。坚韧——无论遇到何种困难和挫折，都能够长期保持稳定的行为或信念——能够增强孩子的自信心，给予他们甘愿承担风险也要帮助他人的勇气。慷慨——无偿付出时间或给予帮助的意愿——能够使孩子们超越自我，而不只是将关注点停留在个人的需求和愿望之上。这三种天赋的发展可以疏导和调节孩子们内在的侵略性，帮助他们培养和同伴相处时所需的同理心、同情心和慈悲之心。

2. 民主是通过亲身体验而学习到的。在正式或非正式的家庭会议中，每个家庭成员都熟知会议召开的时间、主题和讨论的具体内容。每个人都会被邀请积极参与到策划家庭活动、调整日程安排和解决矛盾冲突等活动中来。孩子们从中体会到自己的感受和想法会被尊重和采纳，同时认识到想要同时满足家庭中每个人的需求并不是一件容易的事。在这样的家庭环境中，他们的责任心和决策能力随着年龄的增长而加强。家庭会议帮助孩子们在看到自己的需求的同时也能够考虑到他人的需求。他们逐渐把握到团队合作、尊重差异和解决冲突所需的关键因素。

3. 创建支持创造性、建设性和有责任心的活动的家庭环境。骨干型家庭的物理环境、情绪环境和精神环境既不僵化死板，又不混乱无度。父母本身就是亲社会行为的典范，通过言传身教鼓励孩子们去健康地探索、玩耍、冒险，以及和平有效地解决冲突。犯错误被视为学习和成长的机会，孩子们不会因为犯错而遭到谴责。

4. 纪律掌管于权威，而它能够赋予孩子学习的生机。当孩子们做出伤害性行为或不负责任的事情，父母会指出他们的错误，辨别问题的归属，并且给予帮助解决问题的各种选择。孩子的自尊没有受到伤害。父母的目的在于帮助孩子发展自律，使他们能够成为正直的、有担当的和富有爱心的人。

5. 规则清晰明确。在建立规则时，父母们会运用自己的智慧和责任感来洞察孩子的需求，让孩子承担起与之年龄相符的责任；持续地帮助孩子创造机会，让他们在与思考能力相符的问题上做出决策；并且帮助孩子们建立情绪、身体、精神和道德的自我界线。（"如果你想骑自行车，就必须戴头盔。你可以自己决定要买哪种自行车头盔。""这个星期，遛狗是你的职责。""你有不喜欢那个男孩的权利，但是你没有权利用难听的名字去伤害他。"参照下一条有关"后果"的描述。）

6. 孩子因不负责任的行为而承担后果是自然而合理的。这些后果不包含威逼利诱或者惩罚，它们简单明了，有意义并且目的明确。"你需要买一件新的外套来偿还朋友那件被你借来却弄丢了的外套。"（合理、简单、有意义和目的明确）"你伤害了班上的那个男孩。你需要为你的行为承担责任。想一想如何避免这样的事情再次发生，并且找个办法来弥补他受到的伤害。而且，我们可以讨论一下怎样用一种得体而尊重的方式来告诉他你被冒犯了。"（合理、简单、有意义和目

的明确）

7. 孩子拥有改正错误的二次机会。与水母型家庭不负责任且随意给予的机会不同，骨干型家庭给予孩子的二次机会是与孩子为自己的行为负起责任和为犯下的错误承担合理后果相伴的。当孩子把事情搞砸了的时候——孩子们都会搞砸事情——他们会在承担了第一次错误的后果之后被给予二次尝试的机会。（"跟保险公司联系一下，制订个计划来修理你弄坏了的后保险杠。车子修好之后你就可以继续开车了。在那之前，你需要步行、骑自行车或者乘坐公交。"）由于每次都能够为自己的行为负责并且自己解决错误所带来的问题，孩子们在出现问题时就会主动承担责任，而不是把问题归咎于他的同伴。

8. 孩子们被鼓励成为他们想成为的样子。父母们高度接纳孩子，引导并鼓励他们突破自我限制，成为更好的自己。学习是在接纳和高度期待的氛围中进行的。（"我知道你的有些朋友并不喜欢吉尔。但是，你的过夜晚会邀请了所有的人，唯独没有邀请她是不合适的。我知道你肯定有办法办好自己的聚会。如果需要任何的帮助可以随时来找我。"）孩子持有很高的行为标准，不是为了取悦他们的父母，而是因为父母坚信他们具备正直负责、关怀他人的能力。他们被教导要文明行事——即要像尊重自己一样尊重他人，即使他们面对的是自己不喜欢的人——在必要的时候愿意为了更多人的权益而搁置个人的利益，敢于批判和追究责任（但是始终保持着对他人人性的尊重），并且用尊重的态度来解决分歧。

9. 孩子的生活中充满了微笑、拥抱和幽默。这些东西都是无条件给予的。孩子通过观察父母之间彼此喜爱的互动和父母给他们的饱含爱意与关怀的身体接触，认识到身体接触对人与人之间的感情联结至关重要。他们耳濡目染父母们对生活的热情，享受父母与他们一起欢笑，而不是父母取笑他们。这样的孩子不太可能去嘲笑同伴，因为他们自己在家就不曾是家人的笑柄。

10. 孩子学习接纳自己的感受并且通过建立强烈的自我意识来学习为自己的感受负起责任。父母们能够在情感上与他们产生共鸣，并且在情绪管理和各种情绪的合理表达方面成为他们的榜样。（"我好难过，他搬到了一个新的城市定居。我会想念他的。""想哭就哭，宝贝。他们不能再跟我们做邻居了，我也很伤心。你跟山姆一起度过了好多美好的时光。咱们可以一起想想办法，看怎么样能够让他不要为了搬家的事情太过伤心。""我真是气死了，萨拉跟好多人说我是个荡妇。""苏珊，你生萨拉的气是很正常的，她那样说确实太过分了。咱们一起看看有没有什么好办法可以帮助你消解愤怒，然后想想你接下来该怎样面对她。"）孩子学会认可和尊重自己的感受。他们同时了解到，他们并不是非要对自己的情绪做些什么才行。他们的同理心被滋养了，换位思考能力被加强了，并且被鼓励做出善良的行为。当孩子的感受被父母觉察和认可，他们将不太可能陷入到同伴的感受中去。孩子具备同理自己同伴的能力的关键是，他们需要有足够的能力区分哪些是自己的感受，哪些是同伴的感受，他们需要与同伴们的伤心、恐惧和痛苦共鸣，却不至于让自己也陷入伤心、恐惧和痛苦之中去。他们能够看到痛苦，知道它是一种怎样的感受，然后用一种可以帮助同伴减轻痛苦的方式来进行回应。

11. 鼓励发展能力，鼓励合作，并且为之做出榜样。父母会展示自己胜任各种任务的能力，并且帮助孩子学习各种新技能。他们会向孩子示范如何工作，如何与他人玩耍。他们还会展示给孩子怎样成为一个有能力、有合作精神并且有决策力的人。（"让我们讨论一下这周末自行车旅行的计划。这次我来检查自行车车况。谁来准备水杯和零食？谁设计骑行线路？咱们还有一辆空余的自行车，大家一起想想，可以邀请谁来骑这辆车参加咱们的旅行？""我们邀请了新邻居来共度晚餐，这是有新朋友搬过来时我们应该做的事情。""当那个新生来上学时，你准备做些什么来帮助他建立归属感呢？""如果你的朋友不同意他在你们的午餐桌上吃饭，你会怎样做？"）竞争被视为现实生活的正常组成部分，但是，孩子们被教导在认可和庆祝自己成功的同时也能够对他人的失败感同身受。

12. 爱的给予是无条件的。不为别的，只因为他们是孩子，他们有尊严、有价值——只因为他们就是他们自己。（"我爱你。""跟你在一起真开心。""你需要我的时候，我随时在你身边。"）能够感受到爱、被需要和尊重的孩子更愿意认可他人的差异，也更乐意关怀和照顾他人。

13. 孩子被教授的是如何去思考。父母们支持他们跟着自己的直觉走，自发性的思考、创造性的想法和行动，以及对问题的质疑是父母所鼓励的。孩子与父母共同探讨问题，而不是被灌输思想；他们被倾听，而不是被忽视。他们被鼓励挑战权威，了解到权威并不是与生俱来的；同时，他们也能够尊重长辈所拥有的智慧。父母们细心地呵护着他们对知识的求知欲和对新事物的好奇心。（"如果你对一些东西有直觉，相信你的直觉。""你一定能想出解决问题的办法的。我知道你肯定能做到。""你能不能跟我分享一下你对这件事的感受，还有你觉得我们应该做些什么来解决这个问题？""我听到你说的了，我从来都没有往那个方面想过呢。""如果有个有权威的人要求你做一些不善良的、不公平公正的、伤害性的或者不诚实的事情，你需要听从自己的良心。""你看到不公平现象的时候可以站出来进行反对。如果你们班有人欺负其他孩子，你可以有很多种方法阻止他们的行为，让我来跟你分享几个。"）

父母会教授孩子在面对两难问题时的具体做法。孩子们将学会如何把客观的"正确性"和主观的"辨别力"结合起来去寻找一个最好的方法来处理欺凌事件。"思考什么"和"如何思考"进而被用来与行为（我能做些什么？）、意图（我为什么要这样做？）和当时的环境（涉及的人物、时间、地点、方法、意料之中或意料之外有可能产生的后果，以及替代方案）相联结。这种思考和行为的模式成为了他们正常的生活方式。

14. 孩子们每天被给予的生活信息都促进着他们自我意识的发展，这种发展能够有效地缓冲他们所受的来自欺凌者的影响，并降低他们加入到欺凌行列中去的可能。

- **我喜欢我自己。** 孩子知道他被无条件地爱着。他有足够的能力为他的思想和行为承担责任。当他面对欺凌者的嘲弄时，他能够正向归因："我是个很有能力的善良的人。是那个骂我的孩子自己搞错了，她估计是今天心情不好，并且/或者是在试图通过卑劣的手段来满足自我的需求。"

- **我有独立思考的能力。** 拥有独立思考能力的孩子较不易被同伴或多数群体的人所操纵。平日里，成人很少直接命令他们，而是给予他们很多自己做选择和决策的机会。这样的孩子在面对周遭每个人都退缩和沉默的情况，能够独自挺身而出，对不公现象做出大胆的反抗。

- **没有我解决不了的问题。** 经常被鼓励自己解决问题的孩子在面对逆境的时候能力更强、更坚韧。他们会接受现实，然后积极解决问题。"你有个同学在欺负其他的同学。"（现实）"让我们看看有没有什么办法可以帮助到那个被欺负的孩子。"（问题求解）"你说过那个被欺负的孩子好像总是自己一个人，大概没有几个人友善地对她。你说要不要邀请她跟你们一起吃午餐？"（问题求解）"那样子说她真的很伤人。"（现实）"我们需要聊一聊到底是什么原因让你想这样无情地对待一个人。"（问题）"你认为你需要做些什么来补偿这件事？"（问题求解）"我会跟进这件事，向你了解这件事的后续情况。"

15. 家庭愿意向外界寻求帮助。遇到问题和困难时，家庭成员不会否认或逃避。在有需要的时候，父母会以一种开放的思想和心态向长辈或更专业的人请教。（"我们的孩子在欺负其他孩子。我们要怎样做来帮助他自愿地去改变这种行为？""我女儿在看到同学欺负学校里年龄更小的孩子时，没能够站出来反对。""我儿子被镇上的欺凌者欺负了。我们能帮他做些什么？我们又能做些什么来阻止欺凌者的暴力行为？"）

做骨干型父母并非易事。凡事没有快速的解决方案，没有确定的答案，有的只是能够尽量去把握的机会。如果你尚不是一个骨干型父母，不要着急，转变成骨干型父母需要付出时间和努力，这是值得的。如果你认为自己是砖墙型父母或水母型父母，或是三种类型父母的集合体，请记得你不可能在一夜之间就改变一切。你可能会需要外界的帮助和支持来做出必要的转变。这种支持和帮助可以来自你的邻居、朋友或导师。有的时候，家庭治疗专家或家庭顾问可以帮助你觉察你目前的状态，你要努力的目标，以及你为了达到这个目标所需的方法。如果目前的你经常惩罚孩子或替孩子包办一切，你可以从改变自己的态度、行为和习惯做起。相应地，你和孩子的亲子关系会发生改变，进而你会发现，他与他的兄弟姐妹之间的关系也会随之而改变。

如果我们想对孩子产生影响，让他们有力量打破暴力循环，那么我们的日常行为就应该体现出这一点。如果我们诽谤他人，就是在向孩子传递狭隘、偏执和怨恨。如果我们的言语和行为能展现出接纳、友善和仁慈，我们的孩子会受到潜移默化的影响。我们与其对孩子进行说教，让他们不能欺负别人，或者让他们必须和妹妹"分享"玩具"否则……"，不如让孩子亲眼目睹我们面对不公平现象时的反抗和疾呼。他们自然而然地会把我们的行为铭记于心，带到自己的日常生活中去进行实践。

生长在一个充满敌意、冷漠和惩罚的家庭的孩子，并不一定不能成长为一个正直的、富有爱心的和负责任的人，只不过这种几率很小。同样，我们也不能保证在温暖、关怀和细心关照的家庭环境下生长起来的孩子就一定会成为正直的、富有爱心的和负责任的人，然而，这种几率更大。

一个没有虐待和压抑的家庭，是我们分享最深的秘密和隐私的安全场所，是我们不需要通过变得"更好"就可以感受到自己的不同凡响，既可以为他人做出牺牲又不会失去自我的避风港湾。

——莱蒂·科坦·波格莱宾（Letty Cottin Pogrebin）

《家庭政治》（*Family Politics*）

## 第九章

# 你家里有欺凌者吗？

当我们学会了脱去彼此神圣的外衣，把彼此当作为了达到自己目的而可以利用的工具，当我们不再去感受彼此的痛苦，我们最终会创造这样一个世界：恐怖的暴力司空见惯……我断然拒绝任何有关暴力事出有因的说法。它始终是种去神性化的行为，再也无法看到彼此神圣的存在。

——拉比·M·勒纳（Rabbi Michael Lerner）

"我们与上帝渐行渐远"（Our Estrangement from God）

《死灰复燃》（*From the Ashes*）

我们没有人愿意相信自己的孩子会欺负别人。但是，如果你担心自己的孩子被别人欺负，你可以先放下你的焦虑，仔细地观察一下我们前文曾列举的那些值得你注意的警示信号。需要强调的是，欺凌并非因愤怒或冲突而起，欺凌的原因来自轻蔑——对某人感到强烈的厌恶和不屑，认为他是无价值的、低人一等的和不值得尊重的。拉比·勒纳称之为"去神性化，看不到彼此神圣的存在"。皮埃尔·夏尔丹（Pierre Teilhard de Chardin）称之为"去人性化"，看不到彼此人性的存在。不管怎样称呼它，我们只需要核查一下你所担心的行为是否具备构成欺凌的四种因素：力量的不对等，旨在伤害，进一步侵害的威胁和制造恐惧。对照这四个成分，你可以觉察一下你孩子对于权力控制、支配、征服或辱骂他人等问题的态度，对差异性的偏执，以及一些认为自己可以随意排斥不值得被尊重和关怀的人的错误假设。你儿子打在他玩伴身上的拳头并不是源于愤怒和烦躁，而是源于日积月累的侵略性。他看上去毫无同理心、同情心和慈悲之心，也毫无羞耻感。事实上，他可以很平静地跟你解释说他这样做是因为他的玩伴是个爱哭鬼，你可以从中感受到他对差异的偏狭。你的女儿把她弟弟的胳膊扯到背后使劲拧扭直至弟弟疼得尖叫起来。她的面部表情看起来有些愉悦——微笑中带着得意。看到你走进房间，她快速地收手并且假装在安慰弟弟。然而她不知道，你在她看到你之前就目睹了她洋洋得意的表情。老师打电话跟你说你的儿子和他的一些朋友在学校咖啡厅围住一个年幼的男孩，朝男孩身上喷洒番茄酱，还骂他"蠢货"。不，这不是调侃，而且，你儿子好像是那群孩子的带头人。你女儿和她的朋友拼车上学的路上，你无意中听到她们在欢快地八卦她们对一个新生恶作剧的事情。你儿子在提到那个新入学的女孩的时候，形容她是个任人宰割的优质小鲜肉。你瞠目结舌。他说所有的孩子都这么说她，你该怎么办？

恐吓、胁迫、回避、折磨和嘲弄都不是正常的手足之争或同伴冲突。它们是欺凌行为。对你来说，最重要的是不能把发生在兄弟姐妹和玩伴之间的欺凌大事化小地当作"正常的事"而一笔勾销。同样重要的是，你不能随意为你实施欺凌的孩子辩护，去合理化他的行为，或者对欺凌行为不予重视。"都是因为那个男孩把我儿子惹火了。""女孩们是刚好在旁边玩，她们没想故意伤害那个新来的孩子。""每个人都有可能被调侃啊。"帮你的孩子从错误行为中解脱出来并不会让他变得更好。你微妙地传递给他这样的信息，即你对他无所期待。于是，他接下去的残忍和暴力行为便有了现成的借口。

还有关键的一点是不要惩罚你的孩子。惩罚只能助长孩子的侵略性和伤害性。你若惩罚他，毫无疑问，他下次的行为会更加隐秘，隐秘到即使是在最警觉的家长的"雷达监视"之下也难以被察觉。更重要的是，惩罚对于被惩罚的孩子来说是一种贬损、羞辱和去人性化。（于我而言，惩罚几乎与欺凌无异。）惩罚往往专注于责备和制造痛苦。它不是分析原因和找寻办法的好方式，反而会阻碍我们使用更具有建设性的方法来和孩子进行联结。它使人与人之间的距离愈行愈远，并且使父母和孩子失去了有效地讨论欺凌发生的真正原因的机会。惩罚最关注的重点是：有什么规则被打破了？谁打破的？他应该被给予什么样的惩罚？惩罚剥夺了孩子的各种机会：理解自己的行为可能产生的后果的机会，弥补错误的机会，以及与被他伤害了的孩子产生共鸣的机会。

在对欺凌者和易受攻击的被欺凌者的背景信息进行研究的过程中，研究者们发现惩罚和（或）忽视在这些孩子的日常生活中占有很大的比重。目前尚未对变相的惩罚形式展开研究，但我猜想其影响是大同小异的。以下列举了几种最常见的变相的惩罚形式：

- 隔离（"如果你再拧他的胳膊，你今天剩余的时间就给我待在房间里不许出来。"）
- 制造窘迫和屈辱（"你要是再像个一岁小孩一样，你干脆穿婴儿服算了。去拿个纸尿裤穿上。"）
- 羞辱（"你那样伤害他，我真替你丢脸。"）
- 情感隔离（"别想让我抱你——你是个伤害弟弟的坏女孩。"）
- 禁止令（"除非你学会了如何好好对待你弟弟，否则别想再去你朋友家玩，也别想再看电视和玩手机。"）

请注意这些变相的惩罚与关系和言语欺凌是何其的相似。于父母而言，制造难堪、耻辱和羞愧比起使用体罚要心安理得一些，但是它们对于改变孩子的欺凌行为毫无帮助。孩子依旧可以对自己所犯下的错误逃避责任，他们会关注于自己是怎样被严厉对待的，而不是自己被严厉对待的原因。无论是这种变相的惩罚形式还是传统的体罚都剥夺了孩子发展自律的机会——自律，这是一种在无外在诱因的情况下依然能够正直、智慧、仁慈和宽容行事的能力。

一个孩子为他所做的事感到羞耻吗？可以，但是他不会因为被羞辱而感到内疚或懊悔。那种感觉必须来自他的内在，而不是外界。为自己故意伤害了某人而感到愧疚是正常的，也是很重要的。这就是道德感的内涵。然而，若无同理心，何谈愧疚。同理心和愧疚感如影随形。你的孩子必须在乎他人的感受，必须具备站在他人角度考虑问题的能力，他才能为自己对他人做出的伤害或不公平行为而感到愧疚。你的职责不是去羞辱他，而是让他理解他的行为不恰当的原因，以及让他感受到你很愿意关心和帮助他纠正他的不当行为。当你给予你孩子足够的关怀，他才更有可能把这种关怀传递给他人。作家和活动家卡尔·阿普彻奇（Carl

Upchurch)这样形容这种关怀和同理心之间的联系:"我认为他们很重要,是因为你认为我很重要。"

一旦你得知你的孩子在欺负他的手足或同伴,你就必须快速而果断地采取行动。首先反思你自己的行为。你的某些做法有没有鼓励和支持了孩子的欺凌行为?如果答案是肯定的,那么就如我们上个章节所讨论的,你需要改变你的态度、行为和习惯。相应的,你和你孩子的亲子关系会发生改变,进而他与他的手足和同伴之间的关系也会随之而改变。

如果答案是否定的,这意味着你孩子的欺凌行为是由其他的社会因素所引起的——同伴关系或社会和教育环境,比如日托中心和学校的环境。既然欺凌是由轻蔑而起,那么拿诸如情绪的、生理的或心智方面的因素做借口都是无稽之谈。欺凌是目的明确的、经由深思熟虑的行为,旨在对被视为低等或不值得尊重的人进行伤害。患有多动症、注意力缺陷或具有神经性损伤的迹象也许会使孩子的行为更具侵略性,但并不会"导致"孩子去轻视、厌恶或憎恨别人。轻视、厌恶或憎恨这些心理状态一定是习得的。

无论答案是肯定的还是否定的,你都有阻止欺凌的义务。詹姆斯·加巴里诺(James Garbarino)教授在他的《被围攻的父母》(Parents Under Siege)一书中提醒我们为人父母"要为我们孩子的行为负起责任;而不应因为孩子的行为而受到责备"。你若能够在欺凌发生的早期,在孩子尚未完全投入到欺凌者的角色中去之前就对其进行制止是最好不过的,就算不能如此,阻止欺凌永远是亡羊补牢犹未为晚。正如你的孩子能够变得不尊重他人、充满恶意和无情一般,他同样可以变得恭敬友好且富有爱心。他能学会欺凌,也同样能学会用更亲善的方式对待同伴。本书第四章最后列举的那些欺凌者普遍具有的特征总结了欺凌者不足的方面:关心他人,友善地对待手足和同伴,分享,和睦相处,以及结交朋友。帮助你的孩子在这些方面进行学习和发展可以有效地帮助他们胜任一种更具有建设性的新的生活角色。你的孩子需要在思想和行为两方面进行改变。

你可以使用下文所述的七步改变法:

1. 立即管教,干预欺凌。三 R 原则:修复(restitution)、解决(resolution)、和解(reconciliation)。

2. 创造"做好事"的机会。

3. 培养同理心。

4. 教授交友技巧——用坚定而自信的、和平的和尊重他人的方式与他人相处。

5. 密切关注孩子的活动，比如他平日所接触的电视节目、电子游戏、电脑活动和音乐的内容。

6. 帮助孩子参加更有建设性、娱乐性和有活力的活动。

7. 培养孩子"始终做正确的事"。

## 立即管教，干预欺凌

管教不是审判、专制、迷惑或强迫。它不是我们对孩子做什么，而是赋予孩子学习机会的一个过程，是纠正错误和邀请和解的过程。它的目标在于教授、引导和帮助孩子发展自律——一种来自内心的秩序感，而非迫于外界压力的纪律。在管教一个欺负人的孩子时，我们关注的不应该仅仅是服从（"不许欺负人。向他道歉，别再去打扰他。"），而是引导他深入内心去真正地理解父母要求或期待他所做的行为的意义。当一个孩子发展出自己的道德准则，将友善和公平付诸行动，相信自己既有自控能力又有选择权利，并且能够为自己的所作所为承担责任，他就能够在满足自我需求的同时，还像尊重自我一样的尊重他人。

在发生了严重的物质或人身伤害时，管教是启动治愈程序的有效措施。它可以用来处理现实的状况，而不是成人施加权威和控制的手段。它可以帮助孩子改变导致欺凌行为的态度和习惯，促进家庭真正的和平。

管教有四个步骤，这些都是惩罚所不具备的：

1. 向欺凌者解释他做错了什么——不拐弯抹角，不将欺凌定性为冲突，不大事化小。（"天啊，每个人都在餐厅里骂人啊。"）

2. 归属问题的责任方——拒绝借口（"我们并没想伤害他；我们就是闹着玩的。"）；拒绝推卸责任（"是詹姆斯先开始的，不是我先做的。"）；拒绝"但是"（"但他本来就是个失败者啊。"）；拒绝"除非"。（"除非他那样做，我们才不会再招惹他。")

3. 为他提供纠正错误的程序——修复、解决、和解。换句话说,他必须弥补自己犯下的过失,找出避免类似事件再次发生的方法,并且对被他伤害的人进行补偿。

4. 为他保留完整的尊严——他不是个坏人;虽然他做的事很卑劣,但是,我们相信他能够变成正直、有爱心和负责任的人。

管教是一种对欺凌者的建设性的并具有同情心的回应。它能够顾及到欺凌的意图、欺凌的严重程度,以及有助于欺凌者投入更具亲善角色的行为措施。它需要你和你的孩子投入时间和精力。这种时间的付出是值得的,因为你的孩子会从中了解到他的行为所引起的预期之中和预期之外的后果。他会意识到他是有足够的能力为自己造成的伤害承担责任的,而这种承担并不源于害怕遭受惩罚,而是因为他认识到承担责任本就是一件正确的事情。

### 扭胳膊和管教

当你介入到你女儿扭弟弟胳膊的事件中时,你用同样的方式扭她的胳膊以求给她一个教训,你隔离她,为难她,羞辱她,告诉她你不喜欢扭弟弟胳膊的女孩,或者给她下达禁令……这些方式都无法使她不再欺负弟弟,反而教会了她下次再想这样做时千万不要被爸妈发现了。惩罚致使她将自己的身份定义为你的惩罚措施的受害者,而不是她的弟弟所受痛苦的制造者。轻视这种行为或者把它当作偶发的行为也只会强化你女儿的欺凌行为。建设性的代替方案是管教的四个步骤,以及组成管教第三个步骤的三 R 原则——修复、解决与和解。

你可以清晰地向你的女儿描述她的所作所为,并且表达你对她能够为自己的错误承担责任的信任。"你强扭弟弟的胳膊,你弄疼他了,你需要对此进行弥补。我会帮你一起看看你需要做的三个 R。我相信你能处理好此事。"

第一个 R,修复,意味着弥补她所犯下的错误。如果她弄坏了弟弟最心爱的玩具,她需要修理好它,或者买个新的给弟弟。物质伤害通常比人身伤害容易修复。比起把一堆破碎的玩具零件重新组装好来说,弟弟感受到的痛苦、他对姐姐可能还会伤害他的恐惧,以及他对她能友好对待他的不信任是更难以修复的。

　　道歉是应该的，家长可以要求她道歉，但不能强迫她。如果你强迫她道歉，你得到的要么是一声不真诚的"对不起"，要么是一系列重复强扭弟弟胳膊之后的重复的"对不起"。这种被强迫的悔改无法修复任何的裂痕。真诚的道歉一般来自对成人的模仿，或是源自她本身曾经收到过的真诚的"对不起"。

　　无论多么的真诚，单说一句"对不起"是不够的。一位小学老师用一个生动的例子向她的学生们阐述了这一点。她把一颗钉子钉入了一块软木材中。在她重复钉入钉子的过程中，她让学生们思考他们曾经给别人造成过伤害的事情，无论是身体伤害、言语嘲讽，还是回避和孤立。随后，她用钳子把钉子从木板上一颗颗拔出。拿着钉子，她说："这就相当于在说'对不起'，但这远远不够。"她又拿起木板，问学生们："我们要对这些留在木板上的洞做些什么？"真诚且无条件的忏悔指的是对自己的所作所为有所担当，承认所犯的错误，表达不再会做出同样事情的强烈愿望，为造成的损伤承担责任，以及开始对产生裂痕的关系进行修复。

　　你不能强迫你的女儿进行悔改，但你可以帮助她通过用自己的方式完成三个R来达到真诚的悔改。悔改本身并不是我们的目标，它是孩子完成整个和解程序之后所产生的副产品。

　　第二个R，解决，指的是找出一个避免事情再次发生的方法。换句话说是，不论你的女儿曾经做过什么，如何能够帮助她迈向一个新的起点。新的起点包含着将她的错误行为（强扭弟弟的胳膊）和行为所造成的后果和意义整合起来形成一个新的开始。期待事情从未发生是没有意义的，事情已经发生了，她不可能再回到当初事情没有发生过的时候。她需要意识到自己到底做了什么（不，这不是意外，她是故意伤害的），她是因为什么才做出这样的行为的（是的，她嫉妒了，而且，她生气了——并不是生她弟弟的气，而是由于在父母眼中，弟弟好像从来都不会惹麻烦，而她自己总是那个惹麻烦的人），以及她可以从中学到什么（"当我嫉妒和气愤的时候，在我不在乎他人感受的时候，以及在我不能从别人的角度来看问题的时候，我可能会伤害到别人。我不用伤害我的弟弟就可以满足自己的需求；烦躁和生气的感受是正常的，但是扭他的胳膊把他弄疼是不可以的。"）。这个时候，你可以跟女儿讨论她的行为会造成的后果——她对弟弟造成的影响（胳膊被强扭是很疼的），她和弟弟之间的关系所受到的影响（没有人会喜欢和伤害自己的人待在一起），以及这件事对她自己的影响（"扭别人的胳膊是与人玩耍的糟糕的方式，很快就没有人愿意跟我一起玩了。我想要成为而且可以成为一个正直的、富有爱心和责任心的人，我也可以成为一个弟弟愿意与之玩耍的有趣的姐姐。"）。你可以帮助女儿体会自己的感受，促进她的亲社会行为（见第九章，"创造'做好事'的机会"）。如果她欺凌的动机是出于嫉妒——不尊重和轻蔑手足的行为往往是由嫉妒而起——那么对你来说，需要反省你对待两个孩子的态度和方法。父母经常给自己的孩子贴上"欺负兄弟的孩子"和"被兄弟欺负的孩子"的标签，这些都是你的主观感受，而你的孩子常常会按照你给他们贴的标签来扮演自己的角色。

第三个 R，和解，指的是对被伤害的人进行疗愈的过程。它包含了姐姐做出弥补弟弟的承诺并且决心将承诺兑现；还包含了弟弟愿意再次信任姐姐，承担风险去与姐姐重筑姐弟之情的意愿。在你的女儿做出补偿的承诺并用实际行动将其兑现之后，如果她能够付出更多的时间和精力去帮助弟弟就更有助于裂痕的修复了。（"你弟弟由于一大早被扭了胳膊，所以他这一天开始得并不是很顺心。你能做些什么来帮他，让他今天过得更美好些呢？""他喜欢坐在小马车上被拉着跑。"）你的女儿拉着小马车上的弟弟跑来跑去，这样的行为可以达到两个目的：第一，被欺负的弟弟能够通过此举体会到姐姐的善意；第二，欺负人的姐姐可以通过此举体验到自己拥有做好人和做好事的能力。（"我刚才搞砸了，但我是个正直的、富有爱心和责任心的人，我能够收拾自己弄的烂摊子，也有能力找到不让类似事件再次发生的办法。我可以通过努力来修复我和弟弟的关系。"）

孩子们倾向于在纠正错误的程序上止于第二步。而实际上，第三步"和解"是至关重要的。成人应该负起责任去精心引导孩子实施第三步。在你的女儿尚未被定型为欺凌者的角色时——当她只是刚刚开始尝试扮演这个角色时——及时实施第三步可以帮助她欣然接受更为亲社会的角色。她的弟弟，尚未经历持续反复的欺负，也更乐意跳上小马车愉快地让姐姐拉着跑。暴力的循环戛然而止，关爱的循环由此建立。

与扭胳膊事件不同的一种情况是，学校老师给你打电话说你的儿子已经欺凌了别的孩子太长的时间，无论你的儿子多么真诚地懊悔，试图弥补犯下的过失，并且持有坚定的信念想要和那些孩子进行和解，别的孩子却完全没有意愿和你的孩子进行任何接触，所以，老师劝他们放弃"和解"。经常出现的一种情况是，欺凌别人的孩子和被欺凌的孩子一同被强迫参加冲突解决的工作坊——但是请谨记，欺凌不是冲突，欺凌是由轻蔑而起。根本不存在需要解决的冲突。欺凌者只是为了取悦成人而不得不在他们面前表现出懊悔之情——表演而已，其本质没有发生任何的改变，他没有学会同理他人，也没有学会如何做好事。被欺凌的孩子的痛苦丝毫未减轻，他们仍然得不到支持。同时，欺凌者有可能伺机报复，而被欺凌者也有可能由于恐惧被报复而放弃说出真实的情况。欺凌很可能会继续。

你的儿子可以先努力将纠正程序的前两步做好，在抵达"和解"这一步的时候，他需要耐心地等待被他欺凌过的孩子们愿意与他进行和解的机会。时间本身并不能修复裂痕，但是修复裂痕却需要时间。即使你的儿子带着衷心的歉意向其他孩子伸出橄榄枝，被欺负的孩子也依然需要时间以使自己的内心变得足够强大来面对和解。要求孩子等待并不是意图伤害他，或是让他体会他人被自己伤害的痛苦。等待的目的是为了让被他伤害过的孩子能够逐渐地直面伤痛，疏导情绪，并且释放出压抑已久的怨恨和消极的感受，如此，他不但能够重新获得内心的平和、安全感和幸福感，而且能够打开心扉，为与你的孩子进行和解做好准备。

在这段时间内，你的儿子需要与被他欺负的孩子们保持距离以示尊重。如果有任何人会在这个时间段感觉到不便，这个人就是你的儿子。他不得不避免任何与对方共处的情况，不管是在走廊里、在科学课教室里，还是在足球场上。如果别的孩子对你的儿子恐惧到不愿意上学的程度，你的孩子甚至需要在家上课以避免和对方有所接触。同时，他可能需要被禁止出现在运动场的一些地方。他的言行举止需要被密切监管。面对这一系列的不便，你的儿子可能会有所退缩。你可以温和地提醒他，最初是他先实施欺凌的。

一旦其他的孩子准备好了，他们和你的儿子就可以聚在一起为达成和解而寻找创造性的解决方法。这和将欺凌视为冲突来达成和解是不同的。此时需要解决的问题是，在欺凌行为停止之后，在你的儿子一步步完成了管教步骤之后，他们如何在学校这个大家庭中和睦相处。

## 创造"做好事"的机会

仅仅告诉你的儿子不能做什么是远远不够的，他需要知道他能够做什么。在你的引导和监督下，他会找到关心和帮助他人的机会。在和解的过程中，他会为被他伤害过的人做些好事。这里所说的"关心和帮助他人"，指的是在他想要伤害任何人之前就去锻炼他"做好事"的能力。他用关怀和助人的方式对待他人的次数越多，就越不可能对他人不尊重。你可以就如何在家庭、生活区和学校助人为乐的话题与你的孩子进行头脑风暴。"你的弟弟好像在乘法表方面遇到了麻烦，你在这方面特别擅长，要不要帮他学习一下？""史密斯女士生病了，她的后花园杂草丛生。你觉得你能帮她打理一下吗？""学校正在寻找安全员志愿者，你思维敏捷而且足够警觉，你认为自己能不能胜任这项工作？"你还可以邀请孩子加入你为社区做贡献的活动中去。"国际仁人家园这周末要搬迁地址。他们需要大量的帮助，组织者说他们需要能够搬得起大箱子的人。你这么强壮，如果你能去帮忙，他们会很感激的，而且我也会和你一起去帮忙的。"

交给你的孩子一些杂事去做，比如倒垃圾；再给他一些责任去承担，比如喂狗，这些听起来好像并不是在培养你孩子"做好事"的能力。而实际上，这些最基础的活动不但能够帮助他们发展有效管理自己资源的能力，获得独自完成任务的体验，学会管理时间、制定目标，而且还能提升他们处理复杂工作的技巧。它们向孩子传递着一个特别的信息："你是这个家庭的重要成员；我们需要你，而且我们还依赖于你的帮助。"孩子们需要相信他们可以为家庭做出贡献，可以对家庭、生活区和学校产生影响。"做好事"的意义超过了帮助孩子满足自己的需求，它能帮助孩子学习去觉察并关心他人的利益和需求，进而发展他们同理他人的能力。

## 培养同理心

同理心是一种核心性的美德，是建立其他诸多美德的前提条件。它可以滋生同情心，进而发展为对于遭受苦难的他人的仁慈之心。（参照第三章，"同理心、同情心和仁慈之心"）米歇尔·博尔巴（Michele Borba）在她的著作《建立道德智慧》（*Building Moral Intelligence*）中将同理心描述为："识别和感受他人所虑之事的能力……同理心有助于发展人性、礼仪和道德。同理心是一种使孩子能够看到他人所处的困境并唤起自我良知的情绪。它能够打动孩子，使他们更加宽容和仁慈，更能理解他人的需求并且充满关怀地去帮助受伤的和遇到麻烦的人。"

同理心是人类与生俱来的一种能力。我们的情绪状态会被周围的人的情绪状态所影响。即使是新生儿，也会因为听到其他婴儿的哭泣而感到紧张。当小婴儿成长到 1 岁的时候，我们观察到他们会试图去安慰其他伤心或受伤的人。1 岁的孩子还处于无法把自己的感受与他人的感受清晰剥离的阶段，他们试图通过安慰别人来安抚自己。就算那个受伤的孩子的母亲在场，并且给了那个孩子一个他最心爱的玩具来安抚他，这个旁观的孩子依然会去寻找自己的母亲以寻求安慰。两岁的时候，他们已经能够理解每种情绪的产生都有原因。而且他们了解到自己已经长大了，有能力做出一些令他人愉悦或伤心的事情了。4 岁的时候，大多数孩子具备了观点采择能力——这是一种里程碑式的成长，使他们能够反思自己的行为对他人的影响，并且为处于困境的人提供帮助。6 岁到 7 岁的时候，孩子们在有效回应他人的情绪方面发展得更加成熟，而其智力的发展也使他们能够对他人做出更有建设性的回应。他们能够更加准确地识别他人的感受，能够看到他人想要脱离痛苦的需求，并且具备帮助他人减轻痛苦的能力。

马丁·霍夫曼（Martin L. Hoffman）教授在他的《同理心和道德发展：关怀和正义的启示》（*Empathy and Moral Development: Implications for Caring and Justice*）一书中解释说，同理的最高境界是，一个人能够同时注意到语言信息和非语言信息、情境线索，以及他人的生活状态，而后根据这些信息，想象到他人所处的情绪和经历并对所有的信息给予回应。"用这种方式，他们获得了对他人的理解，并且能够饱含情感地对对方的境况、感受和期待予以回应，与此同时，他们还能够把对方的意识和自我意识剥离清楚。"这种级别的同理心能够帮助你的儿子避免用冷酷无情的方式对待他的同学，也可以帮助你的女儿避免恶意地扭弟弟的胳膊。他们既能够看到对方和自己同样有价值，又能预期到他们那样做会给对方带来的伤害。而在目击别的孩子受到不公平对待的时候，他们也更愿意站出来为他人捍卫权利。

欺凌者的观点采择能力一般比较弱，他们更倾向于只从自己的观点来看待事件，同时只关照自己的感受。他们惯用的语言包括"你必须满足我的需要，我才不在乎你的感受"，或者"我当然在乎你的感受：你越痛苦越好"。如果你的孩子欺凌他人，这并不是因为他缺乏同理心。同理心始终存在，但也许是被扭曲了，或是被埋没在他内心的某个地方了。重塑它和重新唤醒它需要付出时间和努力。

你的孩子可以学习去识别手足或同伴的悲伤、痛苦和沮丧，并且认同他们的不幸。他同时可以学习如何站在他人的角度去体会感受并伸出援手。你可以从以下几个方面着手对他们进行引导：分享你的感受，解释你产生这种感受的原因，富有同情心地给他的感受予以回应，帮助他觉察他具有伤害性的行为给他人造成的影响，教导他禁止伤害他人的道德原则，以及帮助他发展观点采择能力。

感受和思想会指导行为。在日常生活中，你可以先教孩子认识和命名自己的感受并且识别自己的想法："你考试考砸的时候是什么感觉？""当你助攻队友进了球的时候，你有什么感受？""你把那个男孩推进储物柜的时候，心里是什么感觉？""你帮助妹妹的时候是什么感觉？""你扭弟弟胳膊的时候有什么感受？""你队友今天进球了，你对此有何想法？""你对那个被你推进储物柜的男孩有什么看法？""你觉得你在帮助妹妹方面的能力如何？"

接下来，你可以帮助他从他人的角度来看待问题。你可以帮助他站在别人的立场，体会别人的感受，然后，试图去了解别人的想法："你帮助队友进了球，你觉得你的队友会有什么感受？""你辅导妹妹做家庭功课，你觉得妹妹对此会有什么感觉？""你觉得那个被你推进储藏柜的孩子会有什么感受？""你认为别的孩子们为什么不去告诉别人你推这个男孩进储藏柜的事？""如果他能够告诉你，你觉得他会对你说些什么？""你认为你的哥哥为什么不愿意跟你分享他的玩具？""你觉得我为什么会因为接到学校的那通电话而烦恼？"

下一步，你要帮助他发展在做出具体行动之前就能够识别自己的感受和想法，同时站在他人的角度思考问题的能力。"在你把他推进储藏室之前，你的感受是怎样的？""下一次你再出现这样的感受时，你能做些什么来避免再做出伤害同学的事情？怎样能够把这些感受用更具建设性的方法表达出来？""你在扭弟弟胳膊之前有什么感受？""下一次你再拥有这种感受的时候，你能做些什么？""你觉得你需要些什么？""你怎样才能够在不伤害他人的前提下满足自己的需求？""当你用这么难听的名字辱骂那个男孩的时候，你能想象一下他的想法和感受吗？""你有没有别的方式可以向他表达他打扰到你了？""如果你是他，你愿意别人这样说你吗？""你还能做些什么，既让你可以表达出自己的感受和想法，又可以保护那个男孩的尊严和价值？"

## 教授交友技巧

你的儿子欺负别的孩子可能是出于各种各样的原因。我们可以去寻找原因，而不是寻找借口。他可能不知道怎样把握分寸或礼貌行事，因而总是侵略性地到处释放自己的力量以获取任何他想要的东西。他可能不知道怎样用和平的方式来解决同伴之间常见的矛盾，因此，当他面对矛盾产生了极具攻击性的反应时，他的同伴们可能会怕他，为了不受他欺负而对他避之不及。久而久之，他形成了粗暴而卑劣的行事风格，自我膨胀，无法建立健康的自我意识。他会有很多熟人，但却没有真正的朋友。你的儿子可能会依赖于欺凌的方式去获得朋友，因为他找不到别的交友方式。无论他怎样尝试，结果都会变得越来越糟。于是，他可能会自暴自弃："如果我做不了最好的，那我就当那个最坏的。"

要想交到朋友，他自己首先要成为一个朋友。实际上，做一个值得被结交的朋友是避免孩子成为欺凌者的一个有效方法。朋友的角色关乎关怀和分享，既成为好朋友又成为欺凌者的概率几乎不存在。在学习如何成为一个好朋友之前，你的孩子需要对建立健康人际关系的三个基础原则有所了解：

1. 在你与你同学的关系中，你只能决定其中的50%，另外的50%取决于你的同学。你只能邀请他，而不能强迫他跟你玩耍。是否要与你结交的决定权在他手中，他有权利拒绝你的邀请。

2. 你可以对你们的关系造成100%的影响。你邀请同学与你共同玩耍的方式，对于他愿不愿意接受你的邀请来说起着关键的作用。大声喊叫、呵斥、推搡或击打会大大降低他愿意与你玩耍的可能性。关心、分享、称赞和鼓励会极大地提高他愿意参与到你的活动中来的几率。

3. "不"是一个完整的回答。如果你的同学不愿意和你玩，不管你用多么尊重的态度来询问他，也不管你多么希望和他玩，你都必须尊重他"不"和你玩的选择。你可以去寻找别的朋友与你玩耍。

了解到你与你的同学在你们双方的关系中可以各自决定其中的 50%，加上你的语言和行为会对你们的关系产生 100% 的影响，并且你们双方都可以选择接受或拒绝对方的邀请，以及一个简单的"不"字即是对你发出的邀请的完整的拒绝，可以帮助三种角色的孩子——被欺凌者、欺凌者和不无辜的旁观者去改变他们扮演的角色来打破暴力循环。骚扰你的孩子只是在招惹你的还击，而你可以选择不被他招惹。他对你的骚扰永远不能成为你欺凌他的正当借口。来自欺凌者的嘲弄会招致糟糕的感受，或是对其积极或消极的应对，而你可以选择对此说"不"。一群欺凌者可能会邀请你共同参与到欺负另一个孩子的活动中去，你可以拒绝他们的邀请，并且采取更有效也更有创造性的方法来邀请被攻击的孩子和你一起对此进行抵抗，你甚至可以邀请欺凌者加入你（后文会详述）。

年轻孩子最难把握的一点来自社交活动的复杂性。特雷·罗曼（Trevor Romain）在他所著的一本见解深刻又文风诙谐的书籍《派系、虚伪和其他鬼话》（*Cliques, Phonies, & Other Baloney*）中提醒孩子们：他们始终持有选择朋友的权利。所有的孩子都需要归属感，但是，他们并不需要为此加入某个小团体，而且，他们也并不一定想要加入某个小团体。他们可以决定，只要能够受到朋友的欢迎就已经足够了。"这由你决定。如果你只有一个或两个朋友，那也很棒。不过如果你觉得不够，用你的人际交往能力去再结交几个朋友也不错。然而，你永远不可能获得太多的朋友，毕竟，能够真正关心你并且喜欢最真实的你的人并不会太多。"他进而给孩子们提供了一些做一个值得被结交的朋友和维系友谊的方法：

维系友谊的十种最佳方法

1. 向他们表达友善和尊重。

2. 支持和维护他们。

3. 在你的朋友需要帮助和建议的时候给予他们支持。

4. 讲真话（但是要以友善的方式）。

5. 如果你伤害了朋友，向他道歉。

6. 如果你的朋友伤害了你并且向你道歉，接受他的道歉。

7. 如果你做出承诺，兑现你的承诺。

8. 为你们的友情做些努力，否则你的朋友可能会觉得你忽视了他。

9. 不要试图改变你的朋友——接纳他们原本的样子。

10. 用你希望被对待的方式来对待你的朋友。

还有最后一点：永远对朋友心存感激。

欺凌者试图指挥和恐吓其他孩子以达到控制他们的目的。（"如果你想跟我玩，你就不能跟她玩。"）想要交朋友的孩子会对他人伸出橄榄枝，并且无论对方是接受还是拒绝他的邀请，他都会尊重对方的选择。一旦有人接受了他的邀请，他会用坚定而自信的、和平的和尊重的方式来维系他们的友谊。

## 密切关注孩子的活动

公元前 374 年，柏拉图叙述了他对于儿童社会化对儿童的消极影响的担忧："难道我们应该毫不在乎的让孩子们听……那些由随便一个人编出来的故事，而他们从故事中获得的想法和观念，恰恰是他们长大成人后，我们最不希望他们会持有的想法和观念？"所有形式的媒介都会对孩子们理解他们身处的世界产生深刻的影响。媒介技术已变得如此强大，使得我们不能放任其对我们的孩子造成的影响。太多的媒介活动和太少的"现实"社会互动扼杀了孩子们发展社会技巧的能力，从而阻碍他们成为一个正直、富有爱心和责任心的人。残忍、邋遢、粗糙和暴力的图片和歌词妨碍着同理心和尊重感这两种文明礼仪之关键元素的成长。老师们报告，经常观看"垃圾电视节目"的孩子的"暴徒心态"持续增长。为了挑衅和激怒某个同伴，学生们聚集在一起用卑鄙的语言无情地嘲讽她的相貌、行为、性征和智力。一个关于仁慈、同理和尊重的 30 分钟的品德教育课程已经穷于应对这一切。在传授美德方面，电视远比课堂更有说服力。

研究表明，经常接触媒介暴力的孩子在面对现实暴力的时候更麻木。因此，他们对别人的痛苦感受较为迟钝，也较不可能对需要帮助或处于危机之中的人给予回应。当他们发现或看到有同伴受到欺负时，他们更容易表现出**迟钝麻木和冷酷无情**的态度，逐渐能够对程度越来越严重的暴力行为给予默许。他们已经习惯于社会中的暴力、粗鲁和无礼，认为发生这样的情况天经地义。他们难以从不同的角度来看待生活。

具有暴力幻想的视频文化严重诱导了很多情感脆弱的孩子。当他们被那些逼真的、赞美以暴力为手段解决问题的媒介图片所包围之时，他们难以学习到和平解决冲突的技巧。如果他们重复操作那些把他人描绘为敌人、可以被捕食的猎物或攻击目标的瞄准射击类电子游戏，他们与生俱来对杀人的抑制能力会被破坏，面对枪杀人类的行为，他们会表现得无动于衷。

媒体所报道的暴力实施者几乎都是男性。年轻男孩们的强奸、谋杀和虐待等犯罪行为得到了强化。强奸犯和虐待狂的"娱乐"鼓励着对女孩和女人们的征服和诋毁——教他们去轻蔑女性！与色情相关的暴力被视为乐趣和运动，加上暴力的种族主义刻板印象、极端的竞争、贪婪、自私和冷漠无情，你获得的将是一本欺凌操作手册。在媒介中，人们一般被清晰地界定为"坏人"和"好人"——他们和我们。它几乎没有余地让我们站在他人的角度看待问题，仁慈地给予回应，或把一个"局外人"视为和我们同样平等的人。心理学家菲尔·津巴多（Phil Zimbardo）博士在他激情四射的 TED 演讲"男孩的消亡：为何男孩们在苦苦挣扎，我们能为此做些什么"（The Demise of Guys: Why Boys Are Struggling and What We Can Do About It）和与演讲题目同名的著作中，谈论了网络色情和视频上瘾如何掠夺了年轻男孩们"驾驭现实人际关系、学校功课和就业"的能力和意愿，而且，更重要的是，父母和教育工作者们能够使用什么方法帮助他们"回归正轨"。

孩子们会**模仿**他们看到和听到的一切。接触暴力，与发展侵略性价值观和攻击性行为之间存在着明显的相关关系。习惯于观看暴力媒体内容的孩子的行为更激进，他们更愿意用攻击性的方式来解决问题。媒介中不真实的暴力和现实生活中真正发生的暴力之间毫不相干。在媒介中，肇事者不需要承担任何负面后果。如果肇事者被视为"好人"，那么他的暴力行为反而会被称赞或奖励。我们很少能够从暴力节目中看到对暴力行为的懊悔，更不用提为孩子们传输反对暴力的信念了。

正如有些电影和电视节目的质量上乘，有些游戏也充满奇幻和乐趣，比如市场上最畅销的游戏之一"迷雾之岛"（*Myst*），它将孩子们带进一个虚拟的世界中，通过解开谜团来完成任务。还有一些游戏的设计对操作者的要求并不止于面对威胁做出迅速、侵略性和暴力的回应，它们会对孩子的反应速度给予奖励。孩子们大脑中负责反应的区域得到了强化。然而，他们的反应能力和应答能力不但没有被强化，反而被遏制了。他们被强化的是对刻板印象的条件反射，这种虚拟世界中对刻板印象的强化会导致他们在现实世界中歧视他人。1999 年发表于《琼斯母亲》（*Mother Jones*）杂志的题为"雷神文化"（Culture Quake）的一篇文章中，作者保罗·基冈（Paul Keegan）这样描述《雷神之锤 III》（*Quake III*）："在你被响亮而清晰的信息警醒之前，你仅仅有几秒钟的时间享受游戏的美好画面。随后，你跌入数百英尺高之下的一个空间，你注意到在你跌入的平台上有一些人正在闲逛。你友善地向他们打招呼，结果大错特错：他们突然朝你开火。出于恐惧，你条件反射式地回击了他们。屏幕上充斥着炸飞了的头颅和四肢。在这个奇异的空间中，杀人或者被杀成为了唯一被许可的社会互动形式。这种令人惊心动魄的新图像技术通常会渲染出血肉横飞、尸横遍野的场面。"恐惧和条件反射——不给人任何思考的时间。如果孩子们玩了大量的这类游戏，他们将很难用善意的态度来看待现实生活中的陌生人，他们不愿承担风险。他们认为，还是把那些不熟悉的同学的行为看作敌意的行为比较明智。

在年轻玩家中负有盛名的游戏《侠盗猎车手 III》（*Grand Theft Auto III*）在游戏中邀请孩子杀害警察，用火箭炮轰炸警车，用机关枪扫射群众以听到他们的尖叫声。在这个虚拟的世界中，孩子们可以随便找上几个妓女，和她们在车中发生关系，暴虐她们之后将她们弃于路边——这所有的行为都可以为玩家赢得额外奖励的分数。这就是柏拉图所指的故事——"那些由随便一个人编出来的故事，而他们（孩子们）从故事中获得的想法和观念，恰恰是他们长大成人后，我们最不希望他们会持有的想法和观念。"

长期接触媒介暴力的孩子更容易感受到威胁。他们相信世界是个充满暴力的不安全的空间，他们对此充满恐惧，难以信赖他人。对于微不足道的小事件，他们都有可能反应过度。这种对威胁的感知会导致抑郁——是的，无论是欺凌者还是被欺凌者都有可能变得极度抑郁。

如果你的孩子会欺负别人，那么他受到暴力媒介的影响的几率会更高。康斯托克（George Comstock）和派克（Haejung Paik）在一个有关电视的大样本的研究中得出这样的结论："接触电视暴力和做出反社会、侵略性行为之间的高度相关来自接触电视暴力的和反社会、侵略性行为的频率。"这个结论对于为了逃避负面的同伴互动而躲避于媒介暴力中的实施欺凌的孩子和长期被欺凌的孩子有着同等的意义。

作为家长，你能做些什么？

- 要对孩子日常接触的电视节目、电影、视频、音乐和电脑游戏的内容有所警觉，同时要对它们进行了解。可以试着和孩子一起观看、收听或玩耍这些媒介，如此便于你了解他们的思想都"吸收"什么样的内容。
- 把电视、录像机和电脑放置于家庭公共区域，并且让孩子在晚间把手机放到你的卧室去充电。
- 限制孩子接触媒介的时间和频率。
- 教授孩子用批判性思维来评估各种媒介信息、媒介的真实意图和媒介诱导大众的手段。
- 给孩子提供能够传达你想让他们获得的价值观和美德的优秀书籍、电视剧、电影、戏剧和游戏。
- 要对四种过度接触"不文明"媒介内容的危险信号有所警觉：对暴力的敏感度降低、麻木、模仿和威胁。
- 鼓励孩子参与到他的同伴们的促进创造力、责任心、亲社会和文明的活动中去。

## 帮助孩子参加更有建设性、娱乐性和有活力的活动

你的孩子可以把上次攻击他弟弟时用的精力来攀登岩壁。这次，他不需要通过"除掉某人"就可以达成目标；他会很有成就感；他还可以通过教弟弟怎样攀登来"做好事"。他可以在一条河流中"寻觅"湍流去征服它们，而不是在学校走廊"寻觅"弱小的孩子去欺负他们。他可以把挥拳殴打同伴时用的精力和准头用来把篮球投入篮筐。你的孩子在建设性、娱乐性和有活力的活动上花的时间越

多，在欺负别人方面花的时间就会越少；越不需要通过使用反社会的手段来满足自己的需求；越不会也不想做出反社会的行为。他社交技巧的缺失被他的亲社会行为所弥补，使得他更有价值感，也更自信。至此，他将为在自己和同伴的关系中扮演一个新角色做好准备——始终做正确的事。

## 培养孩子"始终做正确的事"

测试你的孩子是否具备能力去摆脱欺凌者的角色而投身于扮演正直的、富有爱心和责任心的角色的最佳情境是，在他面对一个或一群欺凌者正在欺负人的时候。史蒂芬·卡特（Stephen L. Carter）在他的著作《正直》（*Integrity*）里叙述了教导孩子们"始终做正确的事"的观念——即说正确的话，做正确的事，"即使会背负沉重的负担"。这意味着帮助孩子们发展他们内在的道德愿望（个人原则）来指导他们始终说正确的话，做正确的事，即使不是为了他们自己的利益，无论后果如何。这种道德愿望可以在孩子们遇到困境的时候，比如在面对同伴有可能会伤害他们的时候，给予他们正直行事的力量。"拥有做好事的意愿"有三个层次：

1. **辨别是非**。我们可以教导孩子什么是对的，什么是错的。然而，如果他们行正确之事的原因仅仅是来自我们告诉他们要这样做，或者来自害怕被惩罚，感到有义务，以及为了得到外界的许可，那么，我们传授他们的是非观将永远无法成为他们的个人原则。如果无法成为他们的个人原则，那么他们的良心就可以出卖给为他们提供最大利益的人。（"我只不过做了他们让我做的事。""她让我这样做的。""她活该被戏弄。""每个人都这样做。""是他们跟我说，如果我去嘲弄他，我就可以加入他们的群体。"）通过做好人、做好事，你的孩子可以开始发展他内在的道德意愿。他可以就他的理想是什么，他代表了什么，以及他想成为什么样的人等等问题进行自我对话。他可以锻炼自己的观点采择能力，试图同理他人。想要达到下一个阶段，他还需要更多的勇气。

2. **即使牺牲个人利益，也要做正确的事情**。"嘿，伙计们，住手，别去打扰他。"此时此刻，你的孩子宁愿失去在朋友前的面子也要做正确的事。为此，他愿意承担同伴的冷嘲热讽。（"你是个娘们吗？""难道你跟他是一类货色？""哎哟，瞧瞧这个好人。"）拥有做善事的意愿既涉及选择正确的立场又包含做出正确的行为。你的孩子单单能够体会到他人的痛苦是不够的。他必须采取行动来为他人减轻痛苦，即使这样做是以被朋友疏远为代价也在所不惜。在《没有上帝我们还能好好的吗？》（*Can We Be Good Without God?*）一书中，作者罗伯特·巴克曼（Robert Buckman）博士提出这样的问题："我为何要正直行事？"他是这样回答的："因为如果我们都这样做，这个世界将变得更加美好。"

**3. 公开表达个人是非观。**"我绝对不会参与其中。我将尽我所有的力量去阻止这场嘲弄。"

当你的儿子选择始终去做正确的事，"即使会背负沉重的负担"，他就是在提醒他的同伴，即使付出巨大的代价，他也绝不会因为做了自己认为正确的事情而感到羞愧。至此，你的儿子经历了暴力循环的所有角色——从欺凌者到勇敢的人。他将在实践的过程中发现这个新角色更加适合他。

## 了解自我

教导你的孩子坚定而自信地、而非侵略性地去使用负责任的和有建设性的方法来满足自己的需求，以及"做好人"、"做好事"和"始终做正确的事"需要你付出时间和精力。除了上述所有的步骤，你还需要去注意你日常满足自己需求的方式，你处理自己生活中大大小小的冲突的方式，以及你对孩子犯的错误、恶作剧和蓄意破坏的行为的回应方式。虽然辛苦，但是这些时间和精力的付出都是值得的，因为你的家里再也不会出现欺凌者了。

> 孩子们经由被关怀而学会关怀。他们对和善、对同情、对容忍和友善、对支持和帮助的最初了解，都来源于他们自身被对待的方式。
>
> ——詹姆斯·小海姆斯（James L. Hymes Jr.）
> 《教育六岁以下的孩子》（*Teaching the Child Under Six*）

第十章

# 你家里有被欺凌者吗？

> 人类的基本定律是相互依存。人之所以能称之为人，是因为有其他人。
>
> ——大主教德斯蒙德·图图（Archbishop Desmond Tutu）

当怀疑你的孩子正在遭受欺凌时，你会感到心碎，就如你发现你的孩子在欺负他人一样糟糕。我们在第三章说过，不要指望你的孩子直接告诉你他被欺负的事。你的女儿有大把的理由不告诉你她的生活因为受到欺凌而变得糟透了。她不会告诉你欺凌者不让她午餐时坐在某个桌子前，把她推来推去，在卫生间镜子上写造谣中伤她的话，还在她等公交车的时候嘲弄她。你的儿子不告诉你他受到欺负的原因也同样有很多。他不会告诉他的母亲他被推挤进了储藏柜中，被迫交出他的夹克衫，在学校走廊里被辱骂，在体育课上被故意绊倒，而且被威胁交出午餐费，否则他将受到身体的伤害。如果你从孩子的报警性行为中或其他渠道获知了他受到欺凌的消息，根本不用去询问他们"为什么你不告诉我？"你需要做的是仔细思考一下他们不愿意告诉你的原因。

- **他们为受到欺凌而感到羞耻。**很多遭受欺凌的孩子本身是一个正直而富有爱心的人，他们不会去欺负别人。他们很难理解为什么会有人无缘无故地攻击他们——真的是找不到任何正当的理由。欺凌者是为了欺凌而欺凌，他们的攻击是旨在削弱被欺凌者的力量和对其造成伤害，他们常常会抓住被欺凌者无法掌控的因素进行攻击。

- **他们担心如果把事情告诉成人，他们会遭受报复。** 欺凌者经常使用并且总是蓄意威胁，你的孩子很清楚这一点。

- **他们认为没有人会愿意帮助他们。** 他们很绝望。当他们把事件上报的时候，就像我们经常对他们说的一样，他们会被告知："换一条走廊行走""避开那些欺负你的人""如果你不想在餐厅遭遇他们，换一个地方吃饭"或者"别理他们"。

- **他们被"欺凌是成长的必经之路"这样的谎言所迷惑。** 是我们传授给他们这些谎言的："男孩都是这样的""女孩就是爱背地里搞动作啊"以及"这是成长的一部分"。

- **他们可能会认为成人也是谎言的一部分。** 成人也欺负孩子，还会把欺凌事件大事化小。

- **他们被灌输的观念使得他们认为"告密"是可耻的、不够酷的、幼稚的行为。**

正如我在前文说过的，最致命的情况组合莫过于欺凌者总是可以对被欺凌者予取予求，被欺凌者没有勇气告知他人其遭受的境遇，并不无辜的旁观者不是冷眼旁观，就是参与欺凌，抑或装作什么都没有看到而就此离开，而成人却把这种儿童之间的欺凌行为定性为成长道路上的必经阶段，认为"男孩都是这样的"，或者"女孩之间的闹剧"，加上被欺凌孩子感受到的无助和绝望，以及"禁止告密"的观念，父母就极有可能对孩子日复一日都在经历的痛苦一无所知，无论这种痛苦是来自她的同伴还是来自你认为值得信任的成人。

## 重申警告信号

如果你的孩子相信他将他所经历的好的、坏的、丑恶的事情告诉你，你会认真地倾听他，给予他强力的支持、指导和智慧，那么他是有可能把他受到欺凌的事情告诉你的。然而，即使他没能主动告诉你，你也可以花些时间来跟他聊聊他的日常活动。如果你能够参与到他的生活中去并且熟识他的一些朋友，你也更容易在问题发生的时候有所察觉。当你注意到孩子被欺凌的这些警告信号出现的时候，你要更加关注孩子话语背后的真实意思和他行为背后的真实意图：

1. 突然对上学失去兴趣或者拒绝去学校。

2. 选择了一条与以往不同的路线上学。

3. 成绩下滑。

4. 退出家庭或学校的活动，只想自己一个人待着。

5. 放学后总是很饿，说他把午餐钱弄丢了或者说在学校的时候并没有感到饿。

6. 偷拿家长的钱，并且找出的借口都很荒唐。

7. 一回到家就直接进卫生间。

8. 在收到邮件或接听电话之后表现出难过、沉闷、气愤或恐惧的情绪。

9. 做出一些出乎意料的事。

10. 用贬义词或有损人格的语言谈论自己的同伴。

11. 有关同伴或每日活动方面的话题绝口不谈。

12. 发型凌乱、衣服褶皱或被撕破，或丢失衣服。

13. 身上出现与解释不相符的损伤。

14. 胃疼、头疼、惊恐发作，无法入眠或嗜睡，并且筋疲力尽。

15. 创作的艺术作品中表达了严重的情绪困扰、内心混乱或直接暴力。

在你与孩子聊日常活动并寻找警告信号的同时，你还可以直接询问他们以下的问题：

● 你们班有没有哪些孩子做过卑鄙和残忍的事情？

● 如果有，他们都做些什么或者说些什么？

● 他们有没有专门针对哪个孩子来做这样的事？

● 他们有没有对你说过或做过卑鄙的事情？

无论从中得到了什么样的信息，你首先要做的是用鼓励、支持和爱的态度来回应你孩子的恐惧和其他遭受欺凌的征兆。孩子需要知道无论她说什么，你都不会认为是愚蠢的。她可以跟你谈论任何事情,无论这件事情有多么的严重。而你始终会做关心她、鼓励她、给她力量的坚实后盾。

## 应做和不应做的事

如果你能够教导孩子去欣赏自己、独立思考和尝试解决困难的问题,加上你之前给予他们的帮助都富有指导性和建设性——而不是把事情变得更糟糕,那么他们在遇到困难时会更乐意寻求帮助。同时,他们还知道你是值得信赖的,因为你会向他们传达这样的信息:

**1. 我听到你说的内容了;我始终站在你这边;我相信你;你不是独自在面对这一切。**无论你的孩子说了些什么,或是以什么样的方式来说,你最好的回应方式都是"跟我说说吧",然后保持沉默和倾听。询问孩子被欺凌的事情经过时,避免在他说出整个事情过程前就问东问西,这可以帮助你更好地了解孩子对此事的理解、担忧和焦虑所在。你可能会从倾听的过程中找到欺凌者能够成功侵犯到你孩子的核心尊严和自我价值的真正原因。(你的孩子是否因为遭受欺凌而自残?他是否为自己对欺凌作出的回应或没有作出回应而感到羞耻?他有没有被那些支持欺凌者的同伴们羞辱、抛弃或回避?)

你需要在孩子谈论了他的受伤和痛苦之后,再开始收集事实信息:谁、在哪里、什么时间。如果在此之前就直接切入主题来询问这些信息,你会错过整件事最重要的一个方面——这件事对孩子的幸福感产生了什么影响。

**2. 这不是你的错。**责任在欺凌者身上。没有人应该遭受欺凌。你孩子的某些行为兴许惹恼了欺凌者(后文会详述),但是这些行为永远不能成为欺凌者实施欺凌的正当理由。根本不存在"如果你会……""如果你没有……""如果你不是这样……"这样的话,记住,欺凌者已经在贬低你的孩子了:"你不值得被尊重;你没有能力保护自己;你完全没办法掌控你在学校的经历;没有人喜欢你。"你的孩子需要你的帮助来克服这些丑恶的指责。

**3. 你可以对此采取行动。**"我能够帮助你些什么?你并不孤单,我不会让你感到无助和绝望的。我们可以一起制定一个有效的解决方案。"你可以帮助孩子一起寻找方法来坚定而自信地抵抗欺凌者，避开危险的情况，恢复勇气，以及更充分地开发她的天赋和技能。她需要你协助她去探索可供选择的方案，分析这些方案和摒弃那些会使事情变得更糟或使她的处境更加危险的方案。"这样做会有帮助吗？""你还能做些什么？"一旦不可行的方案被摒弃，她就可以坚定而自信地实施有建设性的方案了。

**4. 把欺凌事件上报学校管理人员。**孩子的老师需要对孩子经历的欺凌有所了解。他们需要了解事实——日期，时间，地点，涉及的孩子，以及事情的细节——还有这件事对你的孩子产生的影响。你需要跟进此事以确保你的孩子和其他被欺负的孩子确实受到了学校的积极保护，同时，你也需关注实施欺凌的孩子是否得到了管教——而不是受到了惩罚或得到了包庇。年长一些的孩子可能不希望你来做那个上报事件的人——他们担心如果学校不能严肃地处理欺凌事件，你的参与只会使事情变得更糟（详见第十三章，"学校关心，社区参与"）。

你还要避免做出以下五种事情：

**1. 不要姑息、纵容欺凌者的行为，也不要为其辩解。**欺凌导致很多伤害。它绝不仅仅是调侃、调情，或是冲突；是的，欺凌的目的在于伤害。姑息、纵容和辩解欺凌者的行为只会传递给你的孩子一个信息：在此事上，她是孤单无援的。很快她就会认为，面对欺凌的最好方式是默默地忍受。

**2. 不要急于代替孩子解决问题。**除非你的孩子存在严重的生理危险，你若包办他的问题只会使他更加无助，使欺凌者认为你的孩子更加不堪一击，而且使旁观的孩子感到欺凌者说的是对的——你的孩子就是个"懦夫"，或者，更糟糕，是个"妈宝男"。即便如此，我们也不能完全依靠孩子自己去阻挡欺凌。在为他们提供自我保护和对抗欺凌的方法的同时，我们成人更应该通过及时制止任何看到和听到的欺凌现象来为孩子们创建一个反欺凌的环境。这与急切地投身于欺凌事件中去包办解决孩子遇到的困难是不同的。欺凌者的欺凌行为是习得的，我们成人应该教会他去学习制止欺凌。鉴于大多数旁观者都或多或少地站在欺凌者这边，需要被改变的就不仅仅是欺凌者和被欺凌者，而是整个系统。这场欺凌剧中的所有孩子的脚本都需要得到引导和帮助，指导他们更换整个剧本的主题。

3. **不要告诉你的孩子去躲避或不理睬欺凌者**。这样做就相当于让他带着对欺凌者的恐惧继续逃跑和躲藏。欺凌者能"闻到"恐惧的味道。你的孩子会变得越来越脆弱，转而成为学校内所有欺凌者攻击的对象。在面对直接而现实的危险时躲避欺凌者是无可非议的，但这不是长久之计。一个 16 岁的年轻人向他的高中校长反映他被一群同学欺凌的事情，他们侮辱他，还在他要去班级上课的时候把他扔进储物柜。这位校长建议他走另一条学校通道。这个建议并不是为了在当天帮助他解决问题之前保护他的安全，而是让他在整个学期剩下的时间都用这种方法来躲避欺凌者。这是多么令人恶心的做法，最终去承担后果的是被欺凌者，而不是欺凌者。

躲避欺凌者会举步维艰，想要对他们不理不睬更是难于登天。在尝试去忽视日复一日的欺凌的过程中，你的孩子很可能就把欺凌者传达给他的信息内化了："我是个呆子，我是个蠢货，我一无是处。"

4. **不要告诉你的孩子打回去**。你确定教你的孩子打架是解决问题的办法吗？它不是，而且，欺凌者之所以选择你的孩子作为欺凌对象很可能是因为他们认为他打不过他们。如果你的孩子打输了，等待他的将是更严重的欺凌。要保护自己，是的。要坚定而自信，是的。但是坚定和自信不包括用那样的方式使用自己的拳脚。"这是一个愚蠢的地方。我要离开这里。"他的离开不是因为他是个胆小鬼，而是因为他的智慧。用坚定的态度回应欺凌的孩子比起试图用拳头回击欺凌的孩子更容易在反击欺凌中获得成功。

5. **不要单独面对欺凌者或欺凌者的家长**。欺凌者很清楚在什么地方实施欺凌是比较保险的，而且他们的欺凌行为很有可能是源于他们的父母。他们很有可能拒绝与你合作，自我保护并把责任都推到被欺凌者身上。当欺凌者的母亲从你这里得知她的 17 岁女儿与几个同学一起围攻一个女孩，骂她"又黑又丑"，她会坚持声称她的女儿绝不会做出这种事情，而且即使她做了，也肯定是那个被欺凌的女孩自找的。

如果有条件，你可以请求学校辅导员与你和你的孩子一同加入和欺凌者及其家长的协商中（详见第十三章，"学校关心，社区参与"）。

## 辨别告诉和告密

孩子需要知道，即使他能够自己抵挡欺凌，他也需要把遭遇欺凌的事情告知成人。因为如果欺凌者没有真正面对过此事，他还会选择别的孩子去欺负——而别的孩子就不一定有能力独自抵抗欺凌了。把自己的遭遇告知成人以免其他孩子遭受同样的痛苦是目击者的首要职责。

在《芝麻街》的"好鸟俱乐部"的剧集中，在大鸟持续受到生活区的另一只鸟的欺负后，艾比跟艾摩说他们需要将此事告诉大人。艾摩却说："我不想做告密的人。"艾比回复艾摩："这不是告密，这是援助。"正如大鸟所承受的欺凌一样，很多欺凌都是在成人监视区域之外进行的，而很多旁观的孩子都像艾摩一样在是否要报告成人的问题上踌躇不定。我们必须说服孩子们，让他们知道我们是他们值得信赖的同盟，而且我们会为此采取措施——只要他们愿意告诉我们。这要求我们要教导孩子——告诉和打小报告是不同的。

每当我们听到孩子对他们的手足和同伴评头论足时，我们就会告诫他们："不要搬弄是非，不要打小报告。"然后，我们又会在孩子们没有把潜在的危险信息告诉我们之时，责怪他们："你为什么没有告诉我？"我们使用的词汇——搬弄是非、打小报告、背叛、告密、叛徒——听起来都如此刺耳，使得孩子们认为任何形式的谈论他人都是不得体的。这些词语将沉默法则深深嵌入孩子的行为准则中，使他们的道德感在面对恶意事件时也哑然失声。

正如我们需要教导孩子调侃和嘲弄的区别、调情和骚扰的区别，以及打斗和欺凌的区别一般，我们还可以教会他们告诉和告密的区别。我用下面这个简单的规则来区分二者：

告诉：如果告诉我能帮助你或其他孩子**解脱**困境，那么请告诉我。
告密：如果告诉我只能使其他孩子**陷入**困境，那么不要告诉我。
如果**两者兼有**，那么，我需要知道。

这个规则并没有直接跟孩子讲需要向成人报告什么内容。这只是一个工具，用来帮助孩子在遇到任何情况时都能够辨别要说什么，以及何时去说。

你可以运用日常活动中的各种机会来教孩子辨认"告诉"和"告密"的区别。"詹姆斯又吸吮他的手指了。"（告诉我这一点只会让詹姆斯陷入麻烦当中；不要告诉我。）"詹姆斯的门牙掉了，而且他的嘴在流血。"（告诉我可以帮助他进行清理；告诉我。）"詹姆斯在吸吮他的手指时门牙脱落了，而且他的嘴在流血。"（两者兼有；告诉我。）当孩子6岁的时候，就可以教导他们去辨别调侃和嘲弄、手足之争和欺凌了。如果约翰不愿意分享秋千，告诉我只会给他带来麻烦，那么不要告诉我，用我告诉过你的技巧来跟他协商。记住，他在你们关系中拥有50%的控制权——还有在此时此刻，100%的秋千使用权。你在你们的关系中拥有另外50%的控制权；并且你们双方的态度和行为都可以100%地影响你们的关系；而且，如果他说"不"，就意味着彻底地拒绝。如果约翰把杰夫推下秋千并辱骂他，告诉我，我需要知道。如果苏西要求其他6年级的学生共同排斥那个新来的女孩，还说要看她能不能在被集体回避的情况下生存三周，告诉我，我需要知道。

如果在孩子年纪尚小的时候就告诉他们此二者的区别，他们在成长到青春期时就能够很好地运用它们。如此，青春期的孩子能够明白，把朋友被同伴欺凌、被迫交出自己的财产并且莫名其妙地在跟同学们道别的事情告诉你，并不是在搬弄是非、打小报告、背叛或告密。"告诉"可能会帮助他脱离困境，而保密却有可能危及他的生命。你女儿的朋友怀孕五个月，为了掩人耳目，她用束腹带捆绑自己的肚子。她向你的女儿倾诉了这个秘密并且让你的女儿发誓不会告诉别人。把此事"告诉"成人可能会给她带来一些麻烦，然而却必定确保了她与她的孩子的安全。你的女儿已经完全掌握了区分"告诉"和"告密"的技巧，她会怎么做？我们不得而知，但是起码，掌握这个技巧能够对她有所帮助。放学后会发生一场群殴，群殴所用的大量的武器被藏匿在学校的储藏柜中。把此事告诉成人会在短期内给参加群殴的学生带来麻烦，但是长远来看，却能够避免他们陷入更大的麻烦和深切的悔恨之中。

梅雷迪斯挑战梅根，要求她当众脱下裤子，否则将永远把她排斥在团体之外。茱莉把这件事告诉了她的妈妈（详见第三章）。茱莉这样做会使一部分人陷入麻烦，另一些人脱离麻烦。茱莉知道她可以告诉妈妈这件事，妈妈会相信她，还会帮助她解决此事。最终，三个女孩都由于茱莉的"告诉"而从中受益匪浅。

通过日常情境的锻炼，通过把握孩子的试探性语言、身体语言和行为来真正地倾听孩子在说什么——或者在试图表达什么——你会与孩子保持一个良好的沟通状态。如果孩子认为一旦跟你沟通就会遭遇评价、不信任或威胁："不要谈论这些疯狂的事情。""不要搬弄是非。""他不会自杀的。""如果你一旦被我抓到和他一样做出愚蠢的事情，你肯定会被禁足的。"那么，孩子一个字都不会跟你说。有哪个年轻人愿意从父母口中听到他的朋友不会愚蠢到自杀，她怀孕的朋友是个荡妇，小镇上不会发生群殴这样的事情的？试想，如果茱莉的妈妈坚持说没有人会强迫一个女孩在公众场合做出脱裤子的事情，或说肯定是茱莉搞错了，又或说这不关茱莉的事，事情的结果会如何？

安迪的朋友就遭遇了这样的情况。2001年3月4日，在加利福尼亚州桑蒂市，15岁的安迪周末在朋友家过夜时吹嘘他准备杀害同学的计划。一位成人听到了他的计划，他告诉安迪如果再敢说这样的事情，就把他带到警察局去。面对威胁，安迪回应："我只不过是开玩笑而已。"第二天，安迪到学校杀害了两个人，重伤了十三个。他根本不是在开玩笑；他是在试图表达他遭受的无可言喻的折磨和伤害，而这些伤害最终化作了仇恨。

安迪的一些朋友曾经满怀担忧地把安迪的计划告诉了他们的父母。一位家长痛惜他听到此事后并没有引起重视，当时他告诉孩子："别傻了，他才不会做这样的事呢。"安迪的这些朋友很担忧此事，他们那天还在安迪到校后试图安抚他，但他们并没有看到安迪背包中子弹已经上膛了的手枪。"我们根本没想到他来真的。""如果我们告发此事，会给他带来麻烦。""他经常被嘲讽，每天都会受到攻击。"

时至今日，我们只能猜想，如果有成人觉察到安迪的痛苦，把他带到一旁，认真地告诉他"请跟我聊一聊你的情况"；提醒他的父母，告诉他们安迪有获得枪支的渠道，并且把他的复仇计划告诉学校；如果他的朋友把这件事报告给了一个能够给予足够重视的成人；如果辱骂一个男孩会被认为是不妥当的行为；如果……那么事情的结果会不会截然不同？

就在同一个星期，一个8岁的女孩报告说她的同学威胁要杀害她。成人认真地听了她说的话而且给予了足够的重视。他们从一个8岁男孩的背包中搜出了一把子弹上膛的枪。是的,这个男孩陷入了巨大的麻烦当中,但是这种麻烦比起他开枪射击女孩的麻烦要小得多。而这个女孩也能够活着跟人们分享她是怎么学会把握"告诉"的时间和选择"告诉"的对象的。

这个女孩所掌握的技能正是安迪的朋友们应该学会却没有来得及学习的技能,也是经常在网络虚拟社区活动的年轻人们应该学习的技能。就在加利福尼亚州伊斯拉维斯塔镇的 22 岁的大学生埃略特乱枪扫射杀害六人之后自杀的那个晚上,和他同在一个虚拟社区的几个成员很快就察觉到这个曾经和他们"在线竞争"的男人就是这起枪杀案的主角。《纽约时报》重现了他们之间的对话:

> "要不要告诉警察啊?万一发生了呢?"一个人写道,即使此时已经有六个人死在了埃略特的枪下。"为什么要说啊?"另一个人问。"别说,"还有一个人回复。"不管发生什么,咱们啥都别做。它要发生就让它发生好了。"

结果是,这件事确实发生了,而且同样的情形还会重复上演。警告信号还会出现,危险的"旗帜"还会升起。而当这一切将再次发生时,有孩子会"告诉"我们吗?而我们又会听吗?

## 对抗欺凌的四种良药

对抗欺凌的四种最佳良药是强烈的自我意识,做他人的朋友,拥有至少一个能为你上刀山下火海的挚友,以及能够成功加入一个群体(而且明白何时应该退出)。欺凌者会试图去破坏这一切。首先,他们会骚扰你的孩子,持续地剥夺他的尊严和价值感;然后,通过排斥和隔绝他来阻止他发展与同伴相处所需的人际关系能力;接着,他们会号召同伴们加入欺凌行列中,或者起码不会阻碍他们的欺凌行动——进一步把你的孩子排除到健康的同伴关系和亲密友谊之外。被欺凌会导致更多的同伴拒绝与之相处。你的孩子最需要朋友支持的时候,恰恰是他最不容易获得支持的时候。好像无论他怎样试图努力地去适应同伴以求被对方接纳,都没有任何人会喜欢他。渐渐地,你的孩子会把学校看作一个充满威胁的危险之地,没有任何人可以依赖。在没有人干涉欺凌也没有人帮助他的情况下,他受到越多的欺凌,就会有越多的改变:改变他的行为,他常去的地方和他想要交往的对象。暴力的循环无情地运转着。

暴力循环在早期更容易被打破；但是你无论是在循环的哪个节点发现你的孩子遭受了欺凌，你都可以帮助他加强他的自我意识，向他演示如何才能成为别人的好朋友，教他怎样发展有力而健康的友谊，以及怎样向一个想要加入的群体推销自己。在一篇 1990 年的论文《受害儿童的行为特征》（The Behavioral Attributes of Victimized Children）中，博士生皮尔斯（S.Pierce）写下了五个保护孩子在学校免于受到伤害的人格因素：1. 亲和力；2. 乐意分享；3. 愿意合作；4. 加入他人一起玩耍的能力；5. 拥有幽默感——所有的因素对于对抗欺凌的四种良药来说都极其关键。

## 强烈的自我意识

如果你的孩子认为自己是有才华的、有能力的、有合作精神的、负责任的、资源丰富的和有韧性的人，他们不但不太可能做出无情的欺凌行为，而且还会更有能力独自对抗欺凌者的攻击。正如你在第一章的"悲剧的场景"部分看到的，被欺凌的孩子面对第一次欺凌时的回应至关重要。然而，当欺凌者轻视某个群体，而你的孩子刚好在此之列时，无论他多么强大自信，多么踌躇满志，多么善于唇舌之辩，他都无法确保能幸免于欺凌者的攻击。告诉孩子运用欺凌防范技巧就可以避免被欺凌，这是个谎言——虽然会带来希望，但依旧是谎言。实际情况是，你的孩子越是对自己感到满意，就越不容易屈服于欺凌者把他当作傻子一样的欺负。

能够使用积极的自我对话来建立自信和自尊的孩子，在面对欺凌时更容易将其归为外因，因此，他们一般不会因为受到欺凌而责怪自己。我想要让孩子们对自己传达的信息是："我是个正直的、富有爱心的人。并不是因为我做了什么才会被这样对待的。我不应该被这样对待。那个孩子明显是在用一种糟糕透顶的方法来满足她自己的需求。"这些话可以在面对嘲弄默默走开时对自己说，也可以直接对欺凌者说。无论哪种方式，被攻击的孩子都可以从中确定自己的自尊和自我价值，并且将遇到的问题归为外因——欺凌者。

另一方面，如果你的孩子自我意识建立得不完善，容易依赖于他人的赞扬和评价，而且惯于把生活中遇到的问题归为内因，她就很有可能在被欺凌时认为是自己不好而造成的。因为被欺凌而责备自己的孩子更容易屈服于欺凌者，更脆弱，也更易于被攻击。如果他们认为他们被攻击的内容是由于样貌或性格的遗传，他们就会更加抑郁和焦虑（我很笨，我很丑，我笨手笨脚的，我不合群，我是低等的，我很疯狂）。如果他们问"为什么被欺负的人是我？"这样的问题，他们接着就会给出贬低自己的答案来把欺凌合理化。这些答案相当于自掘坟墓，只能带给他们更多的无助和绝望。

当孩子们练习自我肯定的艺术时——即积极的自我对话——他们对自我的感觉会更好。仅仅学会那些自我肯定的语句是不够的。孩子们需要生活中的人给他们鼓励、反馈和无条件的爱。而且，我们需要指导他们的行为，让他们感到自己是正直的、富有爱心和责任心的人，能够为自己着想，并且有能力解决问题的人。回过头去看砖墙型家庭、水母型家庭和骨干型家庭的特征（详见第八章），只有骨干型家庭的运转模式能够促进孩子自我意识的发展。骨干型家庭的孩子可以自由地表达他们的感受，犯错误，从错误中获得成长；知道他们可以为自己争取最佳的利益，捍卫自己的权益，并且在尊重他人的合法利益的基础上行使自己的权利。

有时候，只有自我肯定是不够的，你的孩子还需要反败为胜——坚定地反驳欺凌者。需要强调的是，这种反驳应该是果敢的，而不是攻击性的或消极的。

攻击性反驳——无论是言语、身体，还是关系方面——都只能招致更多的攻击。用攻击性行为来回应侵犯的孩子，怒气冲冲地去找欺凌者斗殴的孩子，常常会以失败告终。欺凌者并不傻，而现在他们又有了一个苦恼、沮丧和被打败了的现成的攻击对象。

有一些信息是我不建议你传达给孩子的：

- 用类似于"彼此彼此"这样的语言回复欺凌者。
- 反过来取笑欺凌者，用同样的方式羞辱他。
- 喊欺凌者的名字并且问他："你说什么？"和"你再说一遍试试？"欺凌者可能会把他／她刚才说的话重复上两三遍。然后，用一种居高临下的态度对他说，"乖孩子，山姆！你听话地说了三遍呢"。

● 当欺凌者羞辱你的话是一些显而易见的情况的时候，羞辱他，让他看起来像个傻子。比如："哇哦！他竟然发现了我是个光头！"

● 开欺凌者的玩笑："你一遍又一遍地重复同样的话。你能说点新鲜的吗，要不然，唱着说？"

为什么要教你的孩子用嘲讽、奚落、居高临下或取笑的方式来对待他人呢？——就算对方是个欺凌者。想要打破暴力循环，我们就需要在每次听到这类语言的时候对其提出反对，同时拒绝使用这样的语言。有一句佛教格言："切莫轻信……但是，如若经由分析和检验，发现此事于人于己有益，于众生有大益，则恪守之。"而我们上述的种种做法，无一是于人于己有益，或于众生有大益的。

消极的回应也会招致更多的侵犯。做出消极回应的孩子——顺势退让、乞求、请求或迅速地满足对方的要求——只会鼓励欺凌。如果把你面对朋友的无心伤害时所说的话说给欺凌者，其结果可能会大相径庭。"嗨，好疼的。""别这样做，我不喜欢。""离我远点，我不喜欢你这样做。"这些话对欺凌者来说是对继续实施欺凌的邀请。在欺凌者面前哭泣并让他知道你不喜欢他这样做只能让他确定自己已经达到了欺凌的目的，使他进一步地增加轻蔑行为的强度和频率。每当他这样做，他与生俱来的同理能力就被扼杀和扭曲，他的羞耻感日渐消失，麻木和冷漠却与日俱增。

坚定而自信的语言和行动不但有望消除攻击者的侵略性，而且能够最大程度维护说话者本人的尊严和自我价值。"嘿，我可不是为这个来的。我要离开了。""哇哦，兄弟，你过分了。我可不想这样，我走了。""这是粗鲁的做法，配不上我们俩。"无论这些话是默默地对自己说，还是大声地对欺凌者说，它们都维护了被欺凌的孩子对事件的控制权，赋予了直面欺凌者的力量。萨姆·霍恩（Sam Horn）在她所著的《舌福！》（Tongue Fu!）一书中解释了为什么坚定而自信地回应更有可能阻止欺凌。"欺凌者持续施加压力，再施加压力，以此来试探你的底线。他们测试你，来看你是什么样的人。不可思议的是，他们会而且只会尊重一种人，就是那种对他们说'你不可能从我这里得到任何你想要的东西'的人。"

## 戈尔曼的世界

加拿大电视制作人麦克·马纳斯跟我分享了一个他小时候被欺凌时,他爸爸教他以坚定而自信的态度去面对的小故事。

> 每天中午来临时,戈尔曼,一个坐在我后面的比我强壮的男孩,就会在我脸前挥舞着拳头说:"你欠我的钱呢!"我会抱头鼠窜回家去吃午饭,然后从我妈妈的钱包里偷钱交给戈尔曼。几周后,我由于偷钱而产生的负罪感超过了我对戈尔曼的恐惧。我告诉了爸爸我做的一切,以及我这么做的原因。爸爸说:"麦克,你这一辈子会遇到各种各样的戈尔曼。你需要勇敢地站出来告诉他这一切都结束了,游戏结束了,你不会再受他这种人的威胁了。"
>
> 第二天,我来到学校,暗自练习我要对欺凌者说的话。拳头时间来临时,我转过身去,挺胸抬头,把我爸爸前一夜教我的话原封不动地告诉了戈尔曼:"一切都结束了,戈尔曼。我以后再也不会给你钱了。"那一个瞬间,戈尔曼看起来渺小多了,我感到自己特别强壮有力。从那之后,那双拳头再也没有在我面前挥舞过。

挺胸抬头、步伐坚定而目的明确,并且果敢地表达自己是不是总能成功地阻挡欺凌?不是的,但这是一种你的孩子更值得拥有的对抗方式。关键是他需要练习几套不同的方案,每种方案的应对语言和行为都有所差别,而且,他需要拥有具体问题具体分析的能力,来判断在什么样的情境下使用哪一种方案最合适。有时,深吸一口气默默劝自己更合适;有时,大声反驳欺凌者更合适;有时,大声求救更合适;有时,所有言语都是无力的,解救自己的最好方法是赶紧离开。正如特雷弗·罗曼(Trevor Romain)在《欺凌让人苦不堪言》(*Bullies Are a Pain in the Brain*)中建议的那样:"发疯一样地逃跑可能会让你看起来像个傻瓜,但起码你是个活着的傻瓜。"还有些时候,交出金钱或夹克衫可能是一种聪明的选择。你的孩子需要知道,没有什么比他的人身安全更重要。

有一种先发制人的策略是把潜在的欺凌者变成自己的朋友。伊根(S.K.Egan)和佩里(D.G.Perry)在他们于1998年开展的一项研究中发现具有亲和力的孩子易招孩子们的喜爱，即使是侵略性很强的孩子，也会为了回报这种友善而避免攻击他们。我有亲身经历可以证实这个结论。1970年夏天，我在丹佛北部的一个游泳池担任救生员。一群年轻人在与公园的管理者就改善游泳池设施水准以求达到丹佛富人区游泳池水准的问题谈判了数周却以失败告终之后，一些气愤的年轻人开始使用暴力解决问题。他们席卷了泳池，严重地破坏了已经老化的跳水板、淋浴头和更衣室，还殴打救生员。当四个孩子抓住我的时候，"泳池扫荡队"领头的那个男孩吼住了他们，要求他们放我走。我赶紧爬过铁栅栏落荒而逃。几周之后，在游泳池被修缮并进行了升级之后，我找到了那个放我走，帮我躲过其他同事都经历了的殴打的年轻人，问他为什么会让那四个男孩放我走。他耸耸肩说："因为你有一次对我特别好。"

孩子用坚定而自信的方式回应欺凌者的三个至关重要的因素是：相信没有人能够剥夺她的尊严和价值感的**信念**，对自己在回应欺凌者方面拥有绝对的主导权的**认识**，以及对欺凌者反复实施欺凌的**拒绝**。

## 死党，朋友，以及曾经的陌生人

阻止欺凌比防范欺凌要难得多。你的孩子若能与年长的孩子成为死党，做他们的朋友，并且知道如何结交潜在的朋友，就可以大幅度地降低他遭受欺凌的风险。

### 死党

如果你的孩子在放学路上、公交车内、操场上、午餐厅或学校走廊中有潜在的被欺凌的危险，那么，结交一个年长的孩子做死党会对他大有帮助。既然任何孩子都有被欺凌的可能，那么最理想的计划就是在入学的早期就交到"死党"。执行"死党计划"有两个好处：首先，年幼的孩子身边若有一个年长的孩子在"保护"他，他受到攻击的几率会大大降低；其次，能够和年幼孩子结为死党的年长孩子也较少有可能去欺负其他的年幼孩子。这个年长的孩子忙于"做好人"、"做好事"、"始终做正确的事"，几乎没有时间和意愿去欺负其他年幼的孩子。他的发展健康同伴关系的四个核心因素——同理心、同情心、慈悲之心和观点采择能力——都得到了锻炼和强化。有些欺凌者改头换面之后会成为最值得信赖的死党。他们的曾被用在破坏性行为中的领导能力和力量感成为了他们扮演新角色所需的最佳资源。

### 朋友

正如做一个值得被结交的朋友可以帮助欺凌者改变他的角色一样，对于被欺凌的孩子来说，这一点也同等重要。交友技巧对于预防欺凌，减轻被欺凌的孩子受到的伤害，以及帮助孩子对抗欺凌行为等方面具有重要意义。

我们需要教会孩子用智慧的方法交朋友，拥有维系友谊的技巧和从有害的朋友关系中脱身的技巧。第九章的"教授交友技巧"部分列举的"维系友谊的十种最佳方法"对欺凌者和被欺凌者都适用。罗恩·塔菲尔（Ron Taffel）博士在他的《培育出好孩子》（*Nurturing Good Children Now*）书中提到了在他心目中，发展这些基本的交友技巧所需的唯一的重要因素——孩子们在家庭中被对待的方式。"不管我们是接纳还是挑剔，包容还是排斥，苛求还是给予，轻松还是焦虑，鼓励手足相爱还是放任手足相残——所有的行为都会影响到我们的孩子会选择什么样的人做朋友。"我们在家中的互动模式也会影响到孩子交友和维系友谊的这类社会能力的发展。你的孩子需要有机会能够提高他倾听、交换意见和与他人为同一目标共同工作的能力。他们需要对自己想说想做的事情会产生的结果给予预期，并拥有自控能力。孩子会把他们在家中学到的态度和行为带到学校中去。

不但欺凌者极有可能把容易骚扰和惹怒同伴的孩子当作攻击目标，即使是富有爱心和同情心的孩子，也同样会孤立他们。他们越是被孤立，就越有可能变成欺凌者和不无辜的旁观者共同打击的对象。反过来，这又加重了他们的抑郁和暴躁。如果你的孩子不经意间就遭受了同伴们的拒绝和排斥，你需要帮助他找到他自己的问题所在。要觉察他在社交圈中的行为模式。他也许在使用不恰当的社交方式，可能是因为他不知道还有更好的互动方式，也可能他已经使用了自己所知的所有社交方式却依然不得法。

让你的孩子知道如何读懂社会线索——言语、行为和身体语言——是很重要的。孩子们之间会帮助彼此了解恰当的社会行为——这样做行得通，而那样做则不行；什么是可以接受的，什么不可以；什么是真的有趣，而什么样的幽默会造成伤害。你的孩子需要通过他人对自己行为的回应来读懂她的同伴表达的**社会线索**中试图**提示**她的内容：什么行得通，什么行不通。"告诉我你抢走那个玩具的时候发生了什么。""你开始卖傻的时候是不是大家都纷纷走开了？""你评价你同学的穿着的时候，他有没有皱起眉头？""大家听到那个笑话都笑了吗？""被你开玩笑的那个孩子有没有向你说什么来表达他受到伤害了？""如果你的行为惹恼了别人，你能做些什么？""你的一个朋友在哭，你能说些什么或做些什么？"

如果你的孩子存在严重的残疾或学习障碍，这些因素会成为欺凌者攻击他的借口；而如果恰好他又不具备良好的交友技巧，那么情况会变得更糟。事实上，交友技巧可以弥补残疾或身心障碍。这里有一个警告。除了教导身有残障的孩子要做一个友善、富有爱心和包容心的人，同样重要的是，你要教授他在面对某些同伴想通过与他"做哥们儿"来收集足够的信息用以对付他时，要足够的谨慎和警觉，甚至为了自我保护，可以不惜使用粗鲁的方法。吉里米，一个口齿不清的男孩，被一群10岁的男孩子们请求在他们面前大声朗读他写的诗。他很乐意去朗读和分享自己的诗，直到有一个男孩重复了他口齿不清的发音，而其他男孩都哈哈大笑。你的孩子需要能够帮助他避免被他人"利用"的真正的朋友，能够给他提示和始终与他站在一边支持他的朋友。

你孩子所交朋友的质量很重要。如果你的被欺负的女儿每天只是与另一个被欺负的女孩相处，那么她们可能会用大量的时间来同情对方，使得她们更深切地感叹自己是多么的悲惨和痛苦。同病相怜，但她们任何一个都不会有勇气为对方遭受的苦难挺身而出。如果你的被欺负的儿子每天只是与另一个被欺负的男孩在一起，那么他们很可能会点燃彼此愤怒的火焰，用大量的时间来计划对伤害他们的和不帮助他们的人进行复仇。这四个孩子都需要支持和引导来帮助他们要么把目前的友谊发展得更加积极和有力，要么放弃这段友谊去寻求更积极的朋友关系。

前者一般比后者更易操作。邀请他们双方加入你的具有挑战性的活动，想要在活动中完成共同的目标，就需要队友间的合作、策略和对彼此的支持。这种活动可以帮助孩子们走出之前自怨自艾的负情绪，建立健康的友谊关系。鼓励他们加入到"做好事"的社区活动中同样可以帮助他们"跳出"自我牢笼。因为，

"悲惨"和"给予"是很难同时存在的。

### 曾经的陌生人

正如做一个值得被交往的朋友和拥有朋友是对抗欺凌的两剂良药，孩子把自己成功地"推销"到一个群体中的能力也是对抗欺凌的利器。总是单独出现在操场上，不愿意也没能力加入到同伴的游戏中或社会群体中的孩子常常是欺凌者的首要攻击目标。如果你的女儿看起来像是畏缩在学校墙壁旁的胆小鬼，或是你的儿子看起来总是在玩捉迷藏——他藏，欺凌者们捉，那么他们都需要学习成功帮助自己加入某个群体的技巧，以及加入之后得体行事的技巧。比如，观察，提问，说一些对群体的积极评论，邀请共同玩耍或请求加入互动，合作，公平玩耍，分享，以及用非暴力的方式解决冲突。你可以通过情景模拟来帮助他们练习面对自我推荐后会出现的状况：被欢迎、被拒绝，或是被忽视。他们对这三种状况的处理方式会增加或减少他们加入其他学校群体的几率。

他们还要能够在各种群体中做出评估，挑选出更优秀的群体来申请加入。一些群体帮助他们学会与他人相处，帮助他们与和自己有共同爱好的人发展亲密的友情。一些群体通过为社区做好事来帮助他们建立良好的自我感觉。有些群体刚好在寻找替罪羊，他们还有可能会非常欢迎你的女儿来充当这个角色。另一些则通过经常性地排斥他人来寻求快乐。若加入这样的群体，你富有同理心的儿子可能会挣扎于作为群体成员的归属感和用自己曾经被对待的糟糕的方式来对待他人的矛盾感受之中。如果你的孩子发现他所在的群体故意排斥其他孩子，使其他孩子感到自己不受欢迎，苛刻地对待自己群体的成员或某些被他们盯上了的外部成员，或者要求他必须遵守一些让他感到不舒服的制度或准则，或要求他做违背他良心的事，那么是时候让你的孩子离开这个群体，到一个关怀自我、关怀彼此和关怀群体外成员的优秀群体中去结交真正的朋友了。有一个可以帮助你的孩子确定一个群体是否值得加入的问题是："在这个群体中，我能不能做好人（真实面对自我）、做好事、始终做正确的事？"

## 协商和冲突解决技巧

经常在一起相处的孩子必然会出现发生矛盾的情况。重要的是，你的孩子需要学习处理问题与和平解决冲突的技巧。二者都需要你的孩子既有能力了解朋友的愿望和需求，又可以坚定地表达自己的立场和需求。同时，它们还包含了在友善和公平的基础上找到合作性解决方案的能力。在《孩子是值得的！：培养有韧性，有责任心，富有同情心的孩子》这本书中，我对这些话题进行了详述。以下是对关键内容的总结：

### 处理问题

无论是什么类型的问题，通常都可以通过以下六个步骤来处理：

1. 识别和定义问题。
2. 列举出各种可能帮助解决问题的方案。
3. 评估方案——权衡每个方案的利弊得失。
4. 选择一个方案。
5. 针对方案制订一个计划并实施。
6. 对问题和你处理问题的结果进行评估：这个问题带来了什么？类似的问题可不可以避免再次发生？当下的这个问题是怎样解决的？

当孩子们能够展示他们自己的想法，倾听他人的理由，并且彼此合作达成一个共赢的处理结果，他们会学习到其实任何问题都没有绝对的正确或错误，对于大多数问题的处理也不存在一个统一的标准。意见交换、开放的态度和合作精神可以帮助孩子们更紧密地联结在一起。能够成功共同解决问题的孩子在面对欺凌现象时，更能够为对方伸出援手。

**和平解决冲突**

上述同样适用于朋友之间和平解决不可避免的冲突的情况。榜样的力量是强大的。如果我们把冲突看作竞争，我们大概会用肢体或用语言和我们的"对手"进行争斗直至一方胜出，而另一方彻底地被打败。我们也可以逃避冲突，让孩子们也学会逃避。我们还可以拒绝攻击性或消极地对待冲突，在用坚定而自信的方式来解决冲突的方面做孩子的榜样。我们可以教会孩子用更具建设性的方法来代替人类本能的战斗、逃跑或吓呆。我们可以通过案例、引导和指令来告诉孩子们暴力是一种不成熟、不负责和无价值的手段，而使用非暴力的工具来解决冲突是成熟和有勇气的行为。这包含了教导孩子从各个角度来了解情况，在发表看法之前多做思考，然后出具一个矛盾双方都能够接受的方案。

与彼此分享感受能够帮助他们减少冲动的评判，使他们更加仁爱。这里有一个基础的格式可供孩子们学习：

当我听到（或看到）……**而不是** 当你说（或做）……

我感到……**而不是** 你让我很生气。

因为我……**而不是** 我就是忍不住。

我需要（或想要）……**而不是** 你最好……，不然……

教导孩子合理管理自己的情绪是需要时间的，不过通过这样做，你可以让他们了解到他们自己的情绪是很重要的，你相信他们有能力去管理这些情绪，而且，当他们做得不够好时，还有你会给予他们支持和指导：

1. 识别这件事情背后的问题。

2. 找出每个人对争端的发生起到的作用。

3. 想想为了达成决议，他们都愿意做些什么。

4. 做出双方都需要有所让步的准备。

5. 问自己："我们想从中得到什么呢？"

然后，他们可以共同找到一个双方都可以接受的解决方案。这个方案包含了对双方的愿望、需求、感受和预期的更全面的理解。

我们可以向孩子们担保或提醒他们，在试图解决冲突的过程中，他们可以：

1. **要求暂停。**（"我们这会儿都太生气了，没办法交谈。我们都冷静冷静等会儿再说吧。""我这会儿太烦躁了，根本不想说这件事。我需要静一静。"）无论哪一方的孩子感到太生气或太烦躁，没有办法冷静和负责地解决问题，"暂停"一下是非常必要的。可以在情绪平复一些后再来解决矛盾。

2. **拒绝忍受凌辱。**（"你说出那些话，我受到伤害了。""你可以生我的气，但是你不能打我。"）如果一个孩子使用言语、身体或情绪的凌辱，另一个孩子有权拒绝接受这些凌辱。

3. **坚持要求公平对待。**（"我不会不经过你的允许就借用你的笔，也请你在借用我的笔之前经过我的允许。""就因为你比我们跑得快，你每次都在课间独占那个球，这不公平。我们需要找个更好的办法解决这个问题。"）公平的解决方式不一定是完全平等或一致的，但必然是**诚实**、**适当**和**正义**的。

通过为孩子做榜样，解决家庭纠纷，运用"如果……怎么办"的方式对孩子有可能面临的社交情境进行模拟演练，我们可以帮助他们把握提出"暂停"的时机，让他们知道自己拥有被尊重和公平对待的权利。同时，我们还需要让他们为自己的情绪负起责任；不能在身体、言语和情感上凌辱他人；要以自己希望被对待的方式来尊重他人。和平解决冲突能够使孩子们善用自己的感受，把感受作为一种积极的能量来推动与他人健康关系的发展。

我们可以传授孩子们做和平使者的秘诀：和平不代表不存在冲突，它包含着由冲突带来的挑战和成长的机会。

## 摆脱愤怒，平息情绪

2000 年，大屠杀的幸存者埃利·维瑟尔（Elie Wiesel[①]）应《欧普拉杂志》的一位作者之邀，对他的回忆录《夜晚》（*Night*）中描述的匈牙利士兵把他和他的家人从家里赶出来的事情作出回应。他在回忆录中写道："从那时起，我开始憎恨他们，而且这种憎恨直到今天，依然是我和他们之间唯一的联系。"对此，埃利回应说："我写下这些事情，并不是出于憎恨。我只是感到极度的愤怒和羞耻……我非常失望。我使用'憎恨'这个词是因为这是我能想到的词中最能够表达强烈感受的一个。但是当我再来思考这件事情的时候，我心里已经没有憎恨了。随着成长，我渐渐认识到，憎恨对心怀憎恨的人所造成的伤害，和被憎恨的人所受到的伤害同样多。"

愤怒，羞辱和失望——如果你的孩子被欺凌了，他大概会拥有以上三种情绪。他表达这些情绪的方式可能是憎恨，说他憎恨那些欺凌者，参与欺凌的帮凶，旁观嘲笑他的人，旁观他被凌辱却无动于衷的人，转身走开的人，和那些没有阻止欺凌行为的成人。埃利·维瑟尔明白的是，憎恨这个词其实掩盖了一些他在面对战争中所目睹或所承受的恐怖凌辱和不人道对待时所产生的更本质的感受。当"憎恨"的面具被揭掉之后，愤怒、羞辱和失望依旧存在。如果埃利·维瑟尔不愿再继续被这些感受消耗和击溃，那么他就需要承认和接纳它们。

你的孩子也一样。但是首先，他需要知道拥有这些感受是正常的。感受本身不分好坏。而处理感受的方式才是造成不同结局的关键。感受能激励成长，也是提醒人需要做出改变的信号。试图把悲伤的感受掩盖起来对孩子是没有帮助的。（"嗨，快来，高兴一点，别难受了。他不会再伤害你了。"）他需要对失去的东西进行哀悼，无论他失去的是安全感、归属感、幸福感、学业的进步，还是良好的社会互动。轻描淡写地对待只能促使他不得不把痛苦埋藏在内心深处——这些痛苦会在那里渐渐溃烂。迫使他忽视自己的感受就是在拒绝这些合理的感受想要提供给他的信息。（"小事一桩。这没什么，真的。会好起来的。把这事儿忘

---

① 美籍犹太人作家和政治活动家，1986年度的诺贝尔和平奖得主。——译者注

了吧。")

告诉孩子不能或者不应该感到愤怒是对他自我疗伤的拒绝。这不但剥夺了他走出欺凌阴影的机会，而且会使你的孩子把自己定型于无助的受害者的角色，把欺凌者固定在压迫者的位置上。你的孩子会花大量的时间，费尽心机地想办法对欺凌者实施报复。反过来，如果他想要自我疗伤并从阴影中走出，就必须有人倾听他，相信他，允许他把痛苦和愤怒的感受表达出来。在他能够说出"我很生气"之后，你就可以帮助他揭掉愤怒的面具，平息他的情绪。你可以通过以下几个问题帮助孩子脱去愤怒的面具：

- 这种情绪从哪里来？（"愤怒从我自己内心而来，并不是欺凌者给我的。"）
- 在这种愤怒的感受之下，有没有掩盖着别的情绪？（"我很受伤。我害怕欺凌者会再伤害我，拿我经历过的事情羞辱我；我对其他同伴的做法很失望，也对成人们很失望，因为他们根本不愿意听我在说什么。"）
- 我可不可以在认识到这所有的情绪之后还继续愤怒？（"是的，我可以。否认愤怒，忍受它，或者试图赶走它都无法让我真正摆脱它。"）
- 不管怎么样，我到底为什么会愤怒呢？（"因为我在乎。如果我不在乎，我就不会生气。我不会为我不在乎的事情生气的。"）

在《瑜伽和追求真实的自我》（*Yoga and the Quest for the True Self*）的书中，精神治疗医师和动态冥想瑜伽的资深授课老师史蒂芬·库伯（Stephen Cope）把愤怒描述为"一种能量的存在，就像所有其他的情绪一样，介于生理和心理的体验之间。正如热量或其他能量，如果我们不动用心理防御去阻挡它，它就会渐渐平息……愤怒往往会引起一种强烈的内脏波。它升高，到达顶峰，然后慢慢下降再到消失。"他提出了一套"骑浪"的方法，包含五个层次的步骤，可以用来帮助你的孩子与他最本质的感受好好相处，直至"内心真正清晰明朗"。

1. **深呼吸**。这种呼吸会帮助孩子的心灵从生理紧张、事件本身和愤怒的感受中剥离出来。

2. **放松**。当他放松他的肌肉时，来自愤怒的能量就被接纳了，这种能量就不会被用来战斗或采取行动。

**3. 感受**。当专注于身体的感受，以及感受在身体中所属的部位时，他会发现他的身体是如何在用特别的方式表达着愤怒。他有没有胃绞痛？他的肩膀是不是很紧张？他的反应是不是很迅速？他让这种感觉压倒了吗？他的头脑有没有迅速地想要采取报复行动？他是不是被自己的愤怒给打败了？

**4. 观察**。如果你的孩子可以观察他自己的感受，他就可以"做出去回应它而不是反击它的选择"。

**5. 允许**。不去抵抗愤怒，而是接纳它，让它在身体中流动。这样的做法会让孩子的情绪逐渐平息，头脑逐渐清醒。如此，他就有能力来思考他需要做什么或者他需要从欺凌者那里获得什么了。

一旦你的孩子清楚地认识到自己想要从欺凌者那里获得什么，他们两个就可以进行交涉了。如果你的孩子在缅怀悲伤和处理愤怒的过程中能够得到成人对其安全的保障和同伴的支持，那么他会发现自己已然准备好寻找创造性的解决方案来解决问题，来与欺负过他但已经改头换面了的欺凌者进行和解了。我在上一章节中强调过，这与把欺凌看作冲突来解决是不同的。此处需要解决的关键问题在于欺凌行为停止之后，欺凌者一步步完成了管教步骤之后，你的孩子和他如何在学校这个大家庭中和平共处。这次，被欺凌的孩子拥有选择的权利。

即使已经改头换面的欺凌者带着衷心的歉意向你的孩子伸出橄榄枝，你的孩子也依然需要时间以使自己的内心变得足够强大来面对和解。要求欺凌者去等待并不是旨在伤害他，让他体验自己曾强加给别人的伤害，或是让他体会你的孩子所经历的痛苦。等待的目的是为了你的孩子能够逐渐地直面伤痛，疏导情绪，并且开始释放出压抑已久的怨恨和消极的感受，如此，他不但能够重新获得内心的平和、安全感和幸福感，而且能够打开心扉，为与欺凌过他的孩子进行和解做好准备。如果他们双方都能合理地利用这段时间，最终建设性地达成和解，那么他们二者不但会开启不同以往的互动方式，而且整个人都会面貌一新，因为他们不再是那个被暴力循环的枷锁套住的欺凌者和被欺凌者了。

## 自我防卫

曾有人问我，带孩子参加自我防卫课程能不能帮助他有效地反击欺凌。事实上，反击是一个错误的目标。但我们希望孩子们有能力保护自己。我的三个孩子都学习了合气道，一种纯粹防御性的、无进攻性的武术。如果欺凌者试图攻击，被攻击者会利用攻击本身的能量来"转移"攻击的力道，在他们交手的过程中，被攻击者理想地成为了攻击者的切磋伙伴，将来自欺凌者的进攻力量化于无形之中。（"这是粗鲁的做法，配不上我们俩。"）练习合气道（或其他防御性的武术）可以帮助孩子抵制本能的恐惧反应，关注自己，与内心的平和相联结，并拥有清晰的头脑。在学习这种武术的过程中，你的孩子会逐渐倾向于用坚定和自信的方式表达自己，昂首挺胸，步伐坚定，声音洪亮。

在《合气道和动态氛围》（*Aikido and the Dynamic Sphere*）一书中，作者阿黛尔·韦斯特布鲁克（Adele Westbrook）和奥斯卡·拉弟（Oscar Ratti）提出了自我防卫的伦理学："一个人必须真心地想要保护自己，而不伤害他人。"作者阐述了两人之间的四个层次的互动。如果将它们套用到欺凌者和被欺凌者中来，则包括以下的内容：

1. 欺凌者，无端并自发地攻击被欺凌者并造成了伤害。这是互动的四种层次中最低级的一种行为——用攻击来释放无端的侵略性。

2. 欺凌者试图通过"明显的挑衅，诸如侮辱或更微妙的轻蔑性态度"挑衅被欺凌者来攻击自己。如果被欺凌者接受了挑衅并实施了攻击，那么被欺凌者会再次受到伤害——在生理上和情感上的伤害，或者像新西兰的兰杰的案例中一样，兰杰由于被认定主动与同学挑起争斗而被停学，而实际上，他是被同学挑衅的。这一层次与最低层次在伦理上只有"微小的区别"。

3. 被欺凌者不主动攻击或挑衅欺凌者。但当他被攻击时，"他用本能的方式进行防御，即他只关注'眼前的状况'"，欺凌者和被欺凌者都受到了严重的伤害。从伦理上讲，这种方法比起上面两种更合乎情理。这也是男孩们的家长最常教给孩子的一种方法——坚强点，收起你的情绪，狠狠反击。（"如果他打你，你就更狠地打他，让他以后再也别想打你。"）多伦多的一个流行电台的播音员回忆他小时候面对欺凌者落荒而逃的事情。当他逃到家后，他的爸爸拿出一条皮带威胁他：要么回去跟欺凌者打一架，要么在家面对"皮带大餐"。女孩的家长则更倾向于教女孩们用言语羞辱的方式进行反击。（"以牙还牙"）

以上三种互动层次中，总有人会受到严重的伤害，而这个人往往是被欺凌者。但是第四种自我保护方式则不同：

4. 被欺凌者通过既不攻击又不挑衅的方式进行自我保护，在他的自我控制和熟练的技巧运用之下，欺凌者也没有受到严重的伤害。如果被欺凌者运用了一些身体移动技巧，欺凌者可能确实会摔倒在地，但却不会对他造成严重的伤害。而被欺凌者在使欺凌者的攻击落空之后，就离开了对抗现场。他会再次遭受攻击的可能性极小。这是自我防卫伦理的终极自卫模式。6 岁或 7 岁的孩子就可以开始学习这种技巧了。麦克·马纳斯的爸爸教麦克用这种技巧以及坚定的语言来回应戈尔曼的拳头。

合气道在第四种互动中的运用既包含了实践方法又包含了伦理意图。"合气道的实践艺术变成了两人和多人之间的和谐互动，即把东方（西方也一样）最高的伦理标准表现于重要而积极的行为模式之上。"换句话说，这种和谐的互动模式可以使欺凌者、被欺凌者和不无辜的旁观者都从中受益。正如两位作者在他们的书的结尾指出的："如果学生可以接受并同意这种艺术（修复、和解、融洽）的基本原则，他会努力遵照这种原则，把那些技巧用于化解进攻的力量，而不是反击进攻者。如此，他就可以同时达到自我保护和扭转失利局面的双重目的，在他人暂时的道德不平衡的威胁下保持自己的平衡。"这种修复正是你的孩子和欺负他的孩子打破暴力循环所需要的。

这是心中最纯粹的原则，即永远不要去伤害他人，即使他们本身看起来已是面目可憎。仇恨他人，即使是无故伤害了你的人，也只能带来无尽的悲伤。

——古代南印度经文

古拉尔箴言 32:312-13，神圣的泰米尔文本

（*Tirukkural 32:312-13, sacred Tamil text*）

# 第十一章

# 从旁观者到勇敢的人

我的原则是，如果我们看到残忍而错误的事情，我们有能力阻止，却没有阻止，那就意味着，我们犯下了同样的罪行。

——一个名为赖特的人

选于安娜·西维尔（*Anna Swell*）的《黑骏马》（*Balck Beauty*）

唯一不会遵循大多数原则的事情，是人的良心。

——哈波·里（Haper Lee）

《杀死一只知更鸟》（*To Kill a Mockingbird*）

很有可能的是，你的儿子或女儿扮演的不是两个主要的角色——欺凌者和被欺凌者——他或她扮演的是欺凌事件中起着支持作用的配角。你孩子选择支持哪一方不但会影响到两个主角的命运，也同样影响着他自己的命运。

运用第六章的暴力循环图来跟你的孩子讨论一下他在欺凌事件中扮演的是什么角色，他是怎样扮演的，以及他为何会选择这个角色。由此，你就可以开始传授他转换这些角色的方式和阻挡、预防欺凌的技巧。鉴于大部分的欺凌现象都是在成人的眼皮底下持续进行的，因而孩子们自己作为抵抗欺凌的强劲的力量，就必须向欺凌者申明，他们决不会尊重欺凌者，也决不会宽恕和容忍任何残酷的行为。

如果你的孩子是欺凌者的同党，他没有主动发起欺凌，却积极地参与其中，你可以使用帮助欺凌者时用的七步改变法（详见第九章）来帮助你的孩子：

1. 立即管教，干预欺凌。

2. 创造"做好事"的机会。

3. 培养同理心。

4. 教授交友技巧——用坚定而自信的、和平的和尊重他人的方式与他人相处。

5. 密切关注孩子的活动，比如他平日所接触的电视节目、电子游戏、电脑活动和音乐的内容。

6. 帮助孩子参加更有建设性、娱乐性和有活力的活动。

7. 培养孩子"始终做正确的事"。

除此之外，你还可以跟你的孩子增加一个对话内容，即怎样防止轻易地被更有权势的同伴利用。这包括两个步骤：找出不会被轻易诱导的方法，以及与没有此类倾向的孩子相处。

10岁的大卫加入了一群男孩，轮流踢打9岁的刘易斯。大卫的朋友彼得，试图把他拉走却没能成功。彼得跑去找老师。大卫的妈妈非常苦恼，她不但焦虑于自己的孩子参与了欺凌活动，而且还为大卫不能像彼得一样做出拒绝凌辱他人、试图劝阻自己的朋友参与凌辱并且通知老师的行为而感到郁闷。大卫说他只是被当时热烈的气氛给冲昏了头脑，甚至还与其他年轻人一起骂彼得"告密"，但是现在，他感到糟透了，他想摆脱这种不舒服的感受。他为自己的行为感到真诚的懊悔。

大卫的妈妈帮助他使用七步改变法来探讨他加入欺凌队伍的原因和理由。同时，他还向彼得道歉，真诚地感谢彼得试图阻止他和找老师寻求帮助的行为。大卫邀请刘易斯和彼得到家一起享用比萨晚餐和餐后游戏。两个年长些的孩子同意和年幼的孩子做死党，在操场上保护他。（更多有关"做死党"的信息，请参照第十章，"死党"部分）

## 她用谣言伤害了她

你的女儿也许一点都不想跟你使用三 R 的方法——修复、解决、和解——因为她说她不是第一个制造谣言的人，她只不过是重复了别人说的话。然而，不管怎样，她都可以：

1. 向被谣言中伤了的孩子道歉；

2. 向每一个被她散布了谣言的人澄清她之前所说并非事实；

3. 要求他们不要再继续散布这件事；

4. 要求他们告诉每一个被他们散布了谣言的人：她参与了谣言的散布，并且想要修复自己造成的伤害；

5. 尽最大的努力修复由于她散布了谣言而对被中伤者造成的伤害；

6. 修复她与被中伤者之间的裂痕——邀请对方和她共进午餐，一起骑行，或共同参加过夜晚会。

在你的女儿处理谣言问题的过程中，她可能会接收到各种各样的回复。（"谢谢你告诉我。""天啊，我也对别人说了，我该怎么办？""嘿，你看，你并不需要为这件事道歉——那家伙本来就是个蠢货嘛。""谁强迫你道歉的？""你在干吗啊？想让我们这些人看起来很坏，只有你很高尚是吗？""一个谣言而已嘛，有什么大惊小怪的？""你太搞笑了。"）此时，她需要你的鼓励和支持。尤其是当她面对被中伤的孩子表现出气愤、痛苦和悲伤的情绪时，她需要你再三的鼓励和支持。从整个过程中，你的女儿不仅会看到流言蜚语会造成多么严重的伤害，而且还会发现对谣言进行修正是多么的困难——甚至是完全不可能的。然而，她同样能够感受到的是，自己完全有能力为自己做出的事情承担责任。

一旦她完成了这整个过程，你就可以跟她谈谈如何有效地避免散布谣言的事情再次发生。伊斯兰教苏非派有个"至理名言"，说，我们的语言必须要经过三扇门：是真的吗？如果不是，不要说。如果是，那么在你说出来之前还要再经过另外两扇门：需要说出来吗？是善良的吗？如果不需要说，那么不要说。如果需要说，找一种善良的方式把它说出来。善良并不意味着给真相裹上糖衣；它是指你说话的方式要能够维护你的言语所涉及的所有人的尊严和价值。（"金真是个懦弱的呆子"无法通过前两扇门。"金看起来不知道该怎样站起来有效地面对那些嘲弄她的女孩"能够通过三扇门，而且还为你与女儿讨论她该如何帮助金开启了一扇新的大门。）

通过聆听你的女儿描述欺凌者和被欺凌者的方式，你大概可以辨别出她是否支持欺凌但没有积极参与其中，或者她喜欢欺凌者但没有公开表达她的立场。（"苏姗邀请我去参加过夜晚会。她没有邀请金。每个人都知道金是个懦弱的呆子。苏姗跟我们所有人都说了金两周之前在珍家里的过夜晚会中干的蠢事。"）借此机会，你可以跟女儿聊一聊流言蜚语有可能造成的伤害，鼓励她为金辩护，而不是只做一个旁观者。（"在金的背后这样谈论她让我感到很不舒服。我们不必喜欢她，但是我们也不必花时间来诋毁她。"）你的女儿还可以想办法帮助金加入到学校的社交活动中来，比如邀请她共进午餐。在中学，这种邀请是需要勇气的，因为那些选择了金作为谣言攻击对象的人可能会转而攻击或排斥你的女儿。告诉你的女儿，她可以找一两个朋友与她一起做阻止谣言这件事，并且和她一起午餐。欺凌者可能会比一个正义者要强大，但她终将强大不过一群团结在一起的正义者。

## 没有无辜的旁观者

如果你的儿子眼睁睁地看着一群欺凌者殴打一个男孩却无动于衷，还告诉你"这事与我无关；经常发生这样的事啊；我不理它就是了"，那么你可以跟他谈谈他的沉默可能会造成的危害，不仅仅是对被欺凌者的，还有对他自己的。不承认欺凌的存在，或是对其不予理会，都是参与欺凌的行为。当作家埃利·维瑟尔（Elie Wiesel）被问及"《圣经》中最重要的戒律是什么？"他说："'你不可袖手旁观'。爱的对立并非恨，而是冷漠：冷漠帮助创造邪恶。仇恨就是邪恶本身。冷漠就是帮助邪恶壮大、赋予邪恶力量的罪魁祸首。"你儿子的"不作为"，与欺凌者的"作为"有所不同，但我们依然可以借助帮助欺凌的效仿者和追随者转变角色的七步改变法。

无论是欺凌的追随者还是袖手旁观者，旁观者们经常使用我们在第六章讨论过的 9 种借口来为自己没有阻止欺凌行为进行辩护：

1. 欺凌者是我的朋友。

2. 这事与我无关！又不是我的战斗！

3. 她不是我的朋友。

4. 他是个窝囊废。

5. 他活该受欺负，他自找的，自作自受。为什么要去阻止呢？他自己都没有维护自己，别人为什么要去维护他？

6. 受点欺负会让他变得坚强。

7. 谁愿意被冠以告密者或叛徒的头衔呢？谁又愿意因为自己将某人置于麻烦当中而备受责难？

8. 比起去保护一个被排斥的人，我还是跟大多数人站在一起为好。

9. 这事儿太让人头大了。

旁观者必须在与多数人站在一边和支持被欺凌孩子这两种选择之间权衡利弊。你可以向你的孩子解释这些借口如何导致同伴关系中文明被侵蚀，以及如何提高了他有朝一日会成为欺凌者的可能性。这种文明被侵蚀使你的儿子置身于一个群体欺凌者可以呼风唤雨的环境，增加了他遭受欺凌的危险。你可以向孩子担保他一定有能力摆脱不无辜的旁观者的身份，投身于更正义的角色中去。遏止欺凌只需要一个简单的道德原则：不管其他旁观者如何做，始终为被欺凌的同伴做正确的事。

## 朝着正确的方向前行

如果你的儿子或女儿是潜在的捍卫者——与参与欺凌者不同，他 / 她想为被欺凌者提供帮助，却最终没能行动，你可以考虑以下四种造成他 / 她没有进行帮助的原因：

1. 担心自己会受伤。

2. 担心自己会成为下一个被欺凌的目标。

3. 担心自己的帮助会让事情变得更糟糕。

4. 不知所措。

如果你们坦率地进行了交谈并确认了这几种原因，那么，你可以以此为出发点帮助孩子成为正义的见证者、反抗者和守卫者——为同伴挺身而出，面对不公平现象大声疾呼，为发生在自己身边的事负起责任。跟他们谈谈与欺凌者站在一边的"受益之处"，也许并不像他们想象得那么好。欺凌者会"利用"同伴，你的女儿可能会发现她站错了队，因为她支持欺凌者的原因仅仅是因为欺凌者答应要和她单独外出玩耍；或者你的儿子发现，成为"一群欺凌者"中的一员会给自己带来无尽的麻烦。

你可以跟孩子就一系列的做法进行讨论，从风险等级最低的做法到需要的勇气最多的做法：从拒绝参与欺凌（拒绝坐在有欺凌者故意排斥和隔离其他孩子的午餐桌），到私下支持被欺凌者（"他对你做的事太卑劣了。你想跟我们一起去散散心吗？"），再到在公开或私下的场合与欺凌者交谈，如果欺凌者是朋友的话（"别去招惹她了。咱们去找点东西吃吧！"），直到代表被欺凌者对欺凌进行干涉，就像下面将叙述的故事中斯科特和其他橄榄球队员的做法一样。也许只是不去传播谣言；只是邀请一个被排斥的同学参加过夜晚会；只是听了一个贬损他人的笑话而没有发笑；只是友爱和关怀地对待被欺凌的同伴；只是把欺凌事件告诉了一个成人；或是做一些更冒险的事，比如和他人一起挺身而出对抗欺凌，或者独自一人进行干涉。事实上，派普勒和克雷格于 1995 年在多伦多开展的对校园欺凌现场的同伴角色的研究所示，有 13% 的孩子愿意走出群体的安全区，不管其他的同伴怎样做，坚持奋起疾呼对抗欺凌。

## 始终做正确的事

在第九章，我讨论了欺凌者如何通过"始终做正确的事"来转变自己的角色——即说正确的话，做正确的事，"即使会背负沉重的负担"。

帮助你的孩子发展他内在的道理愿望（个人原则）来指导他即使不是为了自己的利益，且无论后果如何，都始终说正确的话，做正确的事，能够赋予他面对欺凌现象时正直行事的力量。

第四代日裔美国人，非常成功的冲突解决顾问德里克·小洼（Derek Okubo）回忆了一件 35 年前他在学校操场上亲身经历的事情。作为班中唯一的一个日本籍孩子，他周围的同伴们经常在教室中打他，用他们在家里听到的语言来辱骂他："你这个黄色的小日本，滚回你的国家去。"一个男孩，斯科特，上前保护他，把他带离那群欺凌者，还邀请他参加了一个比赛。斯科特在那时那刻的做法展现了他个人的道德准则。这是他内心正义的声音，与口号（"崇尚多元化"）、威胁（"如果你欺负任何人，你将被停学"）、命令（"不许辱骂别人"），甚至金科玉律（"己所不欲勿施于人"）都毫不相关。斯科特的正直行事风格并不是与生俱来的，而是习得的。当然，他肯定不是从学校的那群孩子那里习得的。

遗憾的是，他也不是从学校习得的。就在操场事件发生前不久，在一节体育课上，德里克的老师抓着他的衬衫对他大喊："你这节课只能得个'U'，你这个黄色的小日本！"其原因仅仅是德里克无法很好地完成"趾踵步行"的练习。德里克惊愕地呆在那里，而他的同学们目睹了一个成人用言语和身体欺凌欺负他的全过程。因此，一些孩子怡然自得地在操场上攻击德里克也就不足为奇了。然而，竟有一个男孩愿意挺身而出帮助他脱离困境，这对德里克来说简直是个奇迹。35 年后，当德里克把他的故事告诉我的时候，他说这件事对他的影响是如此的深刻，以至于时至今日，他还能够清楚地记得那时没能做好的练习是什么，记得他在教室里和操场上被辱骂的语言，还有那个帮助了他的男孩的全名。

## 分享，关怀，帮助和服务

在《培养一个受人尊敬的孩子》（*Raising Your Child to Be a Mensch*）中，作者尼尔·克山（Neil Kurshan）解释了像斯科特这样的孩子是怎样学习成为一个反抗者的："孩子们的道德、仁慈和正直，就像数学、英语和科学一样，并不是不需要学习就能奇迹般的掌握的。在他们成长的过程中，他们通过效仿成人来学习正直感和责任心。尤其是那些有原则、有勇气、总是能够坚持自己的信仰的父母，他们是孩子最好的榜样。"能够见证我们成人为了不公平事件挺身而出对孩子来说是很重要的，无论这些不公平事件是发生在家里、会议室、教室，还是大街上。当我们不只是把信仰挂在嘴上，而是知行合一地去实践它，我们就为孩子做出了榜样，使他们将来能够成为阻止欺凌的强劲力量。

我在第七章提过的普雷本·蒙克-尼尔森，他解救丹麦的犹太人是因为"你就这样做了。这就是你长大成人的方式"，他所处的社区中的大多数人都愿意为自己的邻居挺身冒险。然而，你的孩子还需要看到的是，即使我们其余的邻居都无动于衷，我们依旧会为了正义挺身而出。2002 年 3 月 2 日，印度阿默达巴德市的维兴·诺瑟德（Virsing Rathod）就是这样做的。行业协会的贝丝·达夫-布朗（Beth Duff-brown）记录了他的英勇事迹：

> 在穆斯林邻居被殴打和活埋的尖叫声中，维兴·诺瑟德做出了很多印度教徒都没有勇气做的事情。
>
> 强壮的维兴和他的两个儿子跳进卡车，开车冲进一群疯狂的印度教暴徒中，把一个个穆斯林人从星期四午夜的焚烧之火中拉出来。
>
> 那一晚，他拯救了 25 个穆斯林人的生命，把他们带到了阿默达巴德的安全庇护所。在这场印度教和伊斯兰教的暴力冲突中，有 544 个人丧生。当他被问及是否认为自己是个英雄时，他耸了耸肩：
>
> "我这样做是出于人性，因为在我的内心深处，我知道这是正确的事。"

这是多么的重要，让我们的孩子看到我们会言行一致，对我们说的话负起责任，并且愿意付诸行动——做"正确的事"。

除了做榜样，我们还可以给孩子们练习做反抗者的机会。我们不仅仅要告诉孩子们该做什么和不该做什么，还要向他们解释"分享，关怀，帮助和服务"的内涵，并且给他们机会去那样做。孩子们需要知道，除了重视他们的行为，我们同样重视的还有他们的行为的意图。我们可以教他们反思自己的行为对别人的影响，并从他人的角度来看待问题。一旦他们学会了这样做，他们就可以把自己置身于他人的立场来体会他人的感受了。这种观点采择能力对"始终做正确的事"至关重要。斯科特不仅能够站在德里克的角度来同理和同情他，而且能够拥有足够的勇气和仁爱来采取下一步的行动："嘿，各位，退后，别再烦扰他。"这一刻，斯科特选择的是"做好事"，而不是让他的同学们"认为他很好"。有些孩子可能想要这样做，却顶不住来自大多数同伴的压力。斯科特愿意并且能够承受同伴的嘲笑和嘘声（"日本情人"），因为他已经拥有了被成人培育出的强烈的自我意识。

始终做正确的事包含选择一个正确的立场并采取行动。斯科特只是感受到德里克的痛苦是不够的，他必须做些什么来帮助德里克减轻痛苦，即使是以朋友们对他的疏远为代价。当斯科特选择去干涉欺凌，"即使会背负沉重的负担"，他的语言和行为给其他旁观者提供了做正确的事的机会，或者，起码是选择不去参与欺凌的机会。同时，他的行为也给德里克上了重要的一课。因为当德里克受到了"白人男孩"的攻击，又受到了"白人男孩"的解救时，德里克心中对"白人"冉冉升起的愤怒火焰被这个勇敢而仁爱的男孩给浇灭了。他对"白人"的偏见不复存在。

选择正确的立场并采取行动都需要勇气和道德独立。心理学家迈克尔·舒尔曼（Michael Schulman）和校园心理学家伊娃·梅可勒（Eva Mekler）在他们所著的发人深思的书籍《培养一个有道德的孩子》（*Bring up a Moral Child*）中，阐述了三个培养道德独立性的原则：

> 1. 教导你的孩子，他是唯一一个能为自己行为的后果负责任的人。（能够为自己的行为承担责任的孩子更有可能遵从自己的道德准则——为自己的行为负责任，而不去责怪其他人。）
>
> 2. 培养孩子对自己有能力做出优秀的决策方面拥有自信。（能够信任自己的判断的孩子不易受到别人的操控。他们不惧怕和其他人想的不同、做的不同。）
>
> 3. 教导孩子依靠自己的力量来对事情进行推论。（自信能够对事情进行合理推论的孩子面对问题更容易提出质疑，同时，也更不容易被动接受他人的命令。他们有能力去判断一个行为是否是正确的。）

两位作者进而提到了马丁·霍夫曼（Martin Hoffman）博士的一项研究"利他行为和亲子关系"（Altruistic Behavior and the Parent-Child Relationship）。霍夫曼博士发现，"通过'考虑别人的感受'和'帮助他人'来强调'利他'的价值观的父母，更容易拥有'关怀并不伤害别的孩子的感受'和'愿意维护被辱骂和被嘲笑的同伴'的孩子"。

## 另一个仁爱而有勇气的善举

兰迪是一个在学生时代因不明原因的阅读障碍而苦苦煎熬的人。有一次，他看到一个同学受到其他同学羞辱，而这种羞辱正是他经常遭受的。感受到那位同学的痛苦，兰迪冒着被同伴嘲笑和攻击的危险，救他于危难之中。兰迪跟我分享了他的故事。

我总是那个被欺负的，从一年级开始直到高中毕业。我最好的时光是在幼儿园和小学一二年级时期：允许我们画画。这对我来说真是棒极了，因为我不需要说太多话。随着我年龄的增长，我总是被取笑，因为我没有阅读能力。当老师提问我的时候，我会试图变成我最喜爱的动物——乌龟。我以为，如果我能把头埋到肩膀下面，她就看不到我了。不过，她还是看到了，而我的同学们都在拼命地嘲笑我。

有一年，在高达弗林中学，一些男孩（一群欺凌者）盯上了一个名叫马丁的大男孩，他拥有很尖的嗓音。他们开始殴打他的时候，我感到自己实在无法忍受，忍不住要爆发了。我告诉他们，必须停止殴打马丁，如果他们想要打人，来打我。"我的天啊，这些鬼话是从哪里来的？"我问我自己。我还以为是别人在说话，但其实是我自己。我被狠狠地揍了。但是你知道吗，这是值得的。因为从那时起，不管是马丁还是我自己都再也没有被打过。一场失败的战斗把我从窘迫的生活中拯救了，而这场战斗也并没有让我断气。

我总是教导我的孩子们，一定要包容任何人，无论他看起来是多么的聪明、愚蠢、肥胖、瘦小、丑陋，还是甚至不具备交流能力。而这些人，往往在某些方面拥有常人所不具备的天赋。我告诉我的孩子们，这就是我们表达对彼此热爱和尊重的方式。

兰迪的举动彻底击破了一个迷思，即被欺凌的孩子——兰迪是持续被欺凌的——都是蠢货，无价值的，低人一等的，或不值得被尊重的。而其反面反而更真实：被欺凌的孩子常常都是富有爱心和同情心、敏感、有创造力和体贴的人。

正如斯科特不能忍受德里克被羞辱，兰迪也甘为马丁承担风险。所有孩子都从这两个孩子虽小但却意义重大的举动中受益匪浅。

## 做一个挽救生命的反抗者

一个大屠杀的幸存者列举了三个可以使旁观者转变为反抗者的行为："重视，参与，永远不要视而不见。"1996 年 10 月 17 日，一位高中橄榄球队员就是这样做的。在田纳西州鲍威尔市的鲍威尔高中，一群被称为是溜冰者的孩子在长达三个多月的时间内，持续地欺负和恐吓一个名叫乔希的新学生。他们模仿、嘲弄并追赶他，威胁说要用链条和棒球棒把他打死。乔希最终进行了反击，他用午餐盘击中了其中的 ·个溜冰者，原以为击败了其中的一个，欺凌就能停止。结果他错了。两个男孩扭打在一起，乔希滑倒了。正当他失去意识躺在地板上的时候，另一个男孩多次狠狠地击打他的头颅，打破了他的头骨。在其他学生都在观望之时，一个橄榄球队员跳跃过两张午餐桌，拼命地把乔希脱离了现场。他的举动很可能挽救了乔希的生命。

如果你的孩子有足够的勇气站出来面对欺凌者、保护被欺凌者，你可以感谢他勇敢的行为，并且跟他谈谈他的正义之举。询问他认为被欺负的孩子会有什么感受，他那样做的时候有什么感受，以及他还能做些什么。你可能会倾向于去"奖励"你的孩子。我建议你先不要这样做，而是关注于他的勇敢的举动本身，让他享受由于减轻了另一个孩子的痛苦而带来的满足感。外部的奖励反而会将正义之举"庸俗化"。

如果你的孩子很愿意跟你交谈，跟你聊好的、坏的、丑恶的事情，那么，他们很有可能愿意跟你分享他在帮助被欺凌孩子之前的内心冲突——感同身受、恐惧、悲伤、愤怒——以及他在对抗一群孩子时的不安。你可以告诉他这些感受都是正常的，再次肯定他在见义勇为之时是多么的勇敢。

有时，一个孩子在面对欺凌事件时选择退后是一种有意识地违抗。就像彼得没有接受欺凌者要求他加入欺凌的命令，而是找老师寻求帮助；或是像茱莉违抗了梅雷迪斯下达给所有二年级同伴的，要求她们支持梅根当众脱掉裤子的命令，把事情告诉了自己的妈妈。马克·吐温笔下的哈克贝利·费恩（Huckleberry Finn）为了拯救一条生命，也做出了有意识的违抗行为。手持一封告密信，信上透露了经由他的帮助而逃亡的奴隶吉姆的藏身之处，哈克贝利进退两难。他同情吉姆，吉姆可能会因他的告密信而重新被捕，他对此满心负疚；同时，他又惧怕违反法律而犯下重罪——国家和教会对帮助奴隶逃亡都有严格的法律和道德禁令。撕碎了那封信后，哈克贝利对自己说："好吧，大不了我下地狱。"

## 冒险告诉成人

把欺凌事件告诉成人是有勇气的行为，被欺凌孩子需要学习的辨别"告诉"和"告密"的技巧也可以教给你的孩子（第十章，"辨别告诉和告密"）。一旦他们能够理解这些基本的规则——如果告诉我能帮助你或其他孩子解脱困境，那么请告诉我；如果告诉我只能使其他孩子陷入困境，那么不要告诉我；如果两者兼有，那么我需要知道——你就可以定期提醒你的孩子来跟你沟通他们的担忧和恐惧了。"我曾经跟你提过，而且很可能我还会再跟你提起，如果你被人欺负了，或者你知道任何别的孩子被欺负了，你都需要告诉你信任的成人。"

"迈向尊重"（Step to Respect），是非营利组织儿童委员会开发的一套获奖的防欺凌项目。项目的作者教小学的孩子们如何**识别**欺凌（这公平吗？有什么样的感觉？这件事总是发生吗？）；**拒绝**欺凌（拒绝欺凌，对欺凌行为说不）；以及**报告**欺凌（发现了欺凌现象，任何时候都可以报告，而当"有人处于危险之中，有人触摸或展露身体的私密部位，或拒绝欺凌没有作用"的时候，必须要向成人报告）。与"陷入困境，解脱困境，和两者兼有"的基本原则一起，孩子们可以很轻松地记住这三种"必须报告"的欺凌情境。作为家长，你可以跟你的孩子通过"如果……那么……"的游戏来让他们模拟扮演反抗者的角色——练习识别，拒绝和报告欺凌。你不仅是在传授给他们你信奉的美德，而且在帮助他们为扮演这个非常重要的角色做好准备。亚里士多德把向孩子传授美德的基本要素总结成了一句话："美德是种习惯。"

孩子们需要确定你会认真对待他们告诉你的消息，并且如果有需要，你会为他们保密（不向欺凌者透露你的信息来源）——但不代表你会守住这个秘密不告诉别人。欺凌在秘密中发展壮大。孩子们必须相信，把事情告诉成人能够产生积极的效果。一旦他们把信息分享给你，你需要跟他们讨论他们可以做什么，以及你将会做什么。如果你的儿子请求你不要参与此事，那么你可以先倾听他的想法，再跟他分享你的担忧，告诉他如果不作为有可能产生什么样的后果，以及如果要作为，你们可以采取什么样的行动——涉及欺凌时，无动于衷永远都不应该出现在选项当中。

年幼的孩子们更有可能把欺凌事件告诉成人，因为与青春期和青春期前的孩子不同，他们依旧信任成人会采取行动来阻止欺凌。相反的，青少年却会避开成人的干涉，试图找到自己的方式来解决问题。因为且不论事实如何，他们更倾向于相信成人对此会毫无作为，或者他们的干涉只会使事情变得更糟。但是，高中阶段的欺凌常常会对欺凌中的各方都造成毁灭性的影响，而对于严重的欺凌事件来说，成人的介入是十分必要的。在下一章节中，我们会讨论你和你的孩子如何与学校、社区一起有效地对欺凌进行"识别、拒绝、报告"以及回应。

## 一个承诺

在科罗纳多州利特尔顿市的科伦拜高中发生枪击案的几日后，一群来自田纳西州那什维尔市的学生创建了一个网站：www.IWillPledge.Nashville.com。他们邀请世界各地的学生们参与签署以下承诺：

> 作为我的社区和学校的一员，我发誓：
> · 保证成为解决问题的一员。
> · 拒绝嘲弄他人从我做起。
> · 号召他人也这样做。
> · 从我开始，更照顾他人的感受，一起建立安全的社区环境。
> · 做关心他人的典范。
> · 在我的语言里，拒绝出现侮辱他人的内容。
> · 不说伤害他人的话，不做伤害他人的事。
> ……而且，即使别的人都不能成为解决问题的一员，我依然会。

这些孩子们试图扮演引领者，他们知道如果他们能够坚定立场，其他人也许会紧跟而上。他们还意识到，即使没有任何人愿意跟随他们的脚步，他们依然会选择这样做，因为，这是正确的事。

这个网站创建之后，世界各地的很多学校和组织也纷纷制定了自己的誓言。想要浏览篇幅多得难以置信的誓言，请谷歌搜索 "anti-bullying pledges worldwide（全球反欺凌誓言）"。注意：请不要将它们束之高阁，不要让它们在高高的墙壁上、午餐室的海报上、指示门牌上、宣言手册上，或是在手带上，沉默地消逝。它需要你为之付出诚实而真诚的努力。

儒弱者问：这样做安全吗？

权宜者问：这样做合算吗？

虚荣者问：这样做受欢迎吗？

然而有良知的人会问：这样做正确吗？总是会有这样一些时间的节点，使一个人必须去选择一种不安全、不合算，也不受欢迎的立场——而他必须坚守这个立场，因为，这是正确的。

——马丁·路德·金（*Martin Luther King Jr.*）

在善和恶之间做出选择是每个人触手可及的力量。

——奥利金（Origen）（公元 184–254 年）

# 第十二章

# 让年轻人在网络社区保持参与、联系和安全

不管儿童和青少年对互联网有多么精通，他们对生活以及如何做出安全和负责任的选择仍有太多不懂的地方。有时候他们还会铤而走险。你的孩子已经是，或可被期待成为一位"科技专家"，但是作为父母，你仍然是"生活经验"和"风险管理"的专家。有效的亲子伙伴关系对于处理互联网问题至关重要。

——南茜·威拉（Nancy Willard）

《养育精通网络的孩子：赋予儿童和青少年在使用互联网时做出安全和负责任的选择的能力》

（*Raising Cyber Savvy Kids: Empowering Children and Teens to Make Safe and Responsible Choices When Using the Internet*）

自从我撰写本书的第一版起，高科技工具迅速发展和普及，开始影响我们生活的方方面面。亨利·J·凯撒家庭基金会（Henry J. Kaiser Family Foundation）最近对超过 2,000 名 8 岁到 18 岁儿童和青少年的一项研究发现，儿童对媒体的接触正在成倍地增加——比如一边看电视一边上网；又比如一边听着音乐在线搜索论文，一边发短信——并且每天多达 8.5 小时的媒体接触，一周七天皆如此。孩子们像每周 45 小时工作一样地上网，开电脑，关电脑，每周都是如此。媒介

技术有能力帮助我们的孩子明辨是非，但其亦对我们的孩子会变成什么样的人、实际居住在什么样的世界具有巨大的影响力。媒介技术已变得如此强大，使得我们不能放任其对我们的孩子造成的影响。

上网就好像打开了通往一座全新的巨大都市的门。有些父母过于关注互联网的丑陋和极其令人提心吊胆的方面，以至于拒绝让互联网成为家庭生活的一部分。有些父母严格控制其孩子使用电脑以及上网时间，完全不去考虑孩子的年龄、能力、敏感性和需求。

有些父母对互联网一无所知且没有兴趣对其进行了解，以至于放任孩子在互联网的角角落落进行闲逛。而有些父母明白他们对互联网不了解，但尽力去学习至少孩子已知道的有关互联网的信息，甚至更多——特别是网络智慧、网络礼仪以及网络安全。他们意识到，互联网生活已既成事实，而教会孩子们如何有利地使用互联网，从中得到尽可能多的益处，以及机智、文明且安全地行事，和线下社区所需的交往和关系技巧一样，需要合适的工具。

如果你正在阅读本书，你可能是那些希望能够从互联网中为自己和孩子争取最大益处的父母中的一员。那么，第一步就是尽量获取最新的信息。当下有很多优秀的书籍讨论如何带着孩子上网、在网络世界保护他们以及在互联网世界导航。我建议你们逛一逛本地的书店，与其他父母和教育工作者进行交流。同时，上网寻找资源，利用你们精通电脑的孩子们的技巧，向他们请教这些新的网络社区的语言和文化。当你的孩子申请了社交软件的用户名和密码并开始聊天和玩游戏时，许多新的社区大门向他打开了。你对此都了解吗？

## "移民"，"本地人"和"专家"

我们中有些人家里没有电脑，或在成长的过程中没有在学校使用过电脑。"上线"曾指的是晒衣绳，而"合用线"曾指六个家庭共用一条电话线。谁需要互联网呢？电话话务员知道所有人的事情，并且可以快速地传播谣言。我们是这个新网络社区的"移民"。我们不知道该社区的语言、俚语、地标、路标、习俗或文化。

你们中有些人是互联网的"本地人"。你从小就在有电脑的家庭和教室长大。

你知道其语言并能读懂路线图。你随着互联网长大。你为我们这些"移民"做向导，翻译语言，解释俚语和缩略语，并像呼吸空气一样轻易地掌握网络习惯和文化。

我们这些"移民"的孙子孙女以及你们这些"本地人"的孩子是"专家"——即第三代人。这些孩子随着父母在他们出生后发的微博、短信和分享的照片，而在产房即被引入社交媒体。这些孩子会问，为什么书里面的圆圈按不了，人物不会动，页面不会滑动或不能用手指使其变大或变小。

我的女儿问我为什么把我 iPhone 的手机密码给了我 4 岁的外孙。我向其保证我并没有这么做。我问外孙他是怎么知道的。他告诉我："我看你这么做的，姥姥。"谁会想到在解锁 iPhone 的时候，如果一个 4 岁小孩在场，你需要像掩盖自动取款机的触摸板一样掩盖手机的屏幕？我的外孙毫不费力地就可以解锁手机，打开 Netflix<sup>①</sup>）并找到《恐龙火车》（*Dinosaur Train*）第一季第六集——可他其实还不识字。

这些年轻的"专家"可以凭直觉就知道这些科技工具如何运作并很轻易地使用它们，但他们仍然需要学习如何让自己机智、文明和安全：

1. 网络智慧——机智地对待网络世界，并且机智地在其中行事。比如，不要争斗（具有攻击性）；不要偷窃；不要跟陌生人说话，给予或接受陌生人的东西；知道如何使用互联网和社交媒介，但是不滥用，了解如何使其成为全部生活的一部分——而不是全部生活。

2. 网络文明——友善和礼貌行事；能够用坚定而自信的方式交谈和辩论；愿意为其他人站出来斥责不公正；能够拒绝参加残酷性的行动。

3. 网络安全——了解如何"防御性地上网"，即如何规避危险的网络状况；如何报告不当行为以及可能的网络犯罪；知道何时和如何在被侵犯时使用四步法来保持安全——停止、复制、阻止以及告知；知道如何不去下载恶意软件或者打开钓鱼程序；以及如网络安全和隐私律师帕里·阿夫塔卜（Parry Aftab）所建议的，"留意你的设备；创建好的密码——易记而又不易猜；适当的隐私设定——

---

① 美国著名在线影片租赁网站。——译者注

不要与错误的人分享太多信息"。

这些正是需要你运用养育子女技巧的地方。你会在孩子生活的其他方面引入新的责任和做决定的机会，随着他们展现出有能力、有自信，以及行事正直、文明和有同情心，成为具有责任感、足智多谋而又有张力的人时，你会降低对他们的限制和界限，同样，你亦要如此教会你的孩子们如何在网络社区生活和探索。你既需要了解他们线下的朋友，也需要了解他们的线上网络朋友。你希望他们无论在线上还是在线下，都能诚实行事，正直而有礼貌地对待他人。

孩子们在早期探索互联网时，如同其探索自己的左邻右舍一样，是需要被监督的，你要给予一些对待意想不到的侵扰或网络欺凌的意见、建议和工具。随着孩子们年龄渐长，你可以逐渐信任他们适当处理网络问题的能力，但与此同时，你需要继续传授相关的技巧，比如，如何与发送"电子炸弹"（发有煽动性的邮件或讯息，意图引起愤怒或伤害）的人打交道，以及如果在聊天室聊得不舒服应该怎么做。你可以教他们在发出讯息前要三思而后行，并拒绝参加网络欺凌。

随着你的孩子学习探索互联网，在身体上和关系上密切关注他们将变得很重要。当他们长大后，你依然需要密切了解他们在电脑上和其他社交媒介（包括手机）上做什么，以及他们在其中所花费的时间。信任也是需要验证的！像熟悉他们的同学一样熟悉他们的网上朋友。找到保持沟通的方法，找机会与孩子聊聊生活，尤其是他们的朋友关系。如果你的孩子可以与你分享好的、坏的和丑陋的事情，而你又教会了他们如何在网络社区行事，以及事情在变糟时应该如何处理，那么他们就能更好地做好准备处理任何可能发生的状况，或者如果他们不知道该怎么做，就会向你寻求帮助和建议。与一味地禁止相比，我们的孩子能从主动性介入中获益更多。那些父母融入其生活、与其对话、知道他们在哪、在做什么以及在与谁交往的孩子，在学校或者网络等圈子中陷入麻烦的可能性更小。

## 制止网络欺凌

无论网络欺凌是通过手机或是其他电子设备，抑或是通过多种设备，首先回应的方式应该是剥夺其使用这些设备的权利。父母和教育工作者同样可以使用本书第九章所讨论的七步改变法来追究实施欺凌者的责任并改变他们的行为。

1. 立即管教，干预欺凌。

2. 创造"做好事"的机会。

3. 培养同理心。

4. 教授交友技巧——用坚定而自信的、和平的和尊重他人的方式与他人相处。

5. 密切关注孩子的活动，比如他平日所接触的电视节目、电子游戏、电脑活动和音乐的内容。

6. 帮助孩子参加更有建设性、娱乐性和有活力的活动。

7. 培养孩子"始终做正确的事"。

上述所涉及的法则是对网络欺凌的一种有建设性和富于同情心的回应。这些法则考虑了网络欺凌的意图和严重性，为帮助网络欺凌者在与伙伴面对面的交往以及虚拟的网络社区中承担更有利于社会的角色提供了帮助。

## 帮助网络欺凌的受害者

正如本书开篇所说的故事一样，在网络世界中被欺凌会产生毁灭性的，有时甚至是致命的后果。在网络世界中被欺凌的孩子们所展现出来的危险信号与被其他方式欺凌一样，但是网络欺凌会加速孩子们坠入沮丧、生病以及学业失败的境地。这是因为网络欺凌的受害者无法躲避或减轻欺凌。对于低科技欺凌来说，被欺凌的孩子可以通过回家或者待在家中不去学校而躲避欺凌，但是网络欺凌却可以随时随地发生。网络欺凌的受害者不愿意说出其被欺凌的原因与其他低科技欺凌是一样的：

1. 他们对被欺凌一事羞于启齿。

2. 他们害怕如果告诉了大人，会遭到报复。

3. 他们不认为有人有能力帮助他们。

4. 他们不认为有人会去帮助他们。

5. 他们相信了"欺凌是成长的必经部分"的鬼话。

6. 他们可能相信成年人也是这鬼话的一部分，因为并不是只有孩子才对他们实施欺凌。

7. 他们认为"告发"同伴不好，不够酷，很"幼稚"——即使该同伴在欺负他们。

8. 他们担心父母和教育工作者们会相信欺凌者的话而不是他们的话。

在网络欺凌中，被欺凌的孩子会很担心，如果告诉父母他被欺凌的事，父母会拿走他的手机并限制他使用电脑。你需要提前向他保证你不会那么做。

在受到网络欺凌前教会孩子们如何回应网络欺凌是很重要的。无论对网络欺凌的回应是消极的、有侵略性的，甚至是坚定而自信的，都会让情况变得更糟糕。坚定而自信的回应面对面的欺凌通常可以制止欺凌行为，但是这对网络欺凌并不有效。你可以教会你的孩子使用 SCBT 方法，即停止（stop）、拷贝（copy）、拦截（block）以及告诉一位值得信赖的成年人（tell a trusted adult）。

- 停止。不要回应网络欺凌。被欺凌者很有可能带着愤怒或受伤害的心情回应，而这种回应只会给网络欺凌火上浇油。任何回应都可以被用来说服权威者相信，被欺凌者才是煽动分子（请参考本章下一节有关通过代理进行网络欺凌的讨论），或者此类回应通过剪切复制被篡改成"强加给被欺凌者的话"。

- 拷贝。拷贝所有的信息和图片，并保留手机短信和语音留言。为快速学习如何保存所有类型的网络讯息，请见罗伯特·博里什（Robert Borys）和约翰·萨拉塔（John Salata）所著的《父母的互联网意识：保卫家庭的实用指南》（*Internet Awareness for Parents: A Practical Guide for Safeguarding Your Family*）。

- 拦截或通过即时通讯软件的通讯录或电子邮件过滤资讯。

- 告诉一位值得信赖的成年人。

如果网络欺凌具有威胁性或恶意，你还需要做如下事项：

1. 变更电子邮箱地址，账户，用户名，电话号码，和（或）手机的 SIM 卡。

2. 向学校提交详细的投诉（参见第十章，"应做和不应做的事"）。

3. 向网站（网站首页的"联系我们"电子邮箱地址），互联网服务提供商（通过 ISP 网址上的"联系我们"或支持邮箱地址）或手机通讯公司（追踪电话号码并联系电话公司）提交投诉。

4. 如果网络欺凌显得具有犯罪性，请联系警察。根据加拿大刑法典，如果交流造成他人担心其安危或其他人安危，则该等交流就构成了犯罪。发布"恶意中伤的诽谤"以及撰写旨在侮辱他人或通过憎恨、侮辱和嘲弄而破坏其声誉的内容亦构成犯罪。如果欺凌者散播基于种族、民族、肤色、宗教、年龄、性别、性取向、婚姻状况、家庭状况或残疾的仇恨或歧视，该网络欺凌者将违反加拿大人权法案。威胁使用暴力、猥亵短信、跟踪、种族偏见的欺凌、性欺凌（包括"色情报复"）、制作或发送色情图片，以及在隐私场所偷拍他人照片（比如更衣室、浴室及卧室等），都可能构成犯罪。

5. 如果网络欺凌是色情报复，即未经同意在网上发布和传播色情图文，你可以联系网络民权法律项目（Cyber Civil Rights Legal Project）（www.CyberRightsProject.com）以寻求全球范围内的免费法律援助。作为"为纠正严重网络民权侵犯行为的民权慈善项目"，该项目由两名律师——大卫·贝特曼和艾丽莎·达米科创建，旨在为色情报复的被欺凌者提供全球法律资源。另外一处资源是网络民权倡议（Cyber Civil Rights Initiative，简称 CCRI）危机热线：844-878-CCRI（2274）。更多信息请登录 www.cybercivilrights.org。在本书出版时，该热线仅可以向美国致电者提供援助。当前，色情报复在许多国家都被认定为犯罪。

6. 对于其他类型的网络欺凌，你可以联系你所在社区的律师。向网络欺凌者和其父母索赔经济损失是可能的，正如加拿大魁北克的三河市家庭能够做到的一样。在采取该步骤之前请认真考虑，因为虽然其可能是合适的方案，但你需要明白这将花费金钱和时间，并可能需要数月甚至数年的诉讼。

大多数欺凌是在成年人的"雷达监测"下实施的，而年轻人对于报告欺凌总是犹豫不决。网络欺凌不仅在成年人的"雷达监测"下发生，更是完全侵入了孩子的生活空间，使他们感到无比地被孤立和被侵犯。我们必须说服孩子我们是可以被信任的，且是他们强有力的盟军。只要他们告诉我们，我们就会采取行动帮助他们。但是他们首先需要知道，我们对网络欺凌是有所了解的，能够想象到其严重性，并知道怎样制止它。

## 旁观者

旁观者在面对面的欺凌情形下可以担当各种不同的角色（比如追随者、积极支持者、消极支持者、漠不关心的旁观者或心存畏惧的潜在捍卫者等），同样，他们亦可以成为网络欺凌者的有意或无意的帮凶。旁观者可以为欺凌叫好，参与传播谣言，创建网站去进一步扩散欺凌的残忍，从被欺凌者的痛苦和耻辱中获得乐趣，或站在一旁默默观看，不敢介入，害怕自己成为下一个被欺凌对象。

网络欺凌可以利用旁观者进行"代理网络欺凌"。网络欺凌者利用他人向被欺凌者发送煽动性或侮辱性的信息，或用虚假谣言或指控去煽动旁观者。旁观者进而转向攻击被欺凌者。网络欺凌者可以利用他人实际实施欺凌行为，而其自己可以在旁观者被抓时声称自己是无辜的。有时候，被利用的代理不是旁观者，而是互联网服务提供商（ISP），比如 AOL，MSN，或者谷歌邮件。"停止网络欺凌"（www.StopCyberbullying.org）详细描述了代理网络欺凌：

> "警告"或"通知战"是代理网络欺凌的例子。孩子们在实时通讯工具、电子邮件或聊天屏幕上点击警告或通知按钮，向 ISP 或服务提供商告知被欺凌者做了违反规定的事情。如果被欺凌者收到足够多的警告或通知，他们会失去其账户。服务提供商意识到该等行为，经常查看警告是否是正当的。但是网络欺凌者只想激怒被欺凌者，并刺激其说出一些粗鲁或充满仇恨的反击语言。然后，成功了！他们警告被欺凌者，伪造成是被欺凌者挑起事端的假象。在这种情况下，ISP 或服务提供商成了网络欺凌的无辜的帮凶。

欺凌者还可以通过简单地嘲弄被欺凌者并将其回应报告给其父母或学校老师的方式，利用父母和学校老师作为他们实施欺凌的代理。大人们因此会被误导而认为被欺凌者是实施欺凌的人。

一种更严重——有时甚至是致命的——代理网络欺凌的方式是，将被欺凌者的电话号码、用户名和地址发给仇恨群体或贴到色情聊天室和他们的留言板上。（如果你的孩子被如此欺凌，必须立即采取法律措施，因为你孩子被该群体成员在线上或线下找到的风险非常高。）

## 从旁观者到证人

站起来对抗欺凌或保护被欺凌者从来不是一件易事。但是，正如在线下世界中有诸多方式去勇敢地采取行动一样，线上世界中也有很多揭竿而起、保护被欺凌者的方式。作为父母或教育工作者，你可以向年轻人传授如下策略：

- 不要参与旨在诋毁或侮辱某人的博客或网络投票，而是退出或点击"结束"。
- 不要向其他网站转发或"复制—粘贴"诽谤的、有害的或会造成伤害的电子邮件、短信或图片。
- 保存、复制并打印网络欺凌的例子，交给被欺凌者，这样他们会意识到发生了什么事。用关心和支持的方式分享这些信息将帮助你的伙伴不感到被孤立。
- 告诉你信任的有关怀心的成年人，他将对你的身份保密，支援被欺凌者，并确保让网络欺凌者承担责任。
- 告诉网络欺凌者，你对被卷入网络欺凌中感到不舒服。

孩子们必须相信，告诉大人会使事情向积极的方向发展。一旦他们与你分享了信息，告诉他们，他们能够做什么，而你将要做什么。如果你的儿子或女儿请求你不要介入，听完他们的叙述，之后与之分享你对不作为的可能后果的担心以及你们可以共同采取的行动。对于网络欺凌来说，不作为从来不是可供考虑的方案。

## 三个P：政策（Policy）、程序（Procedures）和项目（Programs）

尽管大部分网络欺凌发生在学校之外，依然对学生和校园环境产生着负面的影响，并已经导致全世界校园暴力事件的发生——包括谋杀和自杀。如果你的学校已经有了防止欺凌的政策，针对欺凌者、被欺凌者以及并不无辜的旁观者的程序，以及帮助打破暴力循环并创造更深层关怀和包容的环境的项目，那么在这三项中加入数码网络相关的内容是非常重要的：

- 学校的政策必须包括针对网络欺凌的惩罚措施。学生和家长们需要知晓，如同其他形式的欺凌一样，网络欺凌亦不能被容忍。

- 修复正义的程序必须针对网络欺凌的特有问题进行调整，并加入一些修复网络欺凌造成的伤害的可能措施，尤其是针对网络欺凌的非常公开且具有潜在永久性和致命性的伤害。

- 项目必须指出什么是网络欺凌，它会对学生产生什么影响，如果学生被欺凌或其意识到其他学生被欺凌时需要怎么做，以及怎样以创造性、建设性、负责任且有礼貌的方式使用网络。

我们需要的是一种一方面基于社区，另一方面由学校为主导的综合方法。成人也必须得到教育，成人不仅需要了解低科技含量欺凌和高科技含量欺凌的危险性，而且还需要了解整个科技世界，因为科技世界不但为年轻人提供了日常的社交工具，而且已然成为了年轻人生存环境的一部分。

### 红帽工程

家长、教育工作者以及年轻人不可能独自抵抗欺凌。同样的，网络欺凌也不是数码世界中危险的唯一问题。阿曼达在受到欺凌后自杀身亡时才15岁。在此之前，她被同伴通过社交媒介恶毒而残酷地欺凌。辱骂和羞辱始于一个35岁的色情狂在社交网站上假装成年轻人，折磨、敲诈并跟踪阿曼达——以及成百个其他年轻人。这个色情狂2014年才在荷兰被捕。家长、教育工作者和年轻人几乎不可能在各种社交媒体平台上完全屏蔽色情狂和网络欺凌者。我们亦需要向科技工业谋求更多的帮助。拉菲·卡沃基安（Raffia Cavoukian）——著名的歌手、儿童守护者、生态学提倡者以及加拿大最高荣誉勋章的获得者——写了一篇影响巨大的有关互联网的评论文章，内容是关于孩子与互联网的连接，以及毫不批判地拥抱社交媒体而造成的潜在分离。在他 2013 年出版的《明亮之网—黑暗之网：赶在社交媒体改革我们之前，将其改革的三个原因》（*#Lightweb-darkweb: Three Reasons to Reform Social Media Be4 It Re-Forms Us*）一书中，拉菲描绘了当今数码世界的危险，以及我们如何可以使其对我们的孩子更安全、激发灵感和有帮助。他和社会活动家兼律师桑迪·伽罗斯诺（Sandy Garossino）是红帽工程的共同创始人。该工程是一项旨在从源头——即科技工业自身，寻找针对网络欺凌的解决方案的运动。桑迪在给我的一封信中写道：

> 像 Facebook 和 Google 这样的公司资源极其丰富，且拥有这个星球上顶级的电脑工程师。这些公司比全美国的汽车行业都要大得多，而公众应该像要求汽车制造商一样要求这些公司能用同样高的水准致力于在线儿童用户的安全。我们需要他们能更进一步提供一些答案。

红帽工程（www.RedHoodProject.com）寻求各种解决方案，比如对所有孩子可以登录的网络平台的用户名认证，更强有力的网站监视和管理，以及追究匿名和虚假滥用账户造成损害的责任。红帽工程提倡系统性的变革，该变革始于以下四项拟议的最低标准：

1. 年龄验证以及强化对 16 岁以下儿童的网站监管。
2. 取消定位和浏览器追踪功能，这样孩子们不会被任何线上的人进行线下物理定位。
3. 针对孩子和青少年的默认隐私设置，防止孩子个人信息被泄露给公众。
4. 对孩子的线上数据进行防火墙保护，这样孩子们 "可以不被陌生人进行不受欢迎的监视和交流"。

如果我们不共同努力，改变是不会发生的。这不仅仅是阻止网络欺凌，这关系到确保、培育和保护我们所有孩子的健康。

> 变革社交媒体的首要原因是安全。智力作为次要原因与安全有直接的联系。如果我们的年轻一代不能用最流行和具有诱惑力的科技发明去安全地发展他们的智力，那么我们肯定需要重新考虑其在我们生活中的价值和地位。现在，让我们考虑一下，智力在数码世界中的作用以及影响。
>
> ——拉菲·卡沃基安
> 《明亮之网—黑暗之网：赶在社交媒体
> 改革我们之前，将其改革的三个原因》

## 破译编码

孩子们用简语向他人快速发送短信。常见的简语有：

- HHOJ：哈哈，开个玩笑（或者 JJ，只是开个玩笑。这两个词皆被用来逃避其网络欺凌行为的责任。）
- LOL：大笑
- BRB：很快回来
- 182：我恨你
- 20：地点
- YRDM：你死定了
- YBS：你会后悔的
- ASL：年龄／性别／地点
- LMIRL：让我们在现实生活中见面吧
- F2F：面对面
- SOHF：幽默感失败
- ? ^：交往
- GAL：振作起来

- PA：小心家长（亦用 P911）
- WTGP：想私聊吗？
- RUIND?：你在暗处吗？

RUIND?　如果你认为 POS 意味着家长在身后（Parent Over Shoulder），那请你再好好想想。或者更好的是，问问你身边的年轻人。登录网站，比如 www.NetLingo.com，来学习最新的缩略语和简称，密语，网络用语以及键盘语。让你的孩子教你点这些行话，用来跟他们发讯息。在这方面，你了解并努力跟上你孩子的节奏很重要。

## 一些基本术语

网络世界有一本虚拟词典——可以帮助家长和教育者通过使用该语言，帮助我们的孩子在网络世界中用机智、文明和安全的方式行事。

**博客（Blog）**："网络日志"的缩写，是一种经常更新且面向公众的在线日志。有些孩子有两个或更多的博客，一个"好的"，其他更险恶或具有煽动性。有些孩子用这些博客来伤害同伴的声誉，侵犯他们的隐私，或威胁他们。一些孩子设置博客来假装成为被欺凌者，并通过言语侮辱他人。

**好友列表**：朋友网络名的列表，用户可以通过即时通讯工具或电子邮件联络朋友。

**聊天室**：虚拟聊天室，在这里朋友可以通过打字进行对话聊天。

**DSO**：危险的在线陌生人。色情狂，儿童色情文学家，憎恨群体招募者，恐怖主义组织者，以及其他不关心年轻人健康的人在各种网络社区游荡，并具有操纵易受伤害的孩子们的技巧。

**分享文件**：点对点技术，可以让孩子们直接从他人电脑里搜索并拷贝文件，比如数码音乐文件（MP3）。

**电子炸弹（Flaming）**：发送电子邮件炸弹或者短信炸弹，旨在挑起事端或激怒被欺凌对象。

**ICT**：信息和通讯技术。

**ISP**：互联网服务提供商。

**即时通讯**：用户可以在他们的好友列表中看到哪个朋友在线，并即时向他们发送讯息和图片。（网络欺凌者经常通过即时通讯接触被欺凌对象，目的是让其泄露敏感的个人信息，并通过向他人转发该信息来伤害或侮辱被欺凌者。）

**互联网游戏**：在游戏设备上（比如 Xbox360，索尼 PlayStation，任天堂 Wii U）或手机、电脑和平板电脑上玩游戏，并允许来自世界各地的玩家通过网络一起玩。

**网络投票**：通过互联网对孩子排名进行投票。（可以通过贬低性的问题欺负他人，比如"谁是你学校最风骚的人"，"谁是最丑的同学"，"谁应该去死"。）

**留言板**：在线虚拟空间，允许人们就共同关心的话题进行"聊天"。

**代理欺凌**：用帮凶传播针对被欺凌对象的谣言或有害、伤害性或仇恨的信息。

**社交网站**：通过网络连接起来的兴趣相投的朋友网。Facebook 是这类网站中发展最迅猛且最受欢迎的网站之一。有些孩子在这些网站上粘贴其他孩子的个人信息和图片，使他们被"捕食者"盯上的危险大大增加。有些孩子专门创建页面来捉弄或侮辱其他孩子。

**SN**：网名。

**垃圾**：垃圾邮件。（被发垃圾邮件的意思是指欺凌者组织的、向被欺凌者发送大量的垃圾邮件。网络欺凌者将他们的被欺凌对象注册在有攻击性的、色情的、即时通讯或电子邮件营销的名单上。）

**短信**：用手机键盘输入短信息，并可以立即发送给其他手机用户。

**网络臭虫**：向被欺凌者的电脑发送病毒、间谍软件、黑客程序或木马程序，旨在破坏其电脑、擦写其硬盘或控制其电脑。

**网络日志**：在线日志，个人的，面向公众且永久性的——肯定不是私密的。

这些只是帮助你起步的基础网络词汇，其他词汇可参考附录 2。

许多人在谈论欺凌时脑海中的画面并不正确。

外面的人看来这是一场闹剧。

身在其中的人明白其有多么可怕。

我们都只是试图逃离怪兽。

——谢恩·科伊赞（Shane Koyczan）

《木棍男孩：诗体小说》（*Stickboy: A Novel in Verse*）

## 第十三章

# 学校关心，社区参与

校园欺凌/侵害问题确实涉及我们最基本的一些价值观和原则。长久以来我都坚持认为，在学校能够感到安全，避免被欺凌压迫、被再三地故意凌辱，是一个孩子基本的民主权利。不应该有任何一个学生，会由于担心被骚扰和歧视而害怕上学；也不应该有任何一个家长，会担心这样的事情发生在自己孩子的身上。

——丹·奥维尤斯博士（Dr. Dan Olweus）

《学校欺凌的本质：从跨国视角看》

（ *The Nature of School Bullying: A Cross-National Perspective* ）

鉴于大多数欺凌事件发生在与学校相关的区域，作为家长，你可能需要知道你孩子所在的学区是怎样保证学生安全的。多年来，我研究了很多的反欺凌项目。研究人员对向学校投放的反欺凌项目的效果进行了研究，本认为这些项目能够解决问题，完成了指示，满足了法律要求，结果却恰恰相反，我对这些项目失望透顶。我们需要一些更完善的项目，来帮助我们在家庭、学校和社区内创建一个制止暴力行为和培育团结精神的环境。这种团结的精神可以激发我们帮助他人减轻痛苦的热情。这并不意味着不需要采用一些设计良好的防欺凌项目作为我们更完善的项目的一部分。孩子们需要知道什么是欺凌，什么不是；知道"友谊的陷阱"；调侃和嘲弄的区别；调情和性欺凌的区别；以及做一个勇敢的人意味着什么。然而，传授这一系列观念的最佳方法是把它们根深蒂固地融入学校精神中去，而不只是放进一个学校的项目中。

丹·奥维尤斯（Olweus@psych.uib.no），欺凌研究方面的国际权威之一，在挪威卑尔根市设计出一套非常成功的欺凌干预项目。他的项目并不局限于反欺凌方案的范畴，而是站在欺凌的对立面——即创建一个更富关爱的社区环境，把反欺凌项目纳入一个更完善的计划中去。一些正确使用了这个项目的学校，其欺凌事件发生的几率有了显著的下降，证实了该项目的有效性。他的项目建立在四个关键的原则之上，通过创造以下特征来建立学校（理想的话还包括家庭）环境：

1. 热情、积极的兴趣和成人的参与；

2. 对任何不可接受的行为都要有严格的限制；

3. 对于违反规则和限制的情况，坚持使用非暴力、无体罚的处理方法（管教而不是惩罚）；

4. 成人在家庭和学校的行为要创造一种权威的（而非独裁的）成人—儿童互动关系或亲子互动模式（骨干型家庭，而非砖墙型家庭）。

这四个原则可以在个人、班级和学校层面以各种不同的行动来体现。

## 三个 P

检查一下，你的学校是否具备有效预防欺凌所必需的三个 P。

### 政策（Policy）

政策必须具备表达的明确性，执行的一致性和沟通的广泛性。它需要包括欺凌的精准定义和欺凌的类型，类型的叠加会对被欺凌者造成更严重的影响和更残忍的伤害。

例："欺凌是作恶者的有意识、故意和经由深思熟虑的行为，旨在伤害他人并从他人遭受的痛苦或不幸中获得快乐。欺凌可以发生在语言层面、身体层面和

（或）关系层面；欺凌涵盖的内容极广且可以叠加人种、种族、信仰、性别（包括性取向和性别认同）、身体能力或心智能力等各个因素；包括所有形式的欺侮和网络欺凌。欺凌可以，并常常以持续不断的、随时间推移而反复进行的形式所呈现，但并不是说只有反复多次的呈现才算是欺凌，仅仅一次的出现就足以构成欺凌了。"

政策中还应该包含一份责任说明，陈述见证欺凌事件的人有试图对欺凌进行干预和阻止、帮助解救被欺凌的学生，和（或）把欺凌事件告知成人的责任。

（请参考联邦法、省或州立法，以及学区规章制度来辅助制定适合你学校的政策。很多州和省重新审议了之前的法规。之前的法规认为欺凌必须由持续且反复多次的卑劣和残酷的事件构成，如今，他们都意识到即使只有一次攻击事件，也足以构成欺凌了。）

## 程序（Procedures）

清晰地概述欺凌者及其追随者和其他积极参与欺凌事件的不无辜的旁观者们所需承担的后果。这些程序应该包括保证让学生们为自己的行为承担责任的纪律措施。我推荐加入某些修复性正义，即修复，解决，以及如果有可能，在被欺凌学生的要求下进行和解。

修复性正义可以根据特殊问题情境和问题所造成的具体损失做出调整。

把另外六种改变欺凌者的方法加入程序会对防范欺凌事件大有裨益。欺凌者和被欺凌者双方的父母都应该被正式告知欺凌问题，并且同时在家中采取措施来配合修复性正义的进程。

清楚地描述何种措施将被用来保证被欺凌学生在学校的安全，向他或她提供抵挡欺凌者的方法，给予被欺凌学生足够的支持，以防止他 / 她向欺凌屈服。

确定一个或多个负责人，供学生安全地报告任何欺凌事件。

把欺凌事件和学校的干预计划告知家长。

为家长提供在孩子再次遇到欺凌时向学校报告的参考方法。（详细的报告方法，请参照第十章，"应做和不应做的事"）

项目（Programs）

设计项目，使之能够支持和巩固政策，并且为所有学生创建安全、友爱和温馨的环境。

向你孩子的学校索要一份防欺凌政策说明。按照奥维尤斯的四个原则和三个 P 来核对学校政策的有效性。最终，你需要确定在学校的防欺凌政策是强有力的——具备表达的明确性，执行的一致性和沟通的广泛性。出台政策是一回事，确保政策被有力执行是另一回事；政策需要落地，而不是被挂在学校墙壁上当张贴画或是印在学生手册上当激励词。这些政策、程序和项目的确立，创建和反映了一所学校的文化和社会环境。

有一个方案包含了这三个成分——政策、程序和项目——就是我们之前提到的，由非营利组织儿童委员会开发的广受好评的"迈向尊重"（Steps to Respect）。世界各地的小学都在使用"迈向尊重"方案（www.CFChildren.org）。作为一个完善的方案，它也将防欺凌的内容纳入了体系之中。它不只是旨在减少欺凌现象，而是努力帮助学生建立起互相支持的同伴关系。它不只是教授应对欺凌的技巧，包括识别欺凌，用坚定而自信的方式拒绝欺凌，以及把欺凌报告给成人，同时，它还是为数不多的将不无辜的旁观者定性为负面角色的项目之一，以帮助孩子们从旁观者的角色向见证者、抵抗者和捍卫者转变。"迈向尊重"项目强调，在创建充满关爱的社区环境方面，学校和社区人人有责。各个单元的课程帮助孩子们对被欺凌的孩子产生同理心，并且教导他们在目睹欺凌现象时，各种可供选择的回应方式。这个项目还强调了成人的重要角色："欺凌是孩子们在学校的同伴关系、成年人的工作关系，以及家庭成员关系中极具破坏性的元素。教育工作者应该把握学校环境所提供的机会，告诉孩子们欺凌是错误的——他们可以使用更积极的方式来影响他人。通过学校的课程和在操场上的活动，成人可以向孩子们展示做一个有爱心、尊重他人和负责任的公民所具备的力量。""迈向尊重"推荐了以下几种学校层面的最佳干预：

**1. 从学生中直接收集欺凌现象的有关信息。**这样做首先可以提高学生、教育工作者和家长们对欺凌现象的警觉，使他们更加了解欺凌的定义，欺凌的四种类型和三种形式，以及学生们在欺凌的暴力循环中扮演的角色（参照第六章的暴力循环图）。其次，需要向学生、教育工作者和家长匿名调查对学校同伴关系的性质和质量的看法。无需感到惊讶，学生报告的欺凌事件往往都会多于家长和老师的报告。再次，询问孩子们需要成人在安全保障方面为他们提供什么样的帮助，这是十分必要的。

**2. 就欺凌行为，在学校和班级范围内建立清晰明确的规则。**孩子们需要知道规则是什么，规则是强制执行的，以及强制执行规则的方式是什么。重要的是，那些参与欺凌的孩子需要建设性的承担后果：修复、解决、和解。还需要制订一个行动计划，来对干预无效和不愿改变自己行为的欺凌者采取措施。这个计划可以包括从班级或学校将其开除，并转交至其他机构，如特殊学校、精神卫生机构，或警方。通过这些规则，学校需要创建起强大的社会规范来对抗欺凌，同时启动项目来防范和识别欺凌，与欺凌作斗争。

**3. 培训校内所有成人，敏感和一致性地回应欺凌。**被欺凌的孩子需要确保自己是被支持和保护的，成人会为所有学生的安全负起责任。教育工作者应该传授多元化意识，在积极、尊重和支持性行为方面做出榜样。"孩子就是孩子""这是他自己的错，他自作自受"或者，"他们只不过在开玩笑"，再也不能成为教育工作者不干预欺凌的借口。

**4. 成人提供足够的监管，特别是在低结构化的区域，比如操场和午餐厅。**学生需要更多的成人出现在学校的所有区域和校车上。保证学校安全的一个最有效的措施是有负责任的成年人在场。

**5. 提高父母对问题的觉察和对解决问题的参与。**作为父母，你可以在积极、尊重和支持性行为方面做出榜样；帮助孩子发展强烈的自我意识；教他们如何交朋友，如何加入一个群体。你可以教他们用一种正面和尊重的方式与他人联结，坚定而自信，面对不公平行为勇于挺身而出。

你可以做家长志愿者，帮助学校创造成人在场监管的环境，与其他教育工作者一起确保政策的贯彻实施，做一个支持你孩子的家长。

你可以游说学校的董事会和理事会为学校提供经济支持。这样，学校就可以招募更多的监管人员，提供支持性的服务，实施支持强有力的政策、规则和成果的项目。美国和加拿大严重的资金短缺逐渐破坏了学生的安全环境。董事会除去了教师的监管职责；大厅监管员位同虚设；只留下极少数午餐厅的监管员，教学助理和辅导员都越来越少——这些都是影响学生安全和幸福环境的要素。

你需要了解，如果你的孩子欺负他人或被欺负了，学校会用什么渠道来与你沟通——电话、信件、便笺。另外，如果你关注到一个学校相关人员并不知情的欺凌现象，你可以使用什么样的程序来进行反馈。

孩子没办法依靠自己的力量阻止他遭受的或目睹的欺凌。他们需要家庭、学校和社区的成人的帮助，在任何听到或看到欺凌发生的时候，一起努力帮助他们打破这个暴力的循环。

## 优秀的项目

下述是两个为初中和高中制定的青少年暴力行为防范课程，它们在作为整体学校计划的一部分开展该课程的学校中被证明是有成效的。

1. 青少年安全：生活技能和暴力防范项目（*Safe Teen: A Life-Skills and Violence Prevention Program*）（www.safeteen.ca），由不列颠哥伦比亚省温哥华市的安尼塔·罗伯茨（Anita Roberts）推出，提供了深入研究的问题和技巧，诸如：

- 怎样调动内在的力量并形成良好的人际关系；
- 建立和尊重界线的重要性；
- 怎样处理欺凌和性骚扰；
- 包容差异的重要性，以及对种族偏见、性别歧视和同性恋恐惧症的根源的理解；
- 怎样在个人安全、酒和毒品之间做出明智的选择。

罗伯茨还撰写了一本书，名为《青少年安全：暴力的强劲代替品》（*Safe Teen: Powerful Alternatives to Violence*）。青少年和他们的父母可以通过阅读这本书来学习怎样帮助青少年处理同伴压力，逐步减少暴力，以及发展强大的自我意识。

2. 个人和社会责任感与掌控愤怒 / 解决冲突（Personal and Social Responsibility and *Mastering Anger/Resolving Conflict*）是一个为初中、高中生设计的由两部分组成的系列课程（www.IASD.com）。其开发者是新墨西哥州拉鲁兹市情感技能发展研究所（Institute for Affective Skills Development）的康丝坦斯·德姆布罗斯基（Constance Dembrowsky）。这些课程的内容涉及：

- 发展自律；
- 在采取行动之前察觉行为后果；
- 识别学生的行为对他人的影响；
- 在保留自我和他人的尊严的基础上达到自己的目的；
- 管理愤怒情绪，避免被它控制；
- 和平解决冲突。

这两种课程可以顺序开展，也可以独立开展。"个人和社会责任感"课程包含可供选修的父母训练教程。两种课程中的活动都与学生的实际生活相关，为学生们提供了讨论和实践的机会；课程中讲述的神话和传说可以让学生参与进来，帮助他们更好地阐述和理解课程所教授的内容。

德姆布罗斯基叙述了两种帮助学生们从被欺凌对象转变为他们自己的见证者、反抗者和守卫者的必要元素：

1. **希望**是最好的力量源泉，帮助孩子们去证实自我的独特性，以及与生俱来的尊严和价值。心存希望，他们会在有效回应欺凌状况时更加自信；他们会更有活力，愿意尝试多种解决欺凌的方法，而不会在初次尝试解决欺凌失败后一蹶不振；他们会更有能力自己做出积极的行动，而不是仅仅感到无助、不堪重负、挫败、寂寞和孤独。

2. **韧性**是帮助孩子不屈服于攻击并克服欺凌的利器。与无休止的无助、不堪重负和挫败相反，学生们认识到，他们有力量可以通过改变自我对话的内容来改变他们的态度和感受。鉴于此，他们在言语和身体双方面的回应方式都会发生改变。有韧性的孩子的思维方式是"多选择性"的，而不是"无选择性"的。

为年轻人提供发展自律的方法，使他们能够尊重地、负责任地行事，控制自己的愤怒情绪去和平解决冲突，发展良好的友谊关系，知道怎样成功地加入某个积极的群体，并且在需要时挺身而出对抗欺凌，知道何时和怎样从一个不够优秀的群体中退出……这些不仅仅是防范欺凌的能力——而是生活能力。

推荐一个值得浏览的网站 www.GirlsRespectGroups.com。多伦多市的洛娜·布鲁曼（Lorna Blumen）开发了几个项目，可以让高中女孩参与进来帮助初中女孩"按下尊重的复位按钮"。年轻女孩们共同努力，学会了将自己做出的选择建立在对自己和他人尊重的基础之上，并且探索了与其他男孩和女孩建立良好同伴关系的方式。布鲁曼问："当今社会女孩们的友谊都怎么了？……而且，我们怎么能让孩子们从《亚特兰大贵妇的真实生活》这样的真人秀中学习处理人际关系的技巧呢？"这些项目或被单独使用，或被整合到已有的女孩项目中使用，已经在全球八十多个国家广泛应用了。

网站上有博客定期讨论有关"男孩的尊重"和"女孩的尊重"的话题，以及有关"名人的恶劣表现——对孩子的双重标准？"和"自我尊重：对孩子、青少年和成人至关重要的生活技巧"的主题。

动态冒险公司（Dynamix Adventures Inc.）由魁北克省蒙特利尔市的科里·史沃克（Corey Szwarcok）和米奇·塞尔脱兹（Mitch Zeltzer）创建，在克服校园欺凌方面提供了前瞻性的方法。这个项目的核心是团队建设，用以建立关系为基础的方式来建设社区、促进善行和防范欺凌。通过亲自动手的活动和锻炼，公司给儿童和青少年传授了独立思考和对人对己负责行事的有效工具。团队边做边学的教学模式使孩子们通过亲身实践，将所学的道理付诸行动，激发了他们强大的自我意识和社区意识。如果想了解更多有关此项目的信息，请参照网站 www.TeamMakers.com。

作为家长或教育工作者，你也许可以参与到对这些或其他项目的研究中去，帮助创建一个能够减少包括欺凌在内的所有暴力形式，鼓励创新性和建设性，支持尊重、负责的工作和活动的学校环境。如果学校仅仅是购买一个反欺凌项目，或者举办一个反欺凌日的活动，这样做当然简单，却远远达不到反欺凌的目的。

　　每个学校都存在欺凌。你需要确保你孩子所在的学校能够及时、坚定和一致地积极处理四种类型［一次性恶意行为，持续反复的恶意行为，欺侮，以及数码（或网络）攻击］和三种形式［言语欺凌、身体欺凌和关系（或社会）欺凌］的欺凌。教育工作者在处理所有欺凌事件时都要保持警惕。如果你孩子所在的学校没有一套由程序和项目所支持的欺凌防范政策，你可能会遇到霍斯的妈妈遇到的问题，即霍斯的老师认为，欺凌的出现是因被欺凌的孩子有问题而导致的。

　　5岁的男孩霍华德，小名霍斯，在学校操场上遭到一小群男孩的无情凌辱。他的老师致电霍斯的妈妈，建议他们家改变称呼霍斯的方式以消除男孩们欺负霍斯的最佳借口，因为霍斯这个名字很容易被人羞辱为"跋扈的贱货（Hossy Bossy）"。霍斯的妈妈丝毫不认为改变称呼会对防止欺凌有任何的帮助，她反驳说："为什么要改？难道改了他们就不会喊他'懦夫霍华德（Howard the Coward）'吗？"其实，更好的方式应该是直接与欺凌者解决问题。同学和成人通常很少能够对被欺凌的孩子产生同理心，因此，你可能不得不强硬地坚持，欺凌问题必须从其源头解决，即欺凌者。也许有的时候，你确实可以帮助你的被欺凌的孩子通过改变某些行为来建立更好的同伴关系，然而，依然没有任何人应该受到欺凌。如果老师疏于应对欺凌事件，或者你对老师提出的解决方案有异议，你知道，你还可以找老师的领导或校长来解决问题，就像索菲的妈妈一样。

　　12岁的索菲有听觉障碍。在老师不注意时，她会受到同学们各种各样的嘲讽。随着嘲讽变得越来越难以忍受，索菲把事情告诉了妈妈。妈妈和索菲一起与老师会面——索菲向老师汇报事实，她的妈妈从旁给予支持。老师表现出很同情索菲的样子，然后耸耸肩说："这就是这个年龄的女孩爱做的事。"更糟的是，她开始列举一系列她认为索菲做得不好的地方，认为这些是致使索菲遭受辱骂的原因。她提出，如果不是因为索菲太懦弱，她就不会被欺凌。幸运的是，索菲的妈妈没有就此终止对女儿的帮助。她告诉老师，她认为索菲遭受的欺凌并非正常现象，而且，无论是她的女儿还是别的孩子都不应该被迫容忍这种卑劣行径。她采取了下一步的措施，即和索菲的老师一起与校长进行面谈。校长支持索菲妈妈的看法，及时地找欺凌者及其跟随者们解决了问题。他给索菲提供了支持，并且要求索菲的老师参加名为"有效解决欺凌"的工作坊。

## 当心：零容忍可能会造成零思考

与我们之前所述内容相反的另一个极端是，美国的五十个州和加拿大大多数的省份和三个加属地区，对欺凌和其他形式的暴力行为，以及武器持有和毒品使用设立了零容忍政策。这些政策的初衷是值得赞赏的，但是其单一的方式——刀切（指的是强制停学或开除）——使得很多学校在贯彻方针的时候都缺乏灵活性和常识性，并且过于严厉。政策给管理人员传达了"你没有选择"的信息，导致学校管理人员频繁使用草率和惩罚性的措施，激起许多怨恨，并且为学校带来了更多的因学校处理问题不公平不公正而导致的起诉。

2013 年 12 月，宾夕法尼亚州福恩格罗夫市的两个 10 岁的学生被学校停学。原因是他们中的一个孩子假装用一把想象出来的弓箭射击他的朋友，而他的朋友则把一只手竖起来，摆出枪的造型来假装回击。而他们这样的举动违反了学区对武器持有的零容忍政策。这两个孩子并不是唯一的由于零思考而被停学的受害者。还有更多的例子可以说明，零容忍等同于零思考：

- 一个 1 年级的孩子由于连续三天把炸鸡想象成枪指向朋友而被停学。

- 两个 8 岁的孩子由于在教室里玩纸做的枪而被指控为"制造恐怖威胁"并被拘留。

- 一个 13 岁的男孩由于列举了一张被他视为敌人的人名清单而被开除，这张清单是他的一位同学在垃圾箱里发现并交给老师的。

- 一个 11 岁的孩子由于使用塑料刀来切她午餐盒里的鸡肉而被拘留。

- 一个 10 岁的孩子主动上交一把在她的午餐袋中发现的小刀，被以"持有致命武器"为名开除学籍。这个女孩无意中错把她妈妈的午餐袋当作自己的带到了学校。这把小刀是用来切苹果的。老师感谢了她主动上交小刀的行为；可是校长却立即将她停学，因为"法律无情"。

- 一个 6 岁的孩子被指控"性骚扰"罪，只因他在洗澡的中途跑出自己的家门，告诉校车司机稍等他片刻。

- 一个 16 岁的孩子上交了一篇英文作文，内容是想要对那些日复一日嘲弄他和欺凌他的学生进行报复，他随即被学校开除。

2001 年 3 月，美国律师协会发表了一份声明，反对零容忍政策，将其称为"用一刀切的方式来解决学校遇到的所有问题。它将学生们定义成罪犯，并造成了不幸的后果"。

对于反欺凌政策来说，零容忍是件好事。没有人想让自己的孩子在学校遭受欺凌。我们需要的是能够支持这种政策的程序，来指导管理人员公平处理问题，拥有合理的常识和良好的判断力。所有的欺凌都应该受到一定的处罚，但这不意味着对每一个攻击行为都要采取最严厉的处罚措施。

位于加利福尼亚州圣马科斯市的圣马科斯高中内，一个学生在讲义的背面草拟了一份欺凌他的同学的名单。名单上的学生的家长坚持要求校长对此采取措施。校长法兰斯·韦兹按照他们的要求采取了措施，但其措施与这些家长期待的完全不同。他下令彻查此事。名单上的学生们被询问为何他们的名字会出现在这份名单上，他们对这个草拟名单的孩子做了什么。随后，校长要求所有与此事相关的人——从欺凌者、欺凌的跟随者、活跃的支持者，到袖手旁观者和草拟名单的那位被欺凌者，都要对这件事做出说明。《圣地亚哥联合论坛报》（*San Diego Union-Tribune*）引用了这位校长的话："鉴于最近发生的事情，圣马科斯高中如今对欺凌行为实施零容忍政策。学校的每一个人——全体教员、工作人员、学生和家长们——都已经意识到，任何一个对他人做出言语骚扰和身体攻击的学生，都要为他的行为承担责任。"圣马科斯高中拥有反欺凌的政策和程序，以及一个愿意为学生创建安全校园环境而努力的管理人员。学校的零容忍政策有相关程序做指导，确保了学校管理人员能够公平处理问题，并拥有合理的常识和良好的判断力。每个学生都要为自己的行为承担责任，并且经历丹·奥维尤斯所建议的"非暴力、无体罚"的管教程序。

校长提到的"最近发生的事情"，其中之一是在几周前，加利福尼亚州的桑特市，一个男孩由于长期被欺凌却没人理会，遭受的痛苦被人忽视，内心的压抑无处释放以至于化作暴力的复仇行为，开枪杀死了 2 个同学，重伤了 13 个同学和成人。在加拿大和美国交界的另一个区，一些孩子由于长期遭受欺负和折磨，积压的痛苦和煎熬找不到出口，无人可求助，无处可诉说，最终选择了自杀。尼尔·马尔和蒂姆·菲尔德在他们的著作《欺凌式自杀》中指责那些没能像法兰斯·韦兹校长一样做的人："每一起欺凌式自杀都表达着其令人黯然神伤的事实，即孩子因为他人的故意伤害而死去，而本该负起责任的成人却疏于为他们提供报告的机制，疏于干涉和处理这些伤害身体和心理的暴力行为。那些'我们不知道'或'我们没能理解'的借口再也无法成立。"

## 学校氛围和文化

除了欺凌防范政策和程序，你还可以检查一下你孩子所在的学校是否拥有能够切实帮助改善学校氛围和文化的项目。

美国教育部公民权利办公室的助理部长亚瑟·科尔曼（Arthur Coleman）说，很多教育工作者都想"做正确的事"，去制止伤害性行为。科尔曼是制定《保护学生免受骚扰和仇恨犯罪：学校指南》的成员之一。（完整的文件请参考 www.ed.gov/pubs/Harassment.）这份指南强调学校需要采取全面的措施，比如制定书面政策来禁止骚扰行为，以及对之前呈报的骚扰投诉重新展开调查。在一次对督导课程开发协会（Association for Supervision and Curriculum Development，简称 ASCD）1999 年秋季课程更新的采访中，指南的作者们解释："我们想帮助教育工作者们寻找前瞻性的战略措施，防患于未然。"他们同时说明："仅靠制定反骚扰政策和投诉程序是无法阻止或防止欺凌的。"还是在这次活动中，加利福尼亚大学的教育学教授特伦斯·迪尔（Terrence Deal）和欧文·梅尔博（Irving R. Melbo）赞同了这种理念："政策和程序，规章和制度，它们本身只是为价值观服务的一种替代品——它们被挂在墙上，而不是印在人们脑中和心中。学校需要做的是，把它们当中的常识和理念传播出去，让人们知道'这就是我们这里做事情的方式'。"

由史蒂夫·希斯金（Steve Seskin）和艾伦·西姆布林（Allen Shamblin）创作的，因 Peter，Paul 和 Mary 而出名的歌曲"别再嘲笑我"（详见第五章）被用作了一个广受好评的操作项目的主题（www.DontLaugh.org）。这个项目的创始人兼董事彼得·雅罗（Peter Yarrow）免费将项目提供给所有愿意创造"安全和关怀的学校环境，让孩子们学会以尊重的态度对待彼此"的学校。在项目附带的说明书中，雅罗反复重申"这就是我们做事情的方式"理念的重要性："让我们别在残酷的事实发生之后再去解救我们的孩子，让我们别再眼睁睁地看着生气勃勃、开放且可塑性强的年轻孩子们变成铁石心肠。虽然我们需要用平等的热情来对待每个孩子的需求，但是，让我们别再只把焦点关注于那些已经出现了麻烦，对人对己已经产生了潜在危险的孩子们了。让我们一同积极地工作，来帮助我们的每一个下一代都成为完整、有同情心、自信和有创造力的公民。"

罗杰（Roger）和大卫·约翰逊（David Johnson）在他们所著的《调停人》（Peacemakers）一书中叙述了像重视孩子的学业成绩一样重视他们的社交与情感发展，把孩子当作一个完整的人来教育的重要性："当学校教授数学、阅读、社会研究和科学的时候，也许他们忽略了最重要的一点，就是学生们需要发展与彼此良好互动、与世界和平相处的能力。"无论你的孩子是欺凌者、被欺凌者、不无辜的旁观者，或者是勇敢的见证者、抵抗者和捍卫者，你在学校社区中的积极参与都会帮助在家里、学校和社区内传播"这就是我们做事情的方式"的理念——即我们会在解决所有孩子的需求方面都抱有"同等的热情"，而且你的孩子和她的同学们都需要学习怎样"和平并有效地相处"。你可以以各种方式参与到学校社区中来，比如参加你的孩子所在学校的家委会，做志愿者帮助监管学校（包括高中）教室和公共场合的安全。再次强调，有效处理欺凌的最佳方式是"重视，参与，和永远不要视而不见"。

学校的干预计划可以极大地帮助减少欺凌现象，降低欺凌问题给个人、学校和整个社区带来的负面影响。研究表明，欺凌行为出现的几率是可以降低的，只要我们教育工作者、学生和家长们共同努力去创造一个富有团队精神的氛围——即为了团体、团体中的每个人，以及团体的共同目标而热情奉献的精神氛围——在这个氛围中，所有的孩子都相信他们是有价值、有能力的人，他们具有服务精神，并且可以用非暴力的方式解决冲突。在初中和高中，有一种文化极大地破坏了团队精神的建立——派系。

## 派系

电影《早餐俱乐部》（Breakfast Club）中，在一所等级森严的高中，五个高中生因为他们犯下的各种"罪行"被要求在周六停学一天。每个学生被要求写一篇作文，来叙述他们认为自己是什么人。他们并没有这么做，而是用一天时间进行了一系列的探险，这些探险使他们对彼此的了解超越了外表、伪装和身份，而达到了真正作为活生生的人而被了解的程度——彼此更相像而不是不同，更关心他人而不是"耍酷"。最终他们的作文以信件形式呈现，由一个年轻人代表其余四位上呈给了副校长，信中鞭笞了学校严格的社会制度，认为是学校的等级氛围造成了学生们的盲目跟从，并称其是周六事件的罪魁祸首。

> 亲爱的 Bernard 先生，
>
> 　　我们接受星期六留校，作为对我们做错事的惩罚。我们是做错事了，但我们认为你疯了，叫我们写"我们觉得自己是谁"的作文。你在乎吗？你用你自己的眼光看我们，一个最简单的词、一个最方便的定义。你把我们看成一个书呆子，一个运动员，一个神经病，一个公主，和一个罪犯。没错吧？今天早上 7 点的时候，我们也是这样看待彼此的，我们被洗脑了。经过一整天的讨论，我们发现，我们确确实实就是一个书呆子，一个运动员，一个神经病，一个公主和一个罪犯。这个答案您满意吗？
>
> 　　　　　　　　　　　　　　　　　　　　　　　真诚的
> 　　　　　　　　　　　　　　　　　　　　　　　早餐俱乐部

埃利奥特·阿伦森（Elliot Aronson）在《再无人可恨：在科伦拜校园事件后学会同情》（*Nobody Left to Hate: Teaching Compassion After Columbine*）中描述了初中和高中内存在的这种有害的氛围，他视此为产生暴力的根源：

> 　　这种拉帮结派的氛围制造了大量的拒绝和侮辱，使得一小部分学生，大概30%到40%的学生，非常非常的不愉快。如果学校社会等级金字塔尖上的学生称一个孩子是呆子，那么金字塔二层的其他孩子们就会开始取笑这个孩子，因为这是一种区分派系间等级的方式。再下一步，每个人都开始取笑他。学校中的每个人都深知每个人归属为哪个派系，他们也知道哪个人是可以随意嘲弄的。
>
> 　　比较清楚的是，最近的校园枪击事件发生的根源在于学校文化氛围常常

忽视和纵容大多数学生遭受到的嘲弄、排斥和言语辱骂的现象。一个学校，如若忽视同理心、同情心和慈悲之心的价值观，或者，更糟糕的是，空谈这些价值观，却不付诸行动去促进其发展——它就创造出一种氛围，一种不仅会使"失败者"不愉快，而且还会使"胜利者"自欺欺人的氛围。

埃里克·哈里斯和迪伦·克莱博德诉说了他们对学校内将受欢迎的运动员学生捧为明星的这种阶级制度的愤恨。科伦拜校园枪击事件发生后，其他学生也对这种由学生制造、学校管理人员默许的派系的等级划分提出了相似的担忧。伊万，阿拉斯加州一个小型高中内学校等级金字塔底层的一个孩子，遭受了数年的凌辱。亚历山大写下了"少年头目们，掌控着乡村地下集中营的社会运行法则"。早餐俱乐部的孩子们找到了一个绝佳的方法，使来自不同背景的孩子们开始彼此接纳，视彼此为独一无二的个体，每个人都有自己的能力和天赋，当然也有弱点——他们为此付出了行动。（当然，早餐俱乐部的孩子们参与的一些行动我们并不推荐，但是，他们能够共同工作和分享，充满人性地对待彼此，并且试图破除他们原先持有的偏见、刻板印象和盲从，是值得赞许的。）

学生们与背景不同、兴趣不同的同伴一同工作和玩耍的机会越多，他们结成派系去用"标签"排斥他人，嘲弄比他们"低等"的人的几率就越小。学校管理人员和学校的其他成人越是能够拒绝提升某一个群体的学生的地位，以及拒绝赋予他们特权，这个群体的学生就越没有可能去欺凌那些不属于他们"精英"阶层的孩子。拆除我们初中高中校内的社会等级阶梯，我知道这并不简单，然而，我同意埃利奥特·阿伦森所说的，想要铲除欺凌，我们必须从根源下手——而学校的森严的社会派系形态就是根源之一。恶劣的社会形态暗中助长了社会分层和社会特权，导致了不公平、压迫、征服和羞辱现象的出现。一方面建立欺凌防范政策，另一方面却默许有害的社会形态的存在，这种做法无声地助长了阶级底层愈积愈烈的愤怒。

## 被欺凌

无论是你的孩子告诉你他遭受了欺凌，还是孩子最好的朋友的家长向你透露了这个消息，又或是你无意中在车子的后座上发现了写有详细欺凌事件的纸条，在你与孩子就此事进行交谈之后（见第八章），你需要让她的老师知道她在学校经历的一切。你可以采取以下五个步骤向老师反映情况：

1. 为你和你的孩子，以及学校工作人员或教员中的合适人选安排一次会议。如果学校有欺凌防范政策和程序，也许会指派一个参加过欺凌干涉技巧培训的工作人员供你反映情况。重要的是，你的儿子或女儿在寻找解决欺凌问题的方法上必须扮演重要的角色。如果是成人们聚集在一起商量对策，而忽视孩子的参与，那么这个孩子会感到更无力。如果你的孩子是个青年人，她可以主持第一次会议，你来从旁协助，给她支持。

2. 把相关的所有事实都用书面形式呈现，带到会议中来——事情发生的日期、时间、地点、涉及的人员，以及事情的详细经过——还有欺凌事件对你的孩子的具体影响，和你孩子曾经为抵抗它所付出的并没有见效的努力。（事先将这些写下来会帮助你和你的孩子有力地描述事实，如果不用书面形式，仅凭记忆去叙述，可能会造成信息的遗漏，或在情绪的影响下，事实无法客观呈现。）

3. 与你的孩子，以及学校相关人员一起，根据孩子的需求，立即制订一份计划来保证孩子的安全，让她掌握防范欺凌或对抗进一步的欺凌的技巧，并且在发生问题时，知道能够从何处获得帮助。这份计划还应该包括学校为了保护你的孩子和其他孩子的安全、避免欺凌事件再次发生所需要采取的措施。

4. 查明欺凌者需要经历的管教程序，以及学校需要欺凌者的家长从旁配合些什么。此时，你可以讨论安排你的孩子和欺凌者在日后进行和解的可能性——管教程序第三步。没人愿意在这个阶段选择这样做，但是你依旧可以让学校知道，在欺凌者经历了其他管教程序之后，如果有可能的话，和解是非常重要的。与学校相关人员定下一个时间来跟进此事。

5. 如果你认为学校对此问题没有引起足够的重视，问题的处理不够完善，要知道，你可以向老师和（或）管理人员表示你的担忧，并让他们知道你有可能会采取下一步的措施，向学校董事会，以及如果必要的话——尤其是在严重虐待或种族欺凌或性别欺凌的情况下——向警方反映情况。在美国，你可以联系美国教育部民权办公室，他们通常会对欺凌者或学校董事会启动法律程序。学校有保护学生的责任，如果失职，他们理应受到责罚。

## 转还是不转

你的孩子有权在一个无恐惧和无骚扰的学习环境下生活。如果他经历了长期的欺凌，他将需要非常多的支持和帮助。要知道他可能还处于震惊之中，身体和情感上受到了伤害，担心欺凌会再次发生，无比悲伤，而且很难再去信任欺负过他的孩子。想要帮助他进行疗愈，你需要为他创造一个充满慈悲、仁爱、温和与耐心的安全的氛围。理想的情况是，这种环境包括孩子的学校，而且学校中的成人能够严肃地对待欺凌事件，认真而有效地处理你孩子的投诉；而欺凌者们被要求完成一系列修复性正义的过程，其他同伴也能以一种尊重和友善的态度对待你的孩子。

我并不很支持用给被欺凌孩子转班或转学的方式来解决欺凌问题。这样做会引发两种情况。第一所学校的欺凌者会继续欺凌其他孩子，而这个转学的被欺凌的孩子——由于没有受到足够的支持和干预——会处于越来越弱的状态，他在新的学校更容易成为被欺凌的对象。当然，有的时候，在给予他足够的支持和干预的情况下，转学不失为一种最好的选择。就像雷切尔，我们在第五章提到过的女孩，在遭受了五年半的欺凌之后转到了一所新的学校并重获新生，正如她所说的"终于被当作人来对待了"。我同意《教养的假设》（*The Nurture Assumption*）一书的作者朱迪思·瑞奇·哈瑞斯（Judith Rich Harris）所说："如果我的孩子处于当地社会阶级的最底层，而所有比他位高权重的人都欺负他，我会想让他离开那里。受害者之所以成为受害者，一部分原因是他们被贴上了'受害者'的标签。而想要改变他人对此根深蒂固的看法是极度困难的。通常，搬离一个地方对孩子来说会产生不利，比如他会失去他的伙伴和他在群体中的身份。但是，如果这个群体让他的生活苦不堪言，而他在群体中毫无身份可言，那么，他也就没有什么怕失去的了。"

转不转班和转不转学不是一个简单或容易的抉择。奥维尤斯的四个原则、三个 P 和五项学校层面的最佳干预成分可以在你为孩子识别能够让他茁壮成长的学校方面提供帮助。这些要素和原则，加上你对你孩子的了解，以及他自己的意愿，可以帮你做出最佳的选择。逃避不是解决问题的方法，但有时，转到一个更富有爱心的班级或学校并不失为最好的选择。

## 家门口的欺凌者

当你接到学校的电话，得知你的孩子在学校欺凌了他人，不管他是欺凌的主角还是追随者，你可能都会感到很伤心、气愤、烦躁和失望。重要的是，你要尽量倾听他，避免评判和轻视，也不要试图合理化他的欺凌行为，或为其寻找借口。("肯定是别的孩子让你这么做的。""每个人都会这么骂人，为什么偏偏要跟我儿子过不去？""他只不过是恶作剧。""他这么做不能怪他，因为他爸爸和我离婚了。")为了达到最具建设性的成效，美国学校心理学家协会的特德·范伯格（Ted Feinburg）建议：

1. 尽量放下抗拒心理，你需要听听学校的担忧之处。

2. 询问到底发生了什么事情。尽量不要反应过于情绪化。

3. 询问学校做了什么补救措施。

4. 询问你的孩子发生了什么事。（详见第九章，"你家里有欺凌者吗？"）

5. 如果已经为解决这个问题安排了一个会议，确定你知道会议的议程。关于学校将如何处置你的孩子，写下你所有的担心。

6. 如果你的孩子在家里的行为与在学校差距很大，或者你有一套适用你的孩子的管教方法，告诉学校。

7. 和学校一起解决问题。清楚地向学校表达你愿意与他们合作，而且你相信学校也会与你合作。

如果你试图包庇你的孩子或者责难被欺凌的孩子，其风险是，你的行为可能会关闭了所有建设性的沟通渠道，并且使得学校不得不以防御性的态度来面对你。同时，你还给你的孩子传达了一个信息，即你认可他的欺凌行为。如果学校使用惩罚措施（停学）来代替管教程序，你可以提出自己的主张，建议学校制订一个管教计划，其内容应包含第九章所述的七步改变法：

1. 立即管教，干预欺凌。

2. 创造"做好事"的机会。

3. 培养同理心。

4. 教授交友技巧——用坚定而自信的、和平的和尊重他人的方式与他人相处。

5. 密切关注孩子的活动，比如他平日所接触的电视节目、电子游戏、电脑活动和音乐的内容。

6. 帮助孩子参加更有建设性、娱乐性和有活力的活动。

7. 培养孩子"始终做正确的事"。

你的孩子也许依然会被停学，但是你也可以利用停学来帮助他解决发生的问题（修复），找出不让此类事件再次发生的方法（解决），并且出具一个方案来改善他与被欺凌的孩子之间的关系（和解）。作为教育工作者，我常常欢迎愿意共同解决问题的家长，愿意倾听的家长，以及愿意以开放的态度来听取我们——每天都与他们的孩子相处五个小时的教育工作者——的建议的家长，表达他们自己的想法。

你可以与学校讨论你打算如何运用七步改变法来帮助你的孩子，也可以建议学校在某些方面给予支持。比如，你的儿子可以通过在学校图书馆辅导二年级的学生学习来"做好事"。

## 当欺凌成为了犯罪

如果你的青春期的孩子的欺凌行为造成了他人重伤、不可挽回的伤害或死亡（又或是你的孩子受到了严重的伤害），你大概需要阅读我的另一本书《危机中的养育之道》（*Parenting Through Crisis*）中名为"错误，伤害和重伤"的章节。在那个章节中，我阐述了世界各地的家庭和社区是怎样使用修复性正义来处理暴力行为的严重后果的。修复性正义是一个社区对宽恕的外显表现和疗愈行为。它也许是能够斩断暴力铁链的唯一工具。并非是为暴力找借口，也不是为了否认欺凌者的人性或被欺凌者的尊严和价值，它公正地对待苦难而非延续仇恨。这是正念和同情在与复仇和惩罚之战中的胜利。修复性正义不是惩罚，而是维护人性的联结。

在修复性正义的过程中，我们向欺凌者伸出两只手———一只是约束之手，另一只是慈悲之手。第一只手防止欺凌者对自己或他人造成更大的伤害；而第二只手则把仁爱带到欺凌者身边，给他反思的时间，以达成和解。在同时伸出两只手的时候，我们即是在尝试制造一种平衡和张力，使得双方都能够积极地参与到和解的过程中，共同努力去修复伤痕。我们试图重整社区。我们最终的目的是，欺凌者彻底的皈依，真诚地承担起责任，愿意弥补或赔偿过失，决心再也不会欺凌，并且重新成为社区建设的积极参与者。由于他的皈依，我们也愿意接纳他重新成为我们社区中的一员。

2002 年 4 月，一个年轻人因为威胁和骚扰 14 岁的玛丽亚并导致受害者自杀而被判有罪。她接受玛丽亚家人的建议，同意参与土著修复性正义项目。玛丽亚的妈妈建议使用修复性正义，是因为她对传统的司法体制未能为施害者和受害者提供沟通的机会感到不满，而在修复性正义下做出的任何判决都会包含治愈和修复的行为。原住民长老和作者奥维德·梅雷迪（Ovide Mercredi）在《湍流中》（*In the Rapids*）中写道："我们让长老去处理问题的根源，而不仅仅是它所呈现的症状；通过对受害者和施害者双方的治愈来纠正失衡的社区。其重点在于治愈和恢复，而不是诉讼过程和惩罚……最终的决策会从治愈、弥补与和解的角度出发……而非惩罚、威慑和监禁。"

在《没有宽恕就没有未来》中，大主教图图也对这种司法形式进行了描述："我们主张另一种司法形式，修复性正义，它是非洲传统法学所具有的特征。这里，我们最关注的不是报应和惩罚。在乌班图精神中，最关注的是对破坏的修正，对失衡的矫正和对破裂关系的修复。"

如果建设一个充满爱心和同情心、杜绝疏离和暴力的社区是我们的目标，我们就必须放弃立即报复、给予强力的惩罚和判决的欲望。当我们把主要目标放在让孩子们为他们的所作所为付出极大的"代价"，以此来杀鸡儆猴，培育仇恨和怨怒的土壤就会日益肥沃。欺凌者被以什么样的方式对待，影响着他们长大后会成为什么样的人，也影响着我们其余的人生存的环境。如果我们不能帮助他们和社区达成和解，我们就是在把自己的一生推入恐惧、猜忌和伤害之中。

整个社区都为修复性正义做出努力是对欺凌者们的超越暴力和罪行的最好的邀请。我们这样做不是为了孤立和惩罚，而是为了弥补和恢复；不是为了复仇，而是为了寻找方法来修复人与人之间的裂痕。

## 涉及学校的社区事件

在一个孩子家举办的过夜晚会中，五个同学欺负了一个 13 岁的男孩。他们嘲弄他，把他抓起来撞到家具上。在第二天医生和警察的调查文件中，记录了他身上的几处割伤和一些瘀伤。由于太担心让家人知道这件事，他挺过了那一夜，并且第二天到校后，还参与了那些男孩在过夜晚会期间所准备的学校活动。那一天，他拼命试图不去引起任何人的注意。直到他的妈妈把他接回家后，他终于崩溃了，告诉了妈妈在前一夜发生的所有事情。

学校管理者决定与警方同时独立开展自己的调查。他们称，这种暴力事件发生在一个私立的宗教学校实在令人瞠目结舌。他们发表评论说"如果这件事情是真的，我们将会采取措施去保证类似的事情一定不会再发生。学生的安全和幸福是我们的首要任务"。也许确实像他们所说的，这是首要任务——但这只存在于政策当中——学校根本没有能够保护被欺凌孩子的程序和措施。隔天，被欺凌的孩子返校。殴打过他的那些男孩不但为那天对他的攻击洋洋得意，而且还威胁他说"如果他还继续提那件事，他们会把他整得更惨"。这个 13 岁的男孩接下来的一周都是在家中度过的。（如果没有相应的程序能够立刻保护被欺凌者的安全和约束欺凌者的行为——严格监管、改变他们的日程安排或暂时性的隔离——那么，被欺凌者会承受缺课和恐惧再被欺凌的二次伤害。）

很多年长些的孩子给被欺凌的孩子打电话，向他提供支持和保护——没有做不无辜的旁观者，他们是真正勇敢的见证者、抵抗者和捍卫者。

这位受害男孩的父母给男孩所在班级中的所有家长都发了一封信件。在收到信件后，五位欺凌者当中，没有一个孩子的父母给出了回应或道歉。被这种置若罔闻的态度所激怒，男孩的父母起诉了欺凌者们，但愿指控能够唤起这些家长对此事的重视。

一旦到了法律层面，就可能发展出一种敌对的局面，这使任何一方与对方进行交谈以达成任何形式的和解都不再可能。这也正是玛丽亚的妈妈所痛恨经历的，双方以仇恨的态度面对彼此。相反的，有一种更好的解决方法，即各方都愿意接受修复式正义的处理方式，每个男孩都愿意为自己做的那部分行为承担责任，制订一个计划来弥补过失，找寻一些方法来避免类似的事情再次发生，并且与被欺凌的孩子进行和解。在这种方式中，与主动加入欺凌的追随者、虽然犹豫不决但最终还是加入到欺凌中的支持者、什么都不敢做的旁观者不同，欺凌的主导者需要承担不同的责任，制订不同的计划。

学校的管理者可以参与到修复式正义的全部过程中来，合理评估每个孩子的行为后果，跟进他们各自的计划以确保欺凌不会再次发生。同时，学校社交环境的监管员可以鼓励学校设计一些能够修复人际关系裂痕和恢复学校社区平衡的活动。

## 后院的欺凌者

如果你家的后院有个欺凌者，恐吓你的孩子和后院一起玩耍的同伴，你会怎么做？对你来说，区别真正的欺凌和每个孩子都会经历的日常争论、分歧和冲突是非常重要的。大多数日常的口角，孩子们都能自己处理，并且我们也鼓励他们这样做。不过，如果是真正的欺凌，我们就必须介入了。无论是对欺凌者还是对被欺凌者来说，我们都建议你使用在前文提到的，扭胳膊事件的解决步骤（第九章，"扭胳膊和管教"）。你也可以利用孩子的闪光点，邀请她帮助你做一些有意义的事。"你这么强壮，可不可以帮我把这台种植机搬得离沙箱远一点？"在她帮助你的过程中，你可以告诉她，她的领导能力被用在了错误的方向，以及她怎样可以把这种能力用在更好的地方。在孩子们继续玩耍的时候，你最好处于一个能让他们在你的所听和所视范围之内的位置，就像在学校时，保证孩子们安全的最简单的方法，就是有负责任的成人能够在一旁给予关注。

如果欺凌的程度很严重，而且你也没有办法让欺凌者意识到她的错误，那么也许你不得不要求她离开你的家。如果类似的事情发生在学校，我建议你要避免直接给她的家长打电话，而是让学校立即采取措施。但是，如果这种情况或其他类似的情况发生在你生活的社区中，你可能不得不自己出面。你给欺凌者的父母打电话的时候，就像你可以利用欺凌者的闪光点一样，你也可以利用她的父母的闪光点。"非常感谢你的孩子愿意跟我的孩子一起玩。只是今天发生了一件事情，我想可能你也想了解一下。咱们能不能带着两个孩子坐一起聊聊？我挺珍惜咱们两家的孩子在一起玩的机会的。"

对方家长在面对真相时，可能依然会为自己的孩子辩护，为她找借口，忽视这件事，或者试图把事情合理化。记住，就像你教你孩子的一样，你在双方关系中只有 50% 的控制权——你不能强迫对方父母去要求他们的孩子为她的欺凌承担责任。但是，你处理这件事的方式会极大地影响到他们回应你的方式。你并非在攻击他们的孩子，你只是就事论事，而且你也许想要给他们提供一些在你和你的孩子之间应用的效果还不错的解决办法。会议快结束的时候，你应该对这件事接下来的走向和处理方法有个清晰的把握了。理想的情况是，对方的孩子以后依然可以继续来你家玩。但是，如果你们并没有在处理此事上达成一致，那么你可能不得不坚持要求她暂时不能来你家玩。虽然这是我们最不想看到的结局，但是有时候，我们必须这样做。你可以让对方父母知道，双方暂时都这样做，试试看大家是否都能接受。时间和距离常常是让父母们改变立场和观念的最佳助剂，也是让对方孩子改变与同伴相处方式的良药——尤其是当有其他家长也向这位欺凌者的家长反映同样的情况时。

有时，如果一组家长能够共同用尊重和坚定的态度来反映同一个问题，则更有效。但是，如果这群家长是联合起来一起对付欺凌者的家长，一个接一个地控诉他们的孩子有多么的糟糕，那么没有人会从中获益的。然而，共同出面的优势是，能够更好地保护你孩子的安全，并且帮助欺凌者投入一个更有建设性的新角色中去。还有一个重要的方面是，在解决这件事的过程中，你应该和你的孩子谈谈如何捍卫自己的权利，如何报告危险处境，以及如何用尊重的态度对待他人，包括这个欺凌者。当我们用宽宏大量的精神、智慧、洞察力、满满的友善和仁慈来对待他人，当我们能够同情和同理他人，努力为他人减轻痛苦，我们就为孩子们创造了一个饱含关爱的社区环境，一个安全的避风港。

## 重写剧本

欺凌者，被欺凌者和不无辜的旁观者——至此，我希望你已经对他们的角色，以及他们在我们的日常生活和文化中扮演自己角色的形式，有了更清晰的了解。这三种角色不健康也不普通，同时，它们也没必要出现在我们的生活中；对角色扮演者本身来说，它们具有破坏性的伤害。作为家长和教育工作者的我们，可以为孩子们改写剧本，为他们重塑一些非暴力、更健康的角色。任务虽艰巨，却势在必行。当美国农场工人组织在为合理的薪金、为体面的生活条件、为他们作为人的尊严和价值作斗争却遇到了看似不可逾越的障碍时，人权活动家塞萨尔·查韦斯（César Chávez）鼓励他们说"是的，这是可能的！"打破暴力循环和创建充满关爱的社区环境：是的，这是可能的！

> 永远不要怀疑一小群坚定的人能改变世界，事实上，世界只能被这些人所改变。
>
> ——玛格丽特·米德（Margaret Mead）

# 应对网络欺凌

下面是一个应对不断升级水平的网络欺凌的快速指南，引自网站 www. StopCyber bullying. org。

## 跟你的孩子谈谈

让他们谨慎做出"以牙还牙"的回应。这可不是一个让他们开始大肆攻击，展开一场以他们自己为中心的网络大战的好时机。看看他们是否能够推测出实施网络欺凌的人是谁。看看网络欺凌是否跟现实生活中的欺凌有关，如果有的话，迅速解决现实中的欺凌问题。而且，不要因为孩子的网络用语感到困扰。也许你看到那些语言时会感到震惊，但是，这不是网络欺凌，除非你的孩子也感到震惊。

## 别管它，随它去

那些一次性的、不具威胁性的行为，类似恶作剧或性质温和的嘲弄，也许可以不要去管它。这是欺凌者的问题，不是你的被欺凌的孩子的问题，告诉你的孩子"随它去"。也许他的不在意足以让欺凌者认为不值得再花功夫去折磨他了。（如果涉及威胁，则一定要报告。）同时，你也许需要使用一些防范措施，比如后文将叙述的方法。

## 限制交流的人员

考虑限制主动交流的人的权限，比如，在加为好友之前需经过验证。（如果网络欺凌者已经在你孩子的好友列表中了，这个办法就行不通了。那种情况下，只能删除这个好友，并且把他加入黑名单。）

## 限制他人把你加入他们好友列表的权限

网络欺凌者通过你孩子的在线状态或其他相似的跟踪程序来了解你孩子上线的时间。这些跟踪程序会让他们知道自己的某个"好友"何时在线，何时离开，以及在某些情况下，跟踪他的地理位置。这就像是在你孩子的上网工具上安装了一个跟踪器，使网络欺凌者们用最简单和有效的方式找到他、攻击他。这项功能常常能在通讯程序的隐私设置或家长监控设置中找到。

## 谷歌搜索你的孩子

确保网络欺凌者们没有在网上发贴攻击你的孩子。当你提前警觉到网络欺凌活动时，就必须密切关注你孩子的账户名、昵称、真实姓名、地址、电话号码和个人网站。你还可以在谷歌上设置"提醒"功能，如果有任何关于你孩子的信息被发布到网上，谷歌都会通知你。欲知用"谷歌"搜索自己或你孩子的详细方法，参照网站 www.StopCyberbullying.org。

## 拉黑信息发送者

如果有人看上去攻击性很强，或者他的做法使你或你的孩子感到不适，同时，他对你孩子的言语抗议和正式警告都不予回应，那么，把他拉进黑名单。如此，他将无法获知你孩子的上网信息，也无法通过即时消息联系到他。即使这个人发送的内容并没有特别的攻击性或是威胁性，只要他骚扰到了你的孩子，就可以把他拉进黑名单。大多数 ISP（互联网服务提供商）和即时通讯程序都有黑名单功能，用以阻挡某些发送人发送的信息。

## "警告"发送者

如果已经被拉黑的网络欺凌者用其他的账号来联系你，或者，用某种方式解除了自己被阻挡的身份，又或通过他人来联系你，"警告"他，或者向 ISP "举报"（常常只需要在即时通信应用上点击一个按钮即可。）这为事件后续的调查提供了记录，而且，如果某个用户被警告够一定的次数，他的 ISP 账户或即时通讯账户会被关闭。不幸的是，有很多网络欺凌者使用"警告战"或"举报战"的方式去骚扰他们的欺凌对象，让 ISP 以为被欺凌者在实施网络欺凌。这是一种通过代理来实施欺凌的方法，使 ISP 在不知情的情况下也成为了网络欺凌的共犯。

## 向 ISP 举报

很多网络欺凌和骚扰事件都违反了 ISP 的服务协议。我们通常称此为"违反 TOS"（TOS 指的是 Terms of Service，即服务协议）。用户违反 TOS 需要承担严重的后果。很多 ISP 会关闭网络欺凌者的账户（这样做常常还会同时关闭了他们父母的家庭账户）。你需要把欺凌事件举报给欺凌者所在的 ISP，而不是你的。如果你能使用监控软件，比如 Spectorsoft，这个过程就会简单许多。

如果你孩子的账户被黑，或者他的密码被盗，又或有人假装他的身份发布信息，那么，你在向欺凌者的 ISP 进行举报的同时，也需要向你孩子的 ISP 举报。你可以打电话给他们的网络安全部门，或者给他们发封邮件（不要打给服务协议部门）。在你的孩子修改密码之前，你需要用软件扫描他的电脑，消除黑客程序、间谍软件和木马。因为任意一种黑客程序的存在都有可能让欺凌者获得你新修改的密码。大多数杀毒软件都能发现并删除这些黑客程序。所有的防间谍软件也都能做到这些。我们推荐 SpyBot Search 和 Destroy（免费软件）或 Ad-Aware。（Lavasoft 公司出品；他们有一款试用软件是免费的。）

## 向学校报告

很多网络欺凌事件都发生在校外时间和校外地点。在美国，对于校外时间和地点发生的事情，学校是不需要承担法律责任的，即使这些事件涉及的是本校学生。法律是复杂的，不同的司法辖区也是不同的。因此，当你向学校上报欺凌事件时（尤其是当你的孩子已经怀疑到欺凌背后的操纵者时），学校也许不能采取行动进行干预，他们可以做的是提高对校内状况的关注程度。由于很多网络欺凌都是有现实欺凌为基础的，你向学校报告之后，会给你的孩子创建更安全的校内环境。

另一方面，虽然学校在管教网络欺凌方面的权力有限，但是他们可以试图联系欺凌者的家长，跟他们谈谈状况。他们还可以开发一些教育或科普项目来降低学生实施网络欺凌的可能性，并帮助家长们去更深刻地认识网络欺凌。

## 向警方报告

如果有人用武力威胁你，有人把你或你孩子的联系方式公布在网上，或者煽动一场代理欺凌战，你需要报告给警方。（实际上，你可以报告任何引起你警觉或不安的事情。）使用监控程序，比如 Spectorsoft，可以帮助你搜集和储存电子证据，以供调查和起诉使用。（打印输出的文件，虽然可以帮助解释情况，但是往往不被认为是可靠的证据。）如果你感到你自己、你的孩子或者你知道的某个人处于危险之中，立即联系警方并且跟这个威胁到你们安全的人或者用户切断一切联系。除非得到指示，否则不要上网。不要安装或卸载任何应用，或者在这个过程中在电脑或通讯设备上采取任何补救行动。你的补救行动可能会对你造成不利，并且影响到最终的起诉。

## 起诉

有许多网络欺凌的事件（与成人间的网络骚扰等同）不能构成刑事犯罪。有些处于法律的灰色地带。通常，警告他们关闭其 ISP 或即时通讯账户就足够了。但是，如果欺凌还在继续，或者家长们想要为孩子展示什么是网络欺凌时，就需要律师的介入了。这同时也可能是找出欺凌幕后操纵者的唯一的办法。

在你决定要使用这个方法之前要三思而行。即使你最终赢得了诉讼，整个过程可能会花费你二到三年的时间，以及数以万计的金钱。事情的最初，你可能感到自己的愤怒程度使你必须要进行起诉，但是，请确保你在愤怒之外还有别的理由，能够使你在长达几年的诉讼中坚持到底。

# 互联网和社交媒体专用词汇

"第三父母：数码世界的保护性养育方式"（Third Parent: Protective Parenting for the Digital World）（www.ThirdParent.com）为父母和教育工作者提供了帮助年轻人纵览数码世界的宝贵资源。他们为 13 岁以下儿童的父母、青少年的父母以及专业人士开发了丰富的材料。"第三父母"列出了一些常见和不常见的互联网及社交媒体的专用词汇及其解释。如果有些你找不到或者无法理解，他们鼓励你向 info@ThirdParent.com 发送邮件询问。

广告软件（Adware）——通常通过从用户的电脑中收集信息（比如该人在线做什么以及访问什么网站）向用户定向推送广告内容的软件。

安卓（Android）——谷歌设计的手机移动操作系统。

应用（App）——通常下载到移动设备上的特殊计算机程序。

Capper——社交媒体用户，通常在视频聊天室，试图欺骗他人暴露其私人信息。

Catfish——使用社交媒体或其他在线交流方式冒充其他人的一类人。常创造虚假的感情关系来骗钱或羞辱他人。

本地签到（Checkin）——一种社交媒体用户将其位置告诉他人的方式。

网络欺凌（Cyberbullying）——使用电子科技的任何欺凌，包括使用手机、电脑、平板电脑以及通讯工具，比如社交媒体网站、手机短信、聊天室和网站。

人肉（Doxing）——互联网用户挖掘出其他用户真实身份的过程，即使被人肉的用户一直都匿名发帖。

私信（DM）——直接消息，由一位推特用户直接发送给另外一位推特用户的私人信息。两位用户需相互关注才能发送私信。

拒绝服务攻击（DoS）——在拒绝服务攻击中，被攻击对象的设备或服务器被极大量的网络交通冲击，以至于正常用户无法登录或使用该设备或服务器。

定位（Geolocation）——用雷达、电脑或移动设备通过互联网确定一件事物在真实世界的地理位置。

地理位置标签（Geotag）——加在图片或其他媒体上的元数据，使人可以看到该媒体的地理位置。

黑客（Hack）——修改计算机程序或某个电子设备的操作系统来实现某些原设计者或生产商无意实现的功能。

（Hashtag）——用在推特、谷歌＋、Instagram 以及脸书上的标签，使得发帖更容易被搜索到，亦可以用来表示幽默。

iOS——由苹果公司设计的手机操作系统。

IP 地址（IP Address）——用来显示连接互联网的电脑位置的唯一地址。

越狱（Jailbreak）——通常针对移动设备的电脑黑客行为，使得用户可以运行不被设备制造商或手机运营商允许的程序。

赞（Like）——脸书的一项功能，可以允许用户赞赏其他用户或其发布的内容。

Malware（恶意软件）——恶意软件的缩写，旨在窃取金钱、搜集个人信息或控制设备的装于设备或网站上的软件。

Metadata（元数据）——提供有关其他数据信息的数据，比如互联网内容。

Neknomination（豪饮游戏）——一种社交媒体／喝酒／冒险游戏，通常受到青少年和年轻人的喜欢，最近已与四起死亡案件相关联。

网络钓鱼（Phishing）——通过电子邮件、短信或其他通讯方式试图在他人的电脑或设备上安装恶意软件，企图窃取金钱或获取个人信息。

照片共享（Photo Sharing）——通过短信、邮件、程序传递或通过在社交网络或相片分享网站发布，使得其他用户可以看到你的照片或视频内容。

Pin——发布于社交媒体网络 Pinterest 的内容元素。

隐私政策（Privacy Policy）——社交媒体网络或程序传递的使用规则的一部

分，通常包括网络发布，将如何收集和使用你的个人信息。

Retweet ——在推特上重新发布别人已经发布过的内容。一旦推特内容被 Retweet 了，即使原始发送者删除了这项内容，其依然可以继续留在网上。

色情报复（Revenge Porn）——有时被称为被动色情，即未经他人同意在互联网上发布他人裸露或性暗示的图片或视频。

Sexting ——向他人发送色情信息、照片或视频的行为，通常是通过手机进行。

分享（Share）——在社交媒体上发布内容，通常可以被其他人看到。

Skype ——微软旗下的互联网视频软件和服务。

社交媒体（Social Media）——允许用户通讯并分享信息的网站或在线平台。

社交网络（Social Network）——在线社区，通常有共同的兴趣爱好。

间谍软件（Spyware）——在你不知情的情况下监控你的电脑使用情况的一种软件程序。

Subtweet ——发给其他推特用户或有关其他推特用户的推特信息，该信息没有明确提到其他推特用户。可以被用来实施欺凌或羞辱他人。

Tag ——在脸书上，给某人贴标签可以把你的帖子与该人的时间线联系起来。标签可以表示该朋友在哪次活动中，或你试图与他们分享你的发帖。

Tor ——匿名浏览网站的一项服务。Tor 经常被人用来从事非法活动。

Troll ——在互联网或社交媒体上做某事或说某事，旨在得到回复（通常是愤怒或沮丧的回复）或关注的一种人。

Tweet ——在社交网路推特上发送的信息。

Vague Booking ——在社交媒体网络上发布有意模糊的信息，该信息仅有你的朋友知道，而家长、老师或其他权威人士并不知道。

病毒（Virus）——可以自我复制的一种恶意电脑编码。

# 应对色情报复

　　私自在网上传播他人的私密照片的问题，即"色情报复"或"非自愿色情"，越来越受到年轻人和家长们的关注。由网络民权倡议开展的"终止色情报复（End Revenge Porn，简称 ERP）"的活动（www.EndRevengePorn.org），提倡使用科技、社会和法律的创新对抗这种威胁，为遭到前朋友或前情人色情报复的年轻人提供直接的支持及网络删除服务。ERP 运营的一个网络系统为世界各地遭受色情报复的人提供支持，同时还在美国国内，为在这方面需要帮助的人提供 24 小时免费热线（844-878-CCRI）。

　　ERP 与一些诸如 K&L Gates（www.CyberRightsProject.com）这样的律师事务所，以及一些为遭受色情报复的人提供免费法律援助的律师共同合作，并且与一些大型社交媒体和科技公司一起制定了防止色情报复的政策及程序。同时他们还与美国联邦和当地的立法机构共同起草法规来禁止这种能够摧毁一个年轻人一生的名声和幸福的行为。

　　为了帮助年轻人在他们拥有的照片上做出明智的选择，网络民权倡议。设计了下页的这个流程图。尽管这张表格表示你可以上传色情图片，但这只适用于成年人的情况。年轻人如果制造或者上传儿童色情图片，即使是他们自己的照片，也有可能会招致法律麻烦。需谨记的一点是，新的法案不仅仅关注裸体照。伊利诺伊州色情报复法认为被色情报复的年轻人"会因为自己的非裸体性色情照片在不知情的情况下被扩散而深受伤害"。

　　如果你不确定，那就不要上传，不要下载，不要分享，不要储存。

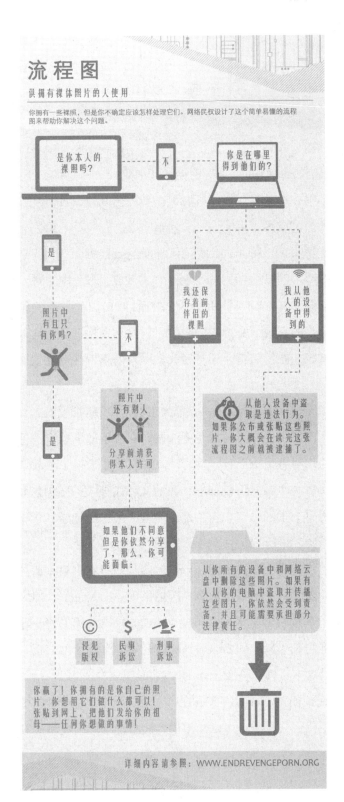

# 流程图

### 供拥有裸体照片的人使用

你拥有一些裸照，但是你不确定应该怎样处理它们。网络民权设计了这个简单易懂的流程图来帮助你解决这个问题。

是你本人的裸照吗？　　不　　你是在哪里得到他们的？

是

照片中有且只有你吗？　　不

是

照片中还有别人
分享前请获得本人许可

我还保存着前伴侣的裸照

我从他人的设备中得到的

从他人设备中盗取是违法行为。如果你公布或张贴这些照片，你大概会在读完这张流程图之前就被逮捕了。

如果他们不同意但是你依然分享了，那么，你可能面临：

©　侵犯版权

$　民事诉讼

⚖　刑事诉讼

从你所有的设备中和网络云盘中删除这些照片。如果有人从你的电脑中盗取并传播这些图片，你依然会受到责备，并且可能需要承担部分法律责任。

你赢了！你拥有的是你自己的照片，你想用它们做什么都可以！张贴到网上，把他们发给你的祖母——任何你想做的事情！

详细内容请参照：WWW.ENDREVENGEPORN.ORG

# 感　谢

我衷心地感谢：

大卫·肯特（David Kent），哈珀柯林斯出版社——是他给予我充分的信任，邀请我撰写这本书——总是愿意倾听我，向我提出问题，并且花费时间和精力帮助我使这本书的面世成为了可能。

托尼·斯艾拉（Toni Sciarra），哈珀柯林斯出版社资深编辑，感谢您敏锐的眼神，犀利的提问和对工作的督促。非常感激您在我成书过程中的耐心、支持和友善。

布莱德·威尔逊（Brad Wilson），哈珀柯林斯出版社，我的编辑，感谢您在整个过程中分享我的喜悦、分担我的坎坷，以及那些糟透了的时候。我感激您的支持，对洞察欺凌问题的热情，还有在我的撰写处于混沌时期之时给我带来的平和与冷静。

爱丽丝·图弗姆（Iris Tupholme），哈珀柯林斯出版社发行人，感谢您的鼓励和支持，以及在出版早期时，面对我无法按时完成手稿的状况，愿意倾听我的原因——并且尽一切努力来帮助我将书写完。您真是非常得了不起。

帕特里克·克林（Patrick Crean），我的文稿代理人，感谢您倾听我咆哮着喊一辈子也不愿再写书了的抱怨。您总是在一旁，用您的智慧、学识和幽默帮我走过写书时的每一步艰难历程。

尼克尔·兰洛依斯（Nicole Langlois），感谢您对本书第一版的精心策划，组建起人才济济的团队：文字编辑索纳·沃格尔（Sona Vogel），排字者罗伊·尼科尔（Roy Nicol）和校对者卡洛琳·布拉克（Carolyn Black）——哇哦！

诺艾尔·齐特琴（Noelle Zitzer），哈珀柯林斯出版社总编辑，感谢您把大家聚集起来，帮助这本书做了一个全新的改版。

纳塔利·梅蒂斯基（Natalie Meditsky），文字编辑，感谢您敏锐的眼神和深刻的提问。您不仅仅帮我纠正了语法错误，还激励我用语更精确和简洁。

——芭芭拉·科卢梭，2002 年 7 月；2015 年 2 月

# 参考资源

Excerpt from the motion picture *The Breakfast Club*. Copyright © 2003 by Universal Studios. Courtesy of Universal Studios Publishing Rights, a Division of Universal Studios Licensing, Inc. All rights reserved. Excerpt from the motion picture *Chocolat*. Reprinted courtesy of Miramax Films. Excerpt from Janna Juvonen and Sandra Graham, *Peer Harassment in School*. Reprinted courtesy of Guildford Press. Excerpt from Dr. Phillip McGraw, "We're in Crisis," in *O Magazine* (June 2001). Reprinted courtesy of the author. *Lost Boys: Why Our Sons Turn Violent and How We Can Save Them* by James Garbarino. Copyright © 1999 by James Garbarino. Reprinted with permission of The Free Press, an imprint of Simon & Schuster Trade Publishing Group. *The Nurture Assumption: Why Children Turn Out the Way They Do* by Judith Rich Harris. Copyright © 1998 by Judith Rich Harris. Reprinted with permission of the Free Press, an imprint of Simon & Schuster Trade Publishing Group. Excerpt from Neil Kurshan, *Raising Your Child to Be a Mensch*. Reprinted with the permission of Scribner, an imprint of Simon & Schuster Adult Publishing Group. Copyright © 1987 Neil Kurshan. Excerpt from Tim Field, *Bullycide, Death at Playtime: An Expose of Child Suicide Caused by Bullying*. Reprinted courtesy of the author. See his website for more information at www.SuccessUnlimited.co.uk. Excerpt from Professor Lewis P. Lipsitt's article in *Children & Adolescent Behavior Letter* (May 1995). Reprinted courtesy of Manisses Communications Group, Inc. Excerpt from Carl Upchurch, *Convicted in the Womb*. Reprinted courtesy of Bantam Books, a division of Random House Inc. Excerpt from Chuck Green, "Jocks Still Hold Sway at School," in the *Denver Post* (May 23, 1999). Reprinted courtesy of the *Denver Post*. Excerpt from Keith Sullivan, *The Anti-Bullying Handbook*. Reproduced by permission of Oxford University Press Australia. Copyright © Oxford University Press, www.OUP.com.au. Excerpt from "Don't Laugh at Me," Copyright © 1998 Sony/ATV Tunes L.L.C., David Aaron Music and Built on Rock Music. All rights on behalf of Sony/ATV Tunes L.L.C. and David Aaron Music administered by Sony/ATV Music Publishing, 8 Music Square West, Nashville, TN, 372032. All rights reserved. Used by permission. Excerpt from *Protecting the Gift* by Gavin de Becker. Copyright © 1999 by Gavin de Becker. Used by permission of The Dial Press/Dell Publishing, a division of Random House, Inc. Excerpt from Alexandra Shea, "What I Didn't Do at Summer Camp," in the *Globe and Mail* (May 28, 2001). Reprinted courtesy of the author. Excerpt from John Betjeman, *Summoned by Bells*. Reprinted courtesy of John Murray (Publishers) Ltd. Excerpt from Dr. Dan Olweus, *Olweus' Core Program Against Bullying and Antisocial Behavior: A Teacher Handbook*. Reprinted courtesy of the author. Excerpt from Archbishop Desmond Tutu, *No Future Without Forgiveness*. Reprinted courtesy of Doubleday, an imprint of Random House Inc. Excerpt from John W. Gardner, "National Renewal," a speech given to the National Civic League. Reprinted courtesy of the author. Excerpt from Michele Borba, *Building Moral Intelligence*. Copyright © 2001 by the author. Reprinted by permission of John Wiley & Sons, Inc. Excerpt from *Cliques, Phonies & Other Baloney* by Trevor Romain © 1988. Used with permission from Free Spirit Publishing Inc., Minneapolis, MN; 1-800-735-7323; www.FreeSpirit.com. All rights reserved. Excerpt from Paul Keegan, "Culture Quake," in *Mother Jones* (November/December 1999). Copyright © 1999 by the Foundation for National Progress. Reprinted courtesy of the publisher. Excerpt from *Teaching the Child Under Six* by James L. Hymes. Copyright © by the author. Reprinted by permission of Pearson Education, Inc., Upper Saddle River, NJ. Excerpt from A. Westbrook and O. Ratti, *Aikido and the Dynamic Sphere*. Published by Charles E. Tuttle Co. Inc., of Boston, Massachusetts and Tokyo, Japan. Chapter Eight epigraph from *To Kill a Mockingbird* by Harper Lee. Copyright ©

图书在版编目（CIP）数据

如何应对校园欺凌 /（美）芭芭拉·科卢梭著；肖飒译 .—上海：华东师范大学
出版社，2017
ISBN 978-7-5675-6581-4

Ⅰ.①如 ... Ⅱ.①芭 ... ②肖 ... Ⅲ.①校园—暴力行为—研究 Ⅳ.① G474

中国版本图书馆 CIP 数据核字（2017）第 153964 号

大夏书系·教师教育精品译丛

# 如何应对校园欺凌

| | |
|---|---|
| 著　　者 | 芭芭拉·科卢梭 |
| 译　　者 | 肖　飒 |
| 责任编辑 | 任红瑚 |
| 封面设计 | 百丰艺术 |

出版发行　华东师范大学出版社
社　　址　上海市中山北路 3663 号　邮编　200062
网　　址　www.ecnupress.com.cn
电　　话　021 - 60821666　行政传真　021 - 62572105
客服电话　021 - 62865537
邮购电话　021 - 62869887　地址　上海市中山北路 3663 号华东师范大学校内先锋路口
网　　店　http://hdsdcbs.tmall.com

印 刷 者　北京密兴印刷有限公司
开　　本　787×1092　16 开
插　　页　1
印　　张　17
字　　数　235 千字
版　　次　2017 年 8 月第一版
印　　次　2021 年 6 月第五次
印　　数　13 001-15 000
书　　号　ISBN 978-7-5675-6581-4/G·10436
定　　价　52.00 元

出 版 人　王　焰

（如发现本版图书有印订质量问题，请寄回本社市场部调换或电话 021-62865537 联系）